北京高校中国特色社会主义理论研究协同创新中心（北京工业大学）成果之一
项目名称：18 内涵发展定额——新入校博士教师启动经费　代码：036000514118513

亚里士多德的图书馆

［希］康斯坦蒂诺斯·斯塔伊克斯◎著
刘　伟◎译

中国出版集团
研究出版社

图书在版编目（CIP）数据

亚里士多德的图书馆 /（希）康斯坦蒂诺斯・斯塔伊克斯著；刘伟译．-- 北京：研究出版社，2018.12（2024.9重印）

ISBN 978-7-5199-0533-0

Ⅰ．①亚… Ⅱ．①康… ②刘… Ⅲ．①亚里士多德（Aristotle 前 384– 前 322）—生平事迹②亚里士多德（Aristotle 前 384– 前 322）—哲学思想—思想评论 Ⅳ．① B502.233

中国版本图书馆 CIP 数据核字 (2018) 第 282734 号

北京市版权局著作权合同登记号　图字：01–2019–1527

出 品 人：陈建军
出版统筹：丁　波
责任编辑：寇颖丹

亚里士多德的图书馆

YALISHI DUODE DE TUSHUGUAN

［希］康斯坦蒂诺斯・斯塔伊克斯　著　刘伟　译

研究出版社 出版发行

（100006　北京市东城区灯市口大街100号华腾商务楼）

北京云浩印刷有限责任公司印刷　新华书店经销

2019年4月第1版　2024年9月北京第3次印刷

开本：787毫米×1092毫米　1/16　印张：21.25

字数：300千字

ISBN 978-7-5199-0533-0　定价：42.00元

电话（010）64217619　64217652（发行部）

致 读 者

古人说，没有什么东西是可以藏在太阳底下的。我们可以从另一种角度来理解亚里士多德的思想境界，那就是：赋予万物以生命的太阳提供了充足的阳光，展现了地球上的整个自然过程。在这种情况下，每一个思想的爱好者和哲学家都被“邀请”来，用他们自己的双眼确证自然物种的生发和演化方式，并发现形成定义自然规律的基本前提和条件。

亚里士多德从很小的时候就把兴趣转向了自然的世界，【IX】甚至在进入柏拉图学园之前，出于本能的好奇心和独特的洞察力，他就决定投身于阐明和解释自然的伟大事业中。他的目标是将宇宙分类，并将其归类为各个单元，这种分类可以使他随后能够进行一种“科学”的解读，也就是生物和非生物的功能如何运作，以及它们如何在特定的栖息地相互依存。

作为一个近代的“毕达哥拉斯”，亚里士多德将观察自然视为其天生要做的事，他开始绘制动物和植物世界的图表，目的是找出受生灭法则支配的所有物种的共性。在此，我们不应把亚里士多德想象成另一位试图诗意地描绘出一幅创世图景及其运行法则的“先知”。与此相反，他更像是一个探索者，努力揭示自然的运行机制和支配它的法则。【X】亚里士多德不断寻找证据证明他的主张，从而使其研究符合科学标准。

亚里士多德将其大部分哲学建构在原则之上，如“必然性”的原则，在广泛的意义上讲“必然性”这个词，既指那些自然强加于我们的东西，而且还指那些不易被人们察觉，但却是由更高级的存在所创造的东西，也就是“善”（agathon）。简单地说，“必然性”不仅以存在为先决条件，界定突变与进化，而且也意味着自然元素的相互依存。作为研究者和作家，亚里士多德的事业，或者更确切地讲，他的方法论哲学，可以用三个关键词来表述，即知识、整合、评介。

知识。在形成对自然哲学宇宙论哲学方法论和观点最终图景的尝试中，【XII】亚里士多德并不满足于苏格拉底和柏拉图的学说，以及这个领域内其他哲学家的判断和智者的恶意评论，他更不赞成在没有深入思考诗人的观点之前，就把他们从柏拉图的理想状态中驱逐出去。亚里士多德首先研究的是英雄主义和教学性的诗歌，通过阅读文学作品（戏剧等），形成自己的观点，并获得对希腊文学作品的总体概述。

实际上，在亚里士多德出生前的几十年里，这种材料就已经以书籍的方式建构起来，他以这种方式收集和分类，这种分类顺序直到今天还代表着表达思想的方式。

整合。许多哲学历史学家将亚里士多德的不同观点与柏拉图的某些理论联系起来，比如，关于“理念论”，亚里士多德基本上是一个根深蒂固的柏拉图主义者，并延续了其导师的思想。我们应该记住，亚里士多德采用了柏拉图的“二分法”和“产婆术”，通过严格的程序和毋庸置疑的论证，最终实现追寻真理的目的。“苏格拉底式”的文集和柏拉图的著作，以及在更广阔领域内的创作成果，如埃斯基涅斯和欧几里得的著作，包括柏拉图的一些不成文的讲课和研讨，等等。所有这些，都是亚里士多德思想创作的平台，也是其哲学体系形成的重要动力。

评介。通过学习过去思想家的全部知识成果，亚里士多德认为自己已经足够成熟。在离开学园迈出自己的第一步之前，亚里士多德已下定决心要依赖自身独立的批判精神，【XIII】进行分门别类地研究。亚里士多德的意图并不是想与大自然抗衡，也不是要以其本来所不是的样子去解读它。亚里士多德融合了过去不同的哲学观点和理论成果，他想做的是去详尽无疑地分析并描绘它的真实形象。

亚里士多德是自然“哲学”的第一个诠释者，在此之前，没有任何人曾系统地做过类似的研究，他也可以被视作第一个自然的“辩护者”。毫无疑问，他是那个时代最博学的人，也可以说，是有史以来最博学的人！

关于他的个人著述活动，亚里士多德将苏格拉底和柏拉图视作楷模，但也有一定的区别。我们应该记住，苏格拉底是述而不作的，柏拉图也承认苏格拉底从来没有写下自己的深奥思想，在这一点上，没有人可以提出相反的观点。【XIV】亚里士多德似乎也很奇怪，他从来没有出版过任何所谓的哲学方面的论著，而他的秘传性著作，如物理学、生物学、政治学、修辞学、诗学等方面，直到其生命行将结束时，都一直在不断地修正和完善。另外，他所谓的“公开性”的论著，只不过是一些他计划要探索的不同学科和主题领域的“工作手册”，换句话说，只是一些没有科学志向的文本。

亚里士多德只出版了三部作品，他深信将来不需要再对这些作品进行修订，同时，这三部作品是具有计划性和纪念意义的：《劝勉篇》（或称为《与塞密逊的对话》，他是代表学园写的这部作品，目的是驳斥伊索克拉底学派学说中的批判主义思想）；《修辞学》（或称为《格儒洛斯》，主要是为了缅怀他的友人格儒洛斯）；《欧德摩斯》（或称为《论灵魂》，是为纪念他亲密的友人欧德摩斯）。【XV】最后，他还写过一首怀念他的挚友赫尔米亚的诗。

他的图书馆。亚里士多德的工作方法，在准确意指特定和非类似事物时，选择语词和术语时的严谨，都是基于书写传统，而不是口述传统。因此，他选择了书面的作品作为其探路的向导，同时，他还收藏了大量的书籍，每次在需要的时候，他都可以随时查阅这些思想家的理论，甚至会对他们的理论提出挑战。此外，在使用上，他的图书馆也非常简便，这表明，亚里士多德不仅是古典时期最伟大的书籍收藏家，而且在希腊世界，他也是第一个试图以图书管理者的身份进行书籍分类的人。亚里士多德的图书馆不仅代表了那个时代藏书的最高水平，【XVI】而且，考虑到当时希腊各城邦没有公共的“泛希腊”图书馆，因此，他的这项工作，在整个希腊世界，具有重大的开创性意义！

在很大程度上，亚里士多德是将其“科学”研究建构在书写传统（与口述传统相对应）基础之上的，即在书籍上。亚里士多德认为，科学知识并不能超越书写的文字而存在，否则就仅仅是经验的观察。在最后的分析中，亚里士多德的研究工作是建构在两部“不成文”的著作之上的，即“希腊文本传统全集”和“不成文的大自然之书”。

K.SP. 斯塔伊克斯

中译者序

英国诗人雪莱在《希腊颂·序幕篇》中说："我们全都是希腊人。我们的法律、我们的文学、我们的宗教，根源皆在希腊。"如果说希腊文明是西方文明的源头，那么希腊哲学就是西方哲学发展的摇篮和最初形态。一定程度上讲，我们对西方文明缘起的追问过程，就是一个对西方文明的希腊性理解不断深化的过程。

2016 年，我漂洋过海来到希腊的比雷埃夫斯做博士后，并先后到访了雅典卫城、帕那索斯的德尔斐神庙和克里特岛等地，无论是雅典娜神庙的巍峨宏阔，阿波罗神庙的恢弘厚重，还是米诺斯王宫的断壁残垣，都无不让我惊叹不已！彼时，我想到了康德在《判断力批判》中经常用到的一个语词——崇高，之所以称它们为崇高的，是因为这里的每一块巨石、每一个神庙和每一座雕塑，都无不承载着恢弘的历史、逝去的光荣和伟大的梦想！

斯塔伊克斯先生是希腊的历史学家，尤其在从古代到文艺复兴时期的图书馆演变和图书馆建筑研究方面，造诣颇深。同时，他也是研究柏拉图和亚里士多德的专家。我与斯塔伊克斯先生相识于比雷埃夫斯 Laskaridas 基金会的一次关于柏拉图哲学的学术研讨会上，并有机会与他坐而论道，促膝长谈。回国后，无论在学术上，还是在生活上，我都与斯塔伊克斯先生及其私人图书馆保持着密切的书信往来。这部《亚里士多德的图书馆》，和由我之前翻译的《柏拉图传统的证言》(中国民主法制出版社，2018 年版)，以及由我的导师王晓朝教授翻译的《书籍与理念》(人民出版社，2015 年版)，是斯塔伊克斯先生最重要的三部著作。斯塔伊克斯先生托付我来完成这其中两部著作的翻译工作，我倍感荣幸！在此，也感谢他对我学术功底和翻译能力的信任！

亚里士多德生在希腊思想创作时期的末叶，是古希腊最伟大的思想家之一。作为柏拉图的弟子和苏格拉底的再传弟子，他是古希腊哲学的集大成者，也是终结者。一方面，亚里士多德是一个“百科全书式的思想家”，他的研究几乎囊括了所有的领域，也几乎对每一个学科都作出了极大贡献，其中包括：逻辑学、政治学、伦理学、经济（家政）学、形而上学、医学和诗学等。此外，与之前的哲学家相比，亚里士多德作品的风格是朴素的、批判的和具有常识感的，既没有巴库斯激情主义的痕迹，也没有奥尔弗斯神秘主义的成分。他不是一个凭灵感鼓舞的先知，而更像一个著书立说的教授。另一方面，因为亚里士多德的权威性，也给后来各学科的发展和进步制造了严重的障碍，“自起十七世纪的初叶以来，几乎每种认真的知识进步都必定是从攻击某种亚里士多德的学说而开始的”。[①] 就逻辑学来讲，在古希腊末期，如果说柏拉图的“理念论”在形而上学方面具有至高无上的地位的话，那么亚里士多德的逻辑学则一直是公认的权威。但是，我们在赞叹亚里士多德的逻辑学的同时，也因为其理论上的踟蹰不前造成的思维掣肘，从而后来人都会在这一领域开辟一个“厮杀的战场”(黑格尔语)。实际上，除了逻辑学，在生物学、哲学和其他领域的情形也是如此，他们每前进一步，都是冒着亚里士多德及其信奉者的反对而争取来的！

这部《亚里士多德的图书馆》，主要对亚里士多德的生平；亚

---

① 罗素:《西方哲学史》(上卷)，何兆武、李约瑟译，商务印书馆 1963 年版，第 209 页。

里士多德与亚历山大大帝的师生关系；亚里士多德与柏拉图学园的关系；亚里士多德在吕克昂学园的教学与著述；亚里士多德作品的分类，如公开性著作和秘传性著作，真作和托名之作，以及对其主要著作（包括逻辑学、辩证法、政治学、修辞学和生物学著作等）的介绍和评注；亚里士多德著作的目录，特别是第欧根尼·拉尔修在《名哲言行录》和梅纳治在“无名之作”中关于亚里士多德著作目录的编录情况；亚里士多德的藏书情况及其抄本的曲折流传过程和命运，以及安德罗尼柯对《亚里士多德全集》的出版情况等，进行了历史性分析和开放性阐释。

其中，有诸多问题，我们是可以进一步去探讨和研究的，如柏拉图缘何没有将柏拉图学园校长的职位传给被称为“学园之灵”的亚里士多德？因为他是外邦人？与柏拉图学术观点的迥异？或其他？作为帝王师的亚里士多德在多大程度上影响了亚历山大？是亚里士多德以间接的方式实现了柏拉图曾三赴叙拉古但却没有了却的“哲学王”梦想，从而亚历山大的事业表现了哲学的实际用处？还是亚里士多德对亚历山大的影响几乎为零？或其他？亚里士多德从什么时候开始收藏图书，各个时期收藏了哪些图书，并且形成了他的私人图书馆的？在短短的二十五年之内，亚里士多德是通过怎样的方法整理出如此之多的知识的？亚里士多德的著作经过了哪些人之手？究竟是经过怎样的曲折过程保存下来的？面对卷帙浩繁的亚里士多德的著作，安德罗尼柯为何、如何将它们整理出版？出版过程中面临着怎样的困难？究竟是亚里士多德本人还是安德罗尼柯将其作品区分为公开性著作和秘传性著作的？等等。

黑格尔曾指出：“到达科学的道路本身已经是科学，这正如学习游泳的过程已经就是游泳。”[①] 我始终认为，无论是对一部伟大作

① 黑格尔：《精神现象学》（上卷），贺麟、王玖兴译，商务印书馆 1979 年版，第 14 页。

品，还是对一个伟大的思想家来讲，对他们进行的研究不应该是盖棺论定式和完成了的，相反，对其进行的多视角分析和开放性阐释，也是研究的一个不可缺失的维度，如果没有这一维度，我们很难说对这一思想家或作品的研究是完整的。斯塔伊克斯先生从一个希腊历史学者的视角，为我们呈现了研究亚里士多德及其著作的基本图景，这对我们中国学界亚里士多德的研究，具有重要的学术意义和参考价值。

在本书付梓之际，感谢我清华大学的导师王晓朝教授，感谢我的希腊好友 Vasilis（齐思源）在本书翻译过程中在希腊语生僻词方面给予我的帮助，感谢研究出版社刘春雨编辑在出版过程中的热忱付出，他们为本书出版付出了辛劳！

前人说："诗无达诂"，译和释的基础正在于诂；既然"诗无达诂"，译和释的讹误曲解遂势所难免，必定存在错漏之处，还望读者、方家指正！

刘伟

2018 年冬于平乐园

目录

CONTENTS

亚里士多德的生平

就像大多数古代哲学家和思想家一样，亚里士多德的传记信息也极为稀少，主要来自一些哲学汇编作品的残篇，比如，士麦那的赫米普斯的作品。[①] 在很大程度上，我们主要是根据公元前三世纪第欧根尼·拉尔修所编纂的，最早记录亚里士多德生平和作品的《名哲言行录》第五卷（1—35）里所阐述"亚里士多德"这一条目[②]去了解亚里士多德。尽管第欧根尼·拉尔修著作的信息来源还有很多需要考证的地方[③]，正如我们在下面也会看到的，关于亚里士多德的各种资料信息主要是基于不同文本之上的，如希罗多德的《历史》。[④]

---

① Chroust, Account

② Diog. La

③ Bywater, Vita

④ 似乎早在从爱奥尼亚哲学家的生平和著述的时代起，他们就已经对面向更广泛的大众饶有兴趣了，这样就产生了文本的传统。这样的文献并没有被保存下来，尽管希罗多德（《历史》）很可能从具有腓尼基人血统的泰勒斯那里获得了一些类似的资料信息。也很有可能，更早之前的伊奥尼亚哲学家已经将他们的遗嘱分别单独出版了，比如斐瑞居德，按照第欧根尼·拉尔修的说法，斐瑞居德曾将其未出版的著作遗赠给泰勒斯。

有这些古希腊哲学家论述的文献，特别是从卡利玛库斯时代起，哲学团体各成员，包括演说家、诗人、立法者和政治家等的生平和著作，都保存在亚历山大里亚图书馆中。这批珍宝是卡利玛库斯的学生，即来自士每拿的赫米普斯利用来编纂《名人传》的。《名人传》有几个不同的单元构成，对应于具体的活动：有 4 卷是关于希腊七位圣贤的，6 卷是关于立法者的，还有一些是关于各哲学学派的。

公元前384年，亚里士多德出生于迦勒西狄半岛西北的小镇斯塔吉拉①，这个小镇是由来自安德罗斯和卡尔基斯的殖民者建立的，这个地区的居民操着一种变异了的爱奥尼亚方言。亚里士多德的父亲尼各马科来自麦西尼亚，他的祖先可能在公元前八世纪或七世纪就搬到了斯塔吉拉。②【1】亚里士多德的母亲斐斯蒂斯与卡尔基斯的尤卑亚有千丝万缕的关系，这个地方也是亚里士多德在其生命的最后时期避难的地方。

亚里士多德的父母都行医，他的父亲尼各马科与马其顿国王阿明塔斯关系甚好，是阿明塔斯的私人宫廷医生。③我们可以确信，亚里士多德是在一个富裕的家庭中长大的，他经常在父亲的带领下访问培拉。亚里士多德对医学方面的最新成就了如指掌，同时，他可以随时查阅马其顿图书馆中许多"出版物"和相关著作。根据《苏达辞书》记载，"医生尼各马科"，也就是亚里士多德的父亲，至少著有两部作品（分别有六卷和一卷），这两部作品是关于医学知识，以及关于自然和物理学的，这也意味着，亚里士多德不仅是在一个医学环境下长大的（据说，他曾协助其父亲做过外科手术，因此，他也算是半个医生），同时，也接触到了一个"家族的图书馆"。④

尼各马科的这两部作品的标题，并没有阐明其要论述的具体内容。"ἰατρικῶν"（关于医学的）这部作品，可能主要论述了一些关于手术的基本原则问题，而"φυσικῶν"（关于自然和物理学的）可能主要论述了人的肌体和结构的功能，同时，还涉及"四体液"的相关论题。其中，"四体液"理论最早是由波吕波斯提出的，【2】波吕波斯是希波克拉底的女婿。值得一提的是，"四体液"理论是

① Düring, Biog. Trad.
② Plezia, Remarks
③ Diog. Laert. V, 1
④ EN, X 9, 1181b 2

建构在恩培多克勒的“四元素说”基础之上的。[①] 单从这些论述来看，人们自然地就有这样的疑问：对尼各马科来说，他不仅是一位医生，而且还是一位医学理论家，那么，他究竟在自己的图书馆里收藏了哪些书籍？因此，我们最关切的问题是，还原亚里士多德所继承的藏书。

评论：据说，尼各马科是马卡昂的后裔，而马卡昂是医神阿斯克勒庇俄斯的儿子，荷马曾在《伊利亚特》中两次提到其作为医生的身份及其出类拔萃的能力（ἀμύμων ἰητήρ）。[②] 此外，荷马还提到了马卡昂的兄弟波达勒里奥斯，特别是在“船只清单”（List of ships）中。据说，阿斯克勒庇俄斯是帖撒利的一个军事兵团的首领。[③] 后来，帖撒利不仅是人们崇敬和祭奠阿斯克勒庇俄斯的圣地，且后来也成为摇蚊的产地，这种摇蚊以其治愈慢性疾病和伤口的特殊作用而闻名，它是一种作用较为缓和的药（ἤπια φάρμακα）。阿斯克勒庇俄斯与肯陶洛斯·喀戎的学生所采用的方法并无差别：他们更多的是运用符合自然规律的治疗，而与求助神灵无关。[④]

荷马《伊利亚特》中的英雄对消毒、包扎和治疗伤口都是非常熟悉的。事实上，他们大多数都有过接受外伤手术治疗的经历，其中，最为人所知的就是马卡昂和波达勒里奥斯。[⑤]【3】在诸多史诗性叙事诗和陶瓶上也有描绘他们决斗的场景和他们手术治疗的细节[⑥]：

图丢斯之子（狄奥墨得）抱起石头，一块巨大的顽石，当今之人，即便站出两个，也动它不得，而他却仅凭一己之力，轻松

① Aetius, Opin., (Fragm. 6), X!3, 20
② IX, 517
③ Walton, Asclepios, 15-24
④ Müller, Orchom., 244
⑤ Sigerist, Medicine, II, 25
⑥ Lypourlis, Medicine, 21-22

地把石块高举过头。他奋力投掷，击中埃内阿斯的腿股——髋骨，由此内伸，和盆骨相连，人称“杯子”的地方。石块砸碎髋骨，打断了两边的筋腱，粗砺的棱角把皮肤往后撕裂，勇士被迫曲腿跪地，撑出粗壮的大手，单臂吃受身体的重力，黑色的夜雾蒙住了他的双眼。

——《伊利亚特·第五卷》

我们从对品达的一首颂诗的评注中，可以看出阿斯克勒庇俄斯和喀戎的特殊关系①，同时，这个评注中也有对阿斯克勒庇俄斯治疗菲罗克忒斯伤口方式的描述：“先是去掉腐臭的肉，再用酒清洗伤口，之后阿斯克勒庇俄斯再在伤口上撒上从喀戎那里得来的中草药。”

关于阿斯克勒庇俄斯的起源，以及对他崇拜的最原始形式，现在学术界仍然有诸多争论。但无论如何，从某种程度上讲，对阿斯克勒庇俄斯的崇拜，最初是与大城市的公共卫生事业具有某些相关性的，比如，在一场瘟疫侵袭了罗马城之后，对阿斯克勒庇俄斯的崇拜就通过律法的形式引介到这座城市中。②与此同时，神的圣殿，医神庙（供奉阿斯克勒庇俄斯的神庙）也就成为长期受到慢性病折磨的病人接受治疗的医务场所，在医治过程中，他们会寻求神灵的帮助。【4】

供奉阿斯克勒庇俄斯的神庙有一个最大特点就是其图书馆的形成，且图书馆是附属于这个“疾病治疗中心”的。③从阿斯克勒庇俄斯不再被列为神秘的神祇之后，这些“圣殿”就有了双重的作用，它们既是祭仪崇拜的地方，也是治疗疾病的场所。这也是选择

① Pyth., X 109a

② Livy, Urbe, X, 47, 7

③ Staikos, History II, 272-280

在自然风光极其优美的地方建立医神庙的缘由，比如，帕伽玛、埃皮道伦、迦太基、科斯和罗马。[①] 附属于这些医疗中心的图书馆，不但成为医生学习知识的重要来源，而且这里面很多文学性的书籍也可以供病人阅读消遣。

尼各马科的图书馆

尼各马科作为著作者、医神后裔和国王的御医的身份，使他有机会获得一些相关的书籍和文献。正如我们之前所提到的，他的先辈马卡昂和波达勒里奥斯都在《伊利亚特》中被提到过。同时，还有一些其他关于医学和健康的作品在流通传播，比如，希罗狄库的《论健康的运动》。希罗狄库来自塞林布里亚，活跃于公元前五世纪，他是希波克拉底的老师，柏拉图曾提及过他。[②]【5】

"医神行会"（阿斯克勒庇俄斯）主要与一些重要的医学理论家相关，其中，有来自科斯的希波克拉底。归属于希波克拉底的一些作品，不断受到人们的质疑和挑战。[③] 盖伦曾经编纂过一份关于他的真实作品的目录，但是，我们对此并不感兴趣。我们最感兴趣的是，在参考文献中，柏拉图和亚里士多德对其医学方法的运用。[④] 在《斐德罗篇》中，就有关于身体科学的讨论，但是，如果脱离开对自然知识的了解，这些内容是无法看懂的。这些引用的"参考文献"，很可能来自希波克拉底的理论，这些理论是经由波吕波斯的作品《论人的本质》流传下来的。[⑤]

尼各马科肯定有 *Rhizotomicon* 和《许癸厄亚》的抄本，其中，

① Aravantinos, Asklepieia, 11, ff.
② Baader-Winau, Epidemien
③ Littré, Oeuvres
④ 270c
⑤ Joly, Phèdre, 69 ff.

Rhizotomicon 是最早的一部关于药用植物的著作，而《许癸厄亚》则是一部关于膳食问题的著作。这两部著作都是由一位名叫狄奥克勒的人所作，狄奥克勒来自卡利斯托，被当时的雅典人称为“年轻的希波克拉底”。[①]

很有可能，尼各马科也拥有科斯和尼都斯（小亚细亚卡里亚的城市）学校的医疗手册，比如，希波克拉底的 *Prognosticon*。*Prognosticon* 的内容主要是对急性病症候的描述和诊断。除此之外，尼各马科也可能拥有解剖学著作 *De fracturis* 和 *De articulis*。[②] 然而，公元前五世纪，有一部最具权威性的作品，它是以《论神圣的病》命名的。这部著作很有可能是希波克拉底本人或是他在科斯的学生所著，不过，也有一些人认为，这部作品是尼都斯医学院的人所创作的。《论神圣的病》主要论述了癫痫的一些特殊症状和这种疾病发作的原因。[③]【6】这部著作以激烈的论战开始，它反对所谓的“涤罪和魔法”的说法。这些宣扬“涤罪和魔法”说法的人，努力说服公众，使他们相信癫痫是一种“神圣的疾病”，只有通过通神的方法，才能把他们治愈。《论神圣的病》是医学上的一个伟大的成就，也是以从迷信的方式到以科学的方式解读癫痫这种“神圣”疾病生理原因的转折点。[④]

评论：为了理解科斯和尼都斯的医学成就，我们在这里有必要提一下这部《论神圣的病》。在这部作品中，大脑被视为人体的中枢器官，它通过无数的静脉连接在一起，这不仅保证了血液的循环，也保证了四肢的供氧。如果黏液在大脑中大量积累，当它进入血管时，既不能被血液吸收，也破坏了血液循环，这样就会引起疾

---

① Jaeger, Diocles
② Littré, Oeuvres
③ Grensemann, De morbo, 490 ff.
④ Lypourlis, Medicine, 109-177

病症状，从而导致了癫痫。

尼各马科也一定知道尼都斯学派成员所创作的医学手册，比如，所谓的“尼都斯宣示”（Cnidian Sentences）。[①] 这些册子代表了这个学派领导人的医学思想，比如，欧瑞丰，他来自尼都斯，在公元前五世纪较为活跃。[②]【7】

现在，让我们回到亚里士多德和学园之前的那段时期，我们发现，正是在那个时期，亚里士多德的“科学”意识开始形成，很大程度上，与他父亲的著作和手术治疗方式有密切的关系。毕竟，按照每一种治疗方案的成果来看，医学代表了科学方法的第一个阶段。

“医学哲学家”：从十八世纪开始，人们对医学与哲学之间的关系提出了诸多问题。在古代，这两个学科之间是否有明确的界限和差别？奥鲁斯·高奈留·凯尔苏，他是一个活跃于公元前一世纪到公元一世纪转折时期的文人，他在其著作中，论述了医学和哲学的历史。除此之外，在他所著的百科全书《医术》中，还论述了两者的差别。关于哲学，奥鲁斯提到了100多位哲学家。[③] 而关于医学，他在其《论医学》的序言中告诉我们：在阿斯克勒庇俄斯、马卡昂和波达勒里奥斯之前，并没有什么有名望的人行过医，正如最初的时候，有一种观点就认为，对病人的治疗也是自然哲学所研究的一部分。也就是说，那些观察自然现象的人，也是治疗疾病的人。【8】

评论：有一个问题很难回答：如果在由安德罗尼柯创作的著作中，亚里士多德的医学观点存在自相矛盾的话，那么，在他加入学园之前的这段时期和他最初跟柏拉图学习的那几年，亚里士多德的医学观点是什么？例如，在这一时期（公元前四世纪中期）的争

① Ilberg　Knidos, 22 ff.
② Kahlenberg, Physios
③ Schumacher, Medizin

论焦点是大脑和心脏功能的关系问题，在这个问题上就有两个相互矛盾的观点。那些认为“气”是神圣元素的人，也认为大脑是人类智力的最重要部分[①]，然而，另一些人却主张，“内在热量”（calidum innatum）是生命的原则，它们也代表人体内部的神圣元素。因为血液就是生命之热的根本。同时，他们还认为，血液是智力的动力，这个观点是亚里士多德理论的出发点。

此外，亚里士多德错误地认为，之前所有的医学物理学家无一例外地认为，血液来源于大脑。然而，甚至在亚里士多德出生之前，医生们就知道心脏是血液的起点。[②]因此，在亚里士多德撰写生物学方面著作的时候，他对循环系统的某些观点，肯定早已被当时的医学家抛弃了。我们认为，亚里士多德和他的合作者并没有发现神经系统，这也是他们并不认为大脑和感觉器官之间有任何解剖学意义上联系的原因（οὐκ ἔχει συνέχειαν οὐδεμίαν πρὸς τὰ αἰσθητικὰ μόρια）。【9】综上所述，亚里士多德肯定已经了解他之前的和同时代的理论，但是，他却选择了与医学知识保持一定的距离。[③]

亚里士多德的监护人普罗克森努斯

亚里士多德在很小的时候，他的父母就去世了。（译者注：亚里士多德出生于希腊北部的小城斯塔吉拉，因此，人们也称亚里士多德为斯塔吉拉的亚里士多德，或直接称其为“斯塔吉拉”。）亚里士多德可能在八岁或者十岁的时候就成了孤儿，父亲的亲戚普罗克森努斯成为他的监护人：事实上，亚里士多德后来又将普罗克森努

① Düring, Arist., 537-538
② IV, 33, VIII, 544L
③ PA, 625b 3

斯的儿子尼迦拿收养为继子。[①] 普罗克森努斯来自阿塔内斯，这是小亚细亚的一个地区，在莱斯博斯岛（即希腊的米蒂利尼岛）的对面。很有可能，正是普罗克森努斯将亚里士多德介绍给了之后阿塔内斯的暴君赫尔米亚，而且亚里士多德跟赫尔米亚成为挚友。[②] 据说，普罗克森努斯是柏拉图学园中的学生，而且与导师柏拉图之间保持着亲密的关系。[③] 还有一种说法认为，正是因为普罗克森努斯作为亚里士多德的监护人的身份，才使亚里士多德第一次读到了柏拉图的对话录。亚里士多德除了跟随他的父亲学习过一些医学方面的知识之外，我们并不了解他成年之前的教育情况。但我们可以确定的是，在亚里士多德十七岁的时候，也就是在公元前 367 年[④]，当他游历到雅典时，他立刻就加入了柏拉图学园。那时，柏拉图正在西西里的叙拉古游历，当时欧多克索执掌着学园。[⑤]【10】

柏拉图学园时期的亚里士多德

当亚里士多德在柏拉图学园学习时，“理念论”就早已经形成了，这在柏拉图的《理想国》和早期主要的柏拉图对话录里就已经表述过。[⑥] 也就是说，亚里士多德的第一个老师就是这些柏拉图的对话录。在柏拉图离开学园的那段时期，暂时接管柏拉图园长职位的欧多克索，主要教授亚里士多德数学和物理学的相关知识。[⑦] 这位来自北方的年轻学生，也就是亚里士多德，发现与其他哲学学派，如新毕达哥拉斯学派相比，柏拉图学园的教学环境是非常自由

① Gigon, Viten, 26
② Natali, Life, 11-12
③ Usaibia, Biog., 3
④ Chroust, Enters
⑤ Schneider, Eudoxus
⑥ Rep., 476a
⑦ Waschkies, Eudoxos

的。学园的每一个成员都可以完全自由地表达自己的观点，即使这种观点与柏拉图的观点大相径庭。比如，欧多克索和斯彪西波、塞诺克拉底一样，都秉持着跟柏拉图的“理念论”不同的观点。在柏拉图从西西里回到学园（公元前 365 年）一直到柏拉图去世（公元前 347 年）的近 20 年中，学园经历了名副其实的鼎盛发展时期，甚至在希腊世界以外，柏拉图学园也是赫赫有名的。那时甚至有一个迦勒底的哲学家远道而来，为的就是到柏拉图学园听课。跟随着柏拉图亚里士多德学会了辩证法，这是一种基于问题和答案之间的技艺，致力于找出概念和意义的永恒价值和本质区别。【11】

关于亚里士多德在学园参加活动的那段时期（公元前 367—公元前 347 年），古希腊的文献学家几乎没有详细的记载，所有提及他的信息都带有轶闻的特征。文献学家也并没有具体说亚里士多德住在哪里，也没有记载他作为一个外邦人在雅典所面临的困难，更没有论述他跟学园中其他人之间的关系。只有他在学园里“读书人”的角色是可以被证实的。①

柏拉图从一开始就认识到了亚里士多德的特殊能力。事实上，人们一直认为，在《巴门尼德篇》这篇对话录里出现的那个年轻的名为亚里士多德的人正是他，他的观点柏拉图是接受的。②

从某一天起，柏拉图赋予了亚里士多德一个特殊和重要的角色，按照一则古老故事的记载，亚里士多德被取名为“奴斯”，或者叫“争辩的心灵和脑袋”。③在柏拉图学园中，亚里士多德被认为是一个“读书人”。“读书人”的意思是，亚里士多德负责在学园听众面前大声朗读每一篇呈送上来的著作，从而接受如文献学的或者其他形式的批评。如果这部著作通过了这一环节，并对著作的文本

① Staikos, Plato, 15-18
② Taylor, Plato, 413
③ Staikos, Plato, 16

做了必要的修正和改进，这样它就会被公认为是“可发行的”。实际上，这有点像塞奥弗拉斯特的意思，他说：“阅读才会重写。”这句话很可能来自亚里士多德，我们在适当的时候将会再次看到这句话。[1]【12】

评论：古雅典市场上传播的书籍的特征，以及这一时期不同的哲学学派和他们的书籍在希腊世界的流传范围，我们对此几乎一无所知。还有很多其他事情也仍然是未知的，比如，莎草纸书卷在文本的开头有标题吗？他们是否标注签名？是否可以从概要目录婉转迂回的标题中就能推测出这些作品的出处？尽管如此，很可能早在公元前四世纪，这些著作的主体部分就与某种“标签”有关系，也就是所谓的 sillybos（标签）。另一个悬而未决的问题是：出版过程究竟是怎样的？具体从什么时候开始，书籍成为有系统的阅读产品？是从阿那克萨戈拉的年代和“一个德拉克玛”（drachma，古希腊货币的名称）的时期开始的吗？就是在这些著作里，苏格拉底被讽刺过吗？[2]

在学园的那段时间，亚里士多德全身心地投入学习和研究。同时，他也有机会阅读和获取当时希腊世界所有的书本和口述的知识和传统。他有条不紊和不知疲倦地对每一个有影响力的理论和观点进行仔细的考察研究，要么是支持这些观点，要么是激烈地批评和驳斥这些当时或者更早期的思想家毫无根据的观点。亚里士多德是那个年代最博学的人，没有任何人像他那样把知识按照主题单元的形式进行分门别类的研究。在亚里士多德之前，没有任何人意识到将所有的知识按照不同单位的需要进行分类，这样做的好处就是可以按照科学的方式对知识进行研究。【13】对亚里士多德来讲，学

① Diog. Laert. V, 37
② Plato, Apolog., 26b

园正是他学习前人知识的一个黄金宝地，学习这些知识的目的是有一番自然和心智上的创造，这在将来可以承载他的研究成果。就像柏拉图所讲的那样，不是像诗歌那样的自命不凡和虚荣做作，而是因为他们本身就是自然的。①

然而，对于雅典人来讲，亚里士多德从来都是一个外邦人，也就是马其顿人。特别是到了政治动荡的年代，也就是到了公元前357年之后，菲利普征服并掌控了安菲波利斯，从而加剧了雅典和马其顿的敌对关系之后，作为马其顿人，亚里士多德更会引起大家的怀疑和不安。当时在关于菲利普泛希腊同盟的提法方面，雅典的政治舞台受到两个阵营的控制：贵族倾向于泛希腊同盟的提法，因此，他们与马其顿的政策比较接近。与此不同，在诸多城邦派别中，有一派是强烈反对马其顿人的。公元前349年，菲利普攻占了奥林苏斯，奥林苏斯是雅典城邦的一部分，这件事情激怒了雅典公众。与此同时，德谟斯提尼以马其顿王国扩张主义政策倡导者的身份出现，在德谟斯提尼的挑拨下，雅典人反马其顿的情绪日益高涨。【14】公元前347年，柏拉图去世，享年80岁。马其顿人与雅典的亲马其顿人保持着密切的关系，其中，有后来臭名昭著的赫尔米亚，他来自阿塔内斯，是亚里士多德在学园中的同学。柏拉图在学园中的继承人斯彪西波也跟菲利普保持着友好的关系，这一点可以从他后来的《书简》中得到确认。②

从雅典到阿塔内斯

受到赫尔米亚的邀请，在柏拉图去世之后，亚里士多德便离

① Kalfas, Timaeus, 29a
② Sykoutris, Epist

开了雅典。然而，根据欧几里得对这件事情记载的版本，亚里士多德是在他的导师柏拉图去世后几个月之后才离开的。[1]但无论如何，人们达成的共识是，亚里士多德的离开，一方面是因为雅典的政治因素造成的，另一方面或许是因为在柏拉图去世后，亚里士多德没有被选为学园的继承人，柏拉图将园长这一职位交给了其侄子斯彪西波。[2]

赫尔米亚曾经是奴隶，后来成为了密西亚的阿塔内斯和阿索斯的僭主[3]，后来证明他是那些年中亚里士多德最亲密和最有价值的朋友。赫尔米亚除了具有暴君的特质外，还有天生的礼貌和高贵。[4]赫尔米亚曾跟随柏拉图学习哲学，后来自己继续学习[5]，并在自己的国家加强和推进教育。亚里士多德是跟随其他学园的成员一齐到阿塔内斯的。[6]【15】其中，有科里司库和厄拉斯托，很可能还有塞诺克拉底和之后的塞奥弗拉斯特，以及卡利斯塞涅。[7]

在赫尔米亚周围，更确切地讲，在亚里士多德周围，聚集了一批思想家（在某种程度上，像“柏拉图学园”），他们专注于哲学问题的研究和对大自然的探索。[8]据我们所知，这个“学校”并没有具体的校舍，他们只是在散步的时候讨论问题（εἰς ἕναν περίπατον συνιόντες）。[9]菲洛德谟赋予了这个学校一个相当诗意的形象：阿索斯城，一个田园牧歌式的城市，毗邻大海，城市中有各种雄伟的公共建筑，这里无疑是一个适合冥想和研究的中心。

① Düring, Biog. Trad., 388
② Chroust, Succeeds
③ Strabo, XIII 1. 57
④ Mühl, Hermias
⑤ Düring, Biog. Trad., 272-283
⑥ Natali, Life, 33-42
⑦ Düring, Arist., 51-52
⑧ Pavese, Asso
⑨ Philodemus, Philos. synt

在阿塔内斯和阿索斯的三年中，亚里士多德遇见了赫尔米亚的侄女皮西厄斯。① 她为亚里士多德生了一个女儿，起名仍叫皮西厄斯。后来，他又移居到了莱斯堡岛的米提利尼，在这里，他与塞奥弗拉斯特展开了有意义的合作。塞奥弗拉斯特，约于公元前 370 年出生于伊勒苏斯。② 很有可能的是，在柏拉图去世之前，塞奥弗拉斯特就已经在学园中遇见过亚里士多德了。③ 选择去米提利尼并不是偶然的，很可能与塞奥弗拉斯特有关，他出生在这里，而且非常喜欢这里的自然美景，同时，也可以使亚里士多德能够长久地在这里待下去。无论情况是怎样的，亚里士多德在这里展开了他的研究工作，这些工作与生物学有关系。在米提利尼的那段时间，在自然历史研究中，他曾反复地提到过更广泛地区的一些地名，【16】例如皮拉、安坦德洛、阿吉努赛、昔盖姆、克珊托斯、普罗朋提和赫勒斯旁。我们不应该忘记赫拉尼库斯的重要图书馆，他曾写了许多关于民族志和地理学内容的著作，我们将在适当的时候看到，这些著作可能仍然保存在米提利尼。

作为亚里士多德最好的朋友之一，塞奥弗拉斯特陪同亚里士多德去了马其顿的宫廷（公元前 343 年或公元前 342 年），后者是受马其顿国王腓力二世本人之邀，担任腓力之子亚历山大的老师，当时亚里士山大十三岁。在米耶萨城堡教授亚历山大及其他贵族子弟的那段时期，亚里士多德并没有像他后来那样大的名声。④ 然而，人们公认的是，亚里士多德教给年轻的亚历山大很多事情，对他有很大的启发，比如，在面对蛮族人的时候，应该采取怎样的态度。腓力二世之所以挑选亚里士多德为亚历山大的老师是基于很多方面

① Chroust, Assos
② Gaiser, Theophr.
③ Regenbogen, Theophrastus
④ Natali, Life, 42-46

的原因的，可能是因为马其顿人的身份，也可能是因为亚里士多德父亲尼各马科与阿明塔斯国王的关系，或者是因为亚里士多德本人与赫尔米亚的关系。在腓力二世的眼里，赫尔米亚就是一个英雄，因为在他被波斯人俘获之后，他拒绝透露马其顿人的计划，因此，被判处了死刑。[①] 这一点在后来的卡利斯塞涅的赞美诗中也被证明过（ἀλλὰ γὰρ καὶ Καλλισθένης ἐγκώμιόν τι συντάξας περὶ αὐτοῦ. . . ）。[②] 亚里士多德对于赫尔米亚的去世非常震惊，他在德尔斐修建了一座赫尔米亚的雕像，并创作了下面的碑文：【17】

持弓的波斯国王不虔地将这人谋杀，
这有违诸神的神圣法律，
因为他的获胜不是公开用血腥长矛，
而是利用人的信任施行欺诈。

此外，他还创作了一首赞美诗纪念他们之间的友情[③]：

噢，德性，凡夫俗子须辛劳才能实现，[④]
你是人生的最好奖赏，
噢，少女，为了你的美好形象，
人们注定要面对死亡，忍受无尽的可怕艰辛，
而这在希腊是一种荣光。
你注入心灵的力量永恒不朽，
比金子更贵重，比父母或睡梦更可爱。

---

① Harding, Didymos
② Düring, Biog. Trad., 274
③ Diog. Laert. V, 6
④ Bowra, Hymn

宙斯之子赫拉克勒斯和勒达的儿子们忍受了诸多苦难，
只为获得你的力量。
由于想望你，阿喀琉斯和埃阿斯去了哈德斯的地府；
因为你的友善形象，
阿塔内斯的后裔也失却了太阳的光芒。
因此，记忆女神的女儿缪斯，【18】
通过对客人保护神宙斯威严的颂扬，
对永固友谊的奖赏，
将他的事迹传唱，使其地久天长。

我们在这里补充一下，亚里士多德曾记录了他与赫尔米亚建立良好友谊的原因。这些笔记后来由亚贝里康确证后出版，我们将在下面看到。

在马其顿的宫廷

关于亚里士多德在马其顿宫廷的教学，以及他的创作活动，几乎没有人知道。可以肯定的是，他编辑了一部荷马的《伊利亚特》，也就是所谓的“珍藏本”。[①] 这份手稿是亚里士多德与卡利斯塞涅和阿那克萨库一起为亚历山大创作的，后来保存在波斯宝藏箱中。一个流行的观点是，这个“珍藏本”主要是关于“荷马诸问题”的，我们将会在适当的时候看到这些。

亚里士多德对亚历山大的主要授课科目是荷马、赫西俄德和其他悲剧诗人的作品，此外，还有伦理学、医学、政治学等。[②] 正如

① Strabo, XIII I. 27
② Plut., Alex., 8, 3-5

柏拉图在《理想国》和《政治家》中描述的那样，他期望可以为一个理想统治者的培养作出贡献。[1] 亚里士多德创作了两篇作品，即《论君主》和《亚历山大或海外殖民》，【19】并作为未来国王设想征服东方的阅读手册。亚历山大很清楚，他应该了解希腊城市的各种统治制度。或许是基于这种关于统治制度的教学框架的要求，亚里士多德才设想出要编纂一部《论政体》(*Περὶ τῶν Πολιτειῶν*)。我们应该还记得，在培拉的时候，亚里士多德与安蒂帕特建立了特别好的关系，后来，在亚历山大离开的时候，作为马其顿的统治者，安蒂帕特在不同场合都会以不同的方式支持吕克昂学园。

厄拉托斯塞尼，很可能依据早期的历史文献，比如，卡利斯塞涅[2] 的《亚历山大业绩》，佐证了亚里士多德敦促亚历山大对待希腊人的态度与对待野蛮人的方式有所不同："对希腊人你要做他们的领袖；但对野蛮人，你要做他们的主人。[3] 要像关心你的朋友和亲戚一样关心希腊人；对于野蛮人，只是像给无理性的动物食物一样给他们一些食物就可以。"无论真相如何，亚历山大对波斯帝国和他所征服地区的人民都表现出了宽宏大量。

评论：从亚历山大行军征讨东方开始，他就再也没有回到希

---

① Diog. Laert. Cat. nos 17and 18

② 卡利斯塞涅，约于公元前 370 年出生于奥林苏斯，他是亚里士多德的亲戚，可能是亚里士多德的侄子或者表兄。他在随从亚历山大大帝出征小亚细亚的期间，成为一个著名的历史学家。腓力（公元前 349 年）将奥林苏斯毁掉之后，卡利斯塞涅可能就与亚里士多德住在了一起，这段时间大约是在亚里士多德在阿塔内斯和阿索斯的自我放逐时期（公元前 347 年）。无论如何，看起来他在这种新的环境中与赫尔米亚结为好友。在赫尔米亚的记忆中，他还创作过一首赞美诗。随即，他跟随亚里士多德到了马其顿，在这一时期，亚里士多德被邀请做亚历山大的私人教师。

我们从卡利斯塞涅的作品中挑出《亚历山大业绩》，至少到公元前 331 年，这部作品是其唯一一部叙述与亚历山大大帝相关经历的著作。显然，卡利斯塞涅的原型是来自荷马《伊利亚特》中的形象 [事实上，他与亚里士多德和阿那克萨库一道，对这部史诗的抄本进行了评注，也就是所谓的"珍藏本"（Casket copy）]，其中，这部著作将亚历山大尊称为"宙斯之子"和"所有希腊人的首领"。他的最后阶段是不太体面的，他被控告以诽谤罪和不服从领导的罪行被关押，并于公元前 327 年被处以死刑（详见吉贡，Viten and Homeyer，Quellen，Klio 41[1963]，145-157）。

③ Pol., I 8, 1256b 25

腊，一切都发生了变化。【20】亚历山大所信念的是一种人本主义哲学。这种人本主义哲学曾为他的继任者所遵从，甚至是克里奥佩特拉（埃及艳后）。亚历山大的思想开始与希腊人的观点针锋相对，主要是雅典人的思想，包括柏拉图的思想。

雅典人和大部分知识分子，他们不仅仅把东方的民族视为野蛮人和敌人，而且也把他们看成比自己低下的劣等人。希罗多德曾在他的著作《历史》中，将波斯人描述为勇敢的和有组织能力的人，因为希罗多德的这一评价，他被他同时代的人斥为“野蛮人的朋友”。① 另外，柏拉图秉持着种族主义的观点：“因为我们（雅典人）是血统纯正的希腊人，没有受到野蛮畜群的掺杂……不是与野蛮人的混杂体”（μιξοβάρβαρος），正如很多希腊城市的公民是一样的。② 此外，柏拉图还补充道：所有野蛮人都是希腊人的天敌，他们都应该被消灭掉。亚里士多德与柏拉图的观点是一致的③，他认为，蛮族人生来就是奴隶，特别是那些来自亚洲的蛮族人，不具备自由人的明显特征，④ 因此，他们应该被当作奴隶对待（野蛮人和奴隶是同一性质的）。按照亚里士多德的说法，理想的城邦应该是只关注那些希腊公民，不关注那些所谓的蛮族人。⑤ 尽管如此，这两位古代杰出哲学家的观点也并不总是一致的：柏拉图认为古埃及祭司是知识和智慧的源泉，【21】而亚里士多德则认为，迦太基的政治“体制”包含了值得研究和学习的东西，我们将会在下面具体地看到这些。

伟大的演说家伊索克拉底毫无避讳地宣称，所有的非希腊公民都是蛮族人。伊索克拉底采纳了高尔吉亚的观点，他认为，整个的

---

① Plut., de Herod., 855a
② Menexenus, 245d
③ Pol., V470-471
④ Veikou, Attempt
⑤ Pol., I 2, 1252b 8-9

希腊世界，包括那些正处在战争中的希腊城市，应被视为一个单一的整体。从这个角度出发，希腊各民族成员之间的和谐状态是被强加的。① 为了实现这个目标，希腊人必须发动针对波斯人的战争，“对野蛮人的战争，我们之间的和谐”。② 伊索克拉底甚至提出要选择一位优秀的希腊统治者发动对蛮族人的战争，这位优秀的统治者就是马其顿国王腓力，因为他是英雄赫拉克勒斯的后裔。

这就是雅典人对蛮族人的基本看法，这种看法也是亚里士多德曾试图灌输给亚历山大的。③ 因此，根据这些雅典哲学家的观点，未来马其顿君王的任务就是结束希腊各大城市之间的敌对状态，促进整个希腊世界的“和谐”，形成联合的军事力量对抗蛮族人。

亚历山大大帝，从一开始就建立了他自己的哲学，即希腊统治者应该如何管理帝国和不同种族的城邦，而不是拥护这个国家的种族偏见。亚历山大并没有把自己的立场和观点写成历史或者哲学的作品，【22】甚至也没有包含在某些传记标题中，例如《托勒密·索特尔》。然而，亚历山大对他所征服民族的文化传统，特别是对埃及人信仰的尊重，他和所谓的“蛮族人”的女儿罗克珊妮的婚姻，以及他著名的“奥皮斯誓言”，都证明了他对臣属于帝国的民族所采取的不同于别人的态度。

在与哗变的士兵达成和解之后，亚历山大在奥皮斯所作的演讲中，明确清晰地阐明了他所畅想的合并政策。为了庆祝这一事件，亚历山大在奥皮斯组织了一场盛大的宴会，在这场宴会上，马其顿人、波斯人以及不同民族的代表都坐在同一张桌子上庆祝。④ 用普鲁塔克的话来说，亚历山大誓言的本质是，为所有人赢

① Kramer, Ὁμόνοια
② Paneg., 3
③ Tarn, Unity, 402-404
④ Arrian, Anab. Alex., VII, II, 8-9

得和谐与和平，让整个共同体获得利益。[①] 同时，他还任命波斯人做总督，并授予他们不同的职位。现在他的军队混杂在一起，同时，新成立的城市里的人口也是混合在一起的，作为一项规章，各民族之间也可以通婚，甚至在苏萨，波斯人在政治阶层中都占有很高的地位。[②]

从逻辑上来讲，亚历山大的演讲或者由托勒密的拉各斯以传记的形式记录下来，或者由历史学家阿里斯托布罗记录下来[③]，【23】阿里斯托布罗追随亚历山大的远征军，并且还写了一部没有命名的著作。[④] 一段出自厄拉托斯塞尼所写著作（很可能是编年体）的摘录被斯特拉波保存了下来，这段摘录很可能是根据由托勒密[⑤]（据说托勒密是亚历山大儿时的朋友，随亚历山大远征而后成为将军）所著的亚历山大传记所作。普鲁塔克很可能也是从同一来源中引用了一些材料，从而创作了《论亚历山大的命运或美德》。最后，阿里安在其《亚历山大远征记》中，提及了亚历山大在奥皮斯的演讲和宴会的内容，而且引证了一些可靠的材料。[⑥]

关于善政的劝勉体裁

在亚历山大大帝去世之后及其继任者统治的那段时期，埃及、帕加马、安提阿和其他地方，一切都发生了变化。活跃在马其顿所统治的东方各城邦的哲学学派表达的观点与柏拉图和伊索克拉底学

① Alex. Fort., I 330 E
② Kolbe, Alexanders
③ Wenger, Alexand
④ Tarn, Unity, 434-435
⑤ Strabo, I 4, 9-66
⑥ Alex. Fort., I 6

派的观点完全相背离。他们的目标，就是写作一些旨在解释希腊统治者在东方强制蛮横态度的著作。现如今，这些体裁的作品都已经遗失，只有一些不知名作者的残篇保存了下来。通过这些残篇，我们可以大胆忖度历史学家和政策制定者在这些政治环境中所要培育的氛围。【24】我们还应该在这里补充一个写作这些作品的现实因素。从安提阿到撒马尔罕，在这个庞大广袤的大帝国中，继任亚历山大大帝的统治者所统治的地区，希腊的因素所占的比例比较小。第欧根尼和艾克方杜斯在公元前三世纪早期较为活跃，他们著作的残篇被保存在斯托布斯的《短诗集》中。德米特利·波里奥西特（德米特里一世）的同时代人第欧根尼，将国王视为他所在疆域的活的法律。[①] 他的著作和行为，反映了宇宙和谐的神圣典范。[②] 将其城邦中各种不同的元素进行调和，并使之融洽，是国王的责任，这样做既顺应了神的意旨，也符合宇宙的法则与和谐的律令。[③] 在这些前提之前，统治者就不得不将其城邦与宇宙秩序等同起来（对一个城邦而言，将不同的因素融合在一起，并使之和谐一致，是对宇宙秩序与和谐的一种模仿）。[④]

艾克方杜斯与第欧根尼的观点是一致的[⑤]，他认为，国王就是活着的法律（所有事物的统治者，人间的神）。而根据亚里士多德的观点，他认为国王代表了宇宙中神圣的统治者。艾克方杜斯进一步指出，如果一个城邦中没有友情和爱的话，那么人类的存是不可能的，因此，国王的责任就是通过效仿宇宙的和谐（τὴν τοῦ παντὸς ὁμόνοιαν μεμίμαται）的方式，促进和宣传这些价值观。[⑥]【25】这两

① IV7, 61-66
② Goodenough, Kingship
③ Bidez, Soleil
④ Stobaeus, Eclogues, 61
⑤ Pol., III 13, 1284a
⑥ Stobaeus, Eclogues, 64

位著作者都认为，在城邦中实现这样的法则，即和谐，是统治者唯一的责任。

谈了这么多关于理想城邦及其善政的界定，如果不提一下托马斯·莫尔的“乌托邦”和康帕内拉的“太阳城”是不太合适的。[①]这就是亚姆布鲁斯的“乌托邦”。我们只知道亚姆布鲁斯的假名，亚姆布鲁斯是一个叙利亚裔的小说家，活跃在公元前三世纪，曾创作过一部想象的旅行作品。狄奥多洛·西库卢斯的图书馆中，保存了一些他的著作的残篇。亚姆布鲁斯创作的这部作品中的主人公就是他自己，即亚姆布鲁斯[②]，他是一个跟随着去往阿拉伯商队的生意人。亚姆布鲁斯在去往阿拉伯的路上，被人俘获，并且被遣送到一个离赤道不远的岛屿上，他在这个岛屿上住了 7 年。这个岛屿上的居民生活在一种天堂般的环境之中，物质财富极其丰富，人人可以享用，社会完全平等，妇女属于所有的男人，而且他们有责任共同教育他们的子女。在这里，人们共同劳动，平等分配任务。这里也没有奴隶，每个人都会说几种语言。这里安详、平静、和谐，这里的人们崇拜太阳和天堂，赞扬和谐。

这里的居民隶属一个团体，而每一个团体由一个治理者来带领。居民们都无条件地服从这位治理者的命令（τούτῳ πάντες πείθονται），甚至这位治理者可以决定他们什么时候离开这个世界。[③]亚姆布鲁斯写“乌托邦”的时候，【26】肯定效仿了芝诺的《国家篇》，芝诺所描述的国家是一个共产主义类型的社会。芝诺是斯多亚学派的创始人，他在写作这部作品的时候，仍然受到昔尼克学派哲学的影响。[④]

① Pöhlmann, Socialismus
② Kroll, Iamboulos
③ Diod. Sic., Bibl., II 58. 6
④ Spyridakis, Contribution

亚里士多德返回雅典

亚里士多德在马其顿待了很长时间，至少有 7 年之久，他跟腓力宫廷成员保持着非常好的关系，特别是安蒂帕特。希腊世界的政治飞速发展，到亚里士多德与皮西厄斯和塞奥弗拉斯特一起回到斯塔吉拉的时候，腓力二世正在与拜占庭展开斗争，而亚历山大在其父亲不在的时候开始摄政。公元前 339 年或者公元前 338 年，斯彪西波去世，从正常程序上讲，亚里士多德再次成为柏拉图学园新的候选人。然而，因为他当时在马其顿（Ἀριστοτέλους μὲν ἀποδεδημηκότος εἰς Μακεδονίαν），所以，塞诺克拉底被任命为园长。[①] 就在这一年，腓力二世往底比斯派驻了一个特使，但是这也没能阻止喀罗尼亚战争的爆发（公元前 338 年）。公元前 336 年，腓力二世遭到刺杀，亚历山大成为马其顿的皇帝，那时他大约 20 岁，第二年，亚历山大率领大军摧毁了底比斯。

在这件事情发生之后，亚里士多德在塞奥弗拉斯特和卡利斯塞涅的陪同下返回雅典。[②] 公元前 334 年，马其顿对雅典的占领使雅典的政治获得了安定，在此期间，亚历山大，或者是马其顿宫廷的其他成员慷慨地赞助了亚里士多德，【27】系统化地整理了他庞杂的哲学体系，同时也为他的吕克昂学园添置了校舍。然而，雅典人对马其顿人的仇恨却丝毫未减，当亚历山大的死讯传来时，德谟斯提尼被人们从流放中召回，德谟斯提尼东山再起，恢复了昔日威信，又一次领导了反马其顿的斗争。在这种政治气氛下，没有哪个与马其顿有关联或者亲马其顿的人是安全的。[③] 在公元前 323 年，

---

① Philochorus, F. Gr. Hist. 328, fragm. 224

② Scott, Kings

③ Origen, Cels., X 380

因为害怕可能被指控犯罪，比如，渎神罪（让我们离开雅典，我们不能让雅典人犯下第二次以亵渎神灵的名义攻击哲学的罪行，就像之前的苏格拉底被处死一样），亚里士多德离开雅典，到了他母亲的故乡尤卑亚岛的卡尔昔斯避难。公元前 323 年 10 月，亚里士多德因为一种不知名的疾病去世，享年 63 岁。【28】

亚里士多德在吕克昂学园的教学与著述

亚里士多德回到雅典的具体时间我们无从得知，但是，可以确定的是，肯定是在公元前 335 年底比斯被摧毁之后。[①] 在辗转的途中，他在德尔斐的档案馆工作停留了一段时间，在这里，他跟他的侄子卡利斯塞涅展开合作，主要任务是罗列出在庇提亚赛会中胜利者的名单[②]——第一届庇提亚赛会的胜利者。德尔斐的阿姆披克图欧涅斯委员会委托亚里士多德罗列胜利者名单的原因，我们不太清楚，或者，他们可能想重新修订之前在公元前 356 年"第三次神圣战争"期间参加赛会人员的注册名单，或者他们也可能想公开第一次参加赛会人员的名单。一个 1895 年发现的刻碑，提到了在大理石上人的名字需要支付给刻字人所花费的费用。根据这种刻字工匠专家的酬劳，摩劳克斯计算得出，大约刻上了 21000 个字母。[③] 因为亚里士多德的这项重要工作，阿姆披克图欧涅斯授予了亚里士多德和年轻的卡利斯塞涅很高的荣誉，【29】但是在公元前 323 年亚历山大去世后，雅典人展开了反对马其顿人的斗争，这项荣誉也随

① Chroust, Return
② Düring, Biog. Trad., 339
③ Listes, 125

之被撤销。[1]

亚里士多德并不是作为一个杰出的哲学家为雅典的知识分子和贵族社会所接受的，他只是被视为众多来到雅典这座充满光荣的城市的哲学教师之一。在吕克昂学园教学的那些年，作为一个伟大的哲学家，亚里士多德赢得了无上的荣誉。这段时期，他也在写作和整理自己的论著。[2]与此同时，他在学园里创建了一套教学方案，还为学园配备了很多教学器材，还收藏积攒了一大批图书，这批图书与整个知识传统都具有相关性，并且为知识分子在吕克昂学园中追求科学真知和从事科学活动做了重要的准备。

正如之前我们提到的，亚里士多德并不是一个雅典公民，他仅仅是一个在雅典从事教学活动的外邦哲学家。因此，他在吕克昂所创建的学园，从法律上来讲是不属于他的，因为作为一个外邦人，他没有权利拥有雅典的土地。[3]在这件事上，亚里士多德是否是一个例外，取决于他与亚历山大的继承者安蒂帕特的关系，这一点我们无从知晓。【30】因此，为了形成一幅关于吕克昂学园及其运行的图景，我们不但要了解亚里士多德执掌学园时期学园的状况，也要了解学园负责人传给塞奥弗拉斯特及其后继者时学园的状况，这些信息我们只能从一些文献著作里获取。最有说服力和证明性的材料来自学园首领们的遗嘱，这些内容后来由开奥斯的阿里斯托公开，我们在接下来将会看到这些。[4]

评论：十年前，由考古学家艾菲·利古里所进行的考古发掘找到了吕克昂学园的校址，这个学园被证实是公元前四世纪的，即亚里士多德和塞奥弗拉斯特的时期。学园的遗址位于现在的军官俱

---

① Lewis, Aristotle
② Grayeff, School
③ Whitehead, Metic
④ GottschalkWills

乐部和雅典音乐学院后面，非常靠近伊利河的河床。利古里博士关于吕克昂学园的建筑设计和学园的组织形式的专题著作现在正在出版。但是，对于学园建筑设计的特点，我们还是要啰唆几句。吕克昂学园跟柏拉图学园有诸多相似之处。

正如我们前面所讲的，亚里士多德出生于某个特别富裕殷实的人家，在给亚历山大做老师的那段时间，他从马其顿的腓力二世那里获得了数量很可观的报酬。[①] 当亚历山大登上马其顿国王的宝座时，他资助亚里士多德进行研究，并给他输送了很多人才。[②] 此外，亚里士多德从马其顿继承人，即他的好友安蒂帕特那里，获得了大量的政治和财政支持。【31】可以确证的是，亚里士多德获得了充足的资金配备教室、建设学园的图书馆、购买视觉教具，如地图和地球仪等，还有一批保藏在博物馆中的文物、药用植物、填充动物和鱼标本，此外，还有各式各样的与研究相关的仪器设备。[③] 根据布雷斯里的观点，亚里士多德还为学园制定了规章制度，其中，规定学园的行政工作须由学生来担任，每十天轮值一次，[④] 同时，还规定学生须每个月参加一次讨论会。[⑤] 亚里士多德也曾在自己的著作中提到过这种专题讨论会的一些规范和礼节。吕克昂学园各成员之间不会区别对待，他们互相称呼彼此为“朋友”，这种友善的“亲密关系”在《论友谊》中很可能被提到过。我们不应该忘记，为纪念柏拉图，亚里士多德还建立了一个“友谊的祭坛”，以此来提醒雅典人柏拉图“完满男人”的形象，我们将在下面看到。

雅典的政治局势发生动荡的时期，恰好塞奥弗拉斯特执掌学园。在亚历山大去世之后，雅典再次成为反马其顿斗争的中心。塞

① Plut., Alex., 7
② Ross, Arist., 6
③ Life of Arist., 63
④ Lynch, School, 82-83
⑤ Diog. Laert. V, 4

奥弗拉斯特也是一个外邦人，他也没有权利拥有土地和建筑。① 然而，在所谓的拉米亚战争（公元前323—公元前322年）之后，马其顿重新恢复了对雅典的控制，因此，自从来自帕勒隆的德米特利来了之后，情况得到了极大改变。【32】

德米特利不仅把雅典的建筑装饰得富丽堂皇，同时，他作为逍遥学派成员和亚里士多德的学生，对吕克昂学园表现出了极大兴趣。② 正如帕加马的国王阿塔路斯一世他是拉昔德斯学园“花园”的赞助者，德米特利为塞奥弗拉斯特提供了“一个他自己的花园”。然而，更重要的事实是，德米特利允许塞奥弗拉斯特在学园里进行建设。③ 因此，尽管塞奥弗拉斯特是一个外邦人，但是德米特利给了塞奥弗拉斯特在吕克昂学园可以拥有财产的权利，同时，塞奥弗拉斯特也有权利对现有的房屋进行扩建和改造。

根据希腊文献的记载，主要是根据第欧根尼·拉尔修的记载，吕克昂学园的空间和大厅④ 主要包括供奉太阳神阿波罗的圣殿，公共的博物馆、图书馆、教室、读者室，以及柱廊——包括紧挨着博物馆的小柱廊和低矮的柱廊——用作宿舍的房子，还有聚餐吃饭和节日宴会用的大厅。紧挨着这个建筑物的就是所谓的林荫道和塞奥弗拉斯特住宅周围的花园。所有这些问题，在前面我们所提到的埃菲·莱古里即将出版的书中会进行讨论。⑤【33】

亚里士多德图书馆的重建

在我们试图重构亚里士多德图书馆的过程中，我们采用了以下

① Natali, Life, 58, 83-88
② Gottschalk, Demetrius
③ Diog. Laert. V, 39
④ V, 51-54
⑤ Brink, Peripatos

的方式：按照流传下来的著作的书单，我们引用和评论由亚里士多德本人所写的专著和抨击性作品，或者被划归于他的著作，指出和确定他所引用的著作及其作者；然后，我们系统地将前面亚里士多德经常引用的“参考书目”呈现出来，但不是给它们命名。亚里士多德的图书馆必然包含着一批数量庞大的藏书：包括论著、抨击性作品、政令、执政官宗谱列表、法学著作等。毫无疑问，这些工作肯定是由他与吕克昂学园的合作者共同完成的。在这里，需要特别强调的是，他的图书馆中教学性作的誊写本，也就是那些他从未停止修订的作品，是他一生都在不断抨击的文章。【34】

亚里士多德著作目录

亚里士多德所谓的公开性著作，就是他在柏拉图学园学习期间和在吕克昂学园教学期间的公开著作。这些公开性著作也是对吕克昂学园之外的人开放的，一直到塞奥弗拉斯特执掌学园时都是这样的。此外，亚里士多德作品的摘录，还有他的学生关于亚里士多德的课程和演讲的评注，肯定也是对吕克昂学园的全体学生开放的。据我们了解，亚里士多德的公开性著作，还有那些他的学生意欲在市场上传播流通的作品，必须要经过一个向公众“诵读”的程序，这个“诵读”程序是其公开流通之前一个必需的前提。① 亚历山大里亚的文献学者和卡利玛库斯本人，肯定都已经接触到了这些公开性著作的抄本，因为吕克昂学园的园长，比如，吕科和阿里斯托，经常到亚历山大里亚访问。【35】这些著作的标题是与第欧根尼·拉尔修所给出的标题一致的，但是，这些标题的列表里面并没有亚里士多德的秘传性或教学作品，也就是，不是由他本人公开的

① Staikos, Plato, 15-18

作品。公元前324年，亚里士多德离开雅典之后，他的合作者和在学园中的学生，可能编辑出版了一些亚里士多德未完成的著作，还有一些亚里士多德以档案的形式保存的各式各样的笔记和备注记录，而且，他们在出版的时候，根据这些作品的相关内容，添加了相应的标题。这些著作材料，或者是作为亚里士多德真作流通传播的，因为它们都是建立在其课程和讲演内容基础之上的，或者被安德罗尼柯之前的文献学家视为真作，比如《解剖摘要》(列表中第104部)。

关于第欧根尼·拉尔修在其列表中所引用的，已经被确证是亚里士多德教学性的著作。我们可以提出以下假设：除《论题篇》以外，我们知道，亚里士多德的教学性作品是由安德罗尼柯于公元前一世纪在罗马出版的，并且安德罗尼柯是根据这些作品的形式和内容加注标题和进行分类的。不过，由亚里士多德的学生所作的关于亚里士多德的课程笔记，在塞奥弗拉斯特及其继承者时期，人们曾编造过一些伪作，还有亚里士多德课程的抄本和其本人的誊本。在编纂其“皮纳克斯”(Pinakes诞生于托勒密王朝的亚历山大里亚图书馆，距今已有2300多年了。它的希腊语原意为：清单、表格，是“百科鸿儒及其著述综合目录”的简称)和亚历山大里亚图书馆的“图书目录”的时候，对卡利玛库斯而言，大多数这些著作材料都是可用的。【36】可以确定的是，亚历山大里亚的文献学家并没有想要出版《亚里士多德》全集的意图，然而，应该可以肯定的是，亚里士多德的公开性著作和那些传到亚历山大里亚图书馆的秘传性著作，都已经按照它们的内容和给定的标题进行了分类，尽管这些标题并不是完全建立在科学方法之上的。

除了经由涅琉斯的后代传到亚历山大里亚的著作以外，还有就是托勒密王朝和吕克昂学园之间的友好关系，此外，我们还应该记住罗得岛哲学学园的优良环境。这个学园的创建者是欧德摩斯，他既是亚里士多德的学生，也是他的好友，他们俩最后一次见面是在卡尔昔斯。当亚里士多德游历到罗得岛的时候，他的行李中可能至少带着一部《欧德摩斯伦理学》的抄本或者是大纲。事实上，像塞奥弗拉斯特一样，欧德摩斯也涉及亚里士多德所探究的一些问题，如逻辑学、物理学和修辞学等。

罗得岛的这个学园是逍遥学派的，在这个学园的图书馆中，人们肯定能借阅到关于亚里士多德思想和研究方法的一些著作。此外，与亚历山大里亚图书馆有交往的学者，也可以从这里获取一些相关的资料，比如，普拉克西，他来自米提利尼，是塞奥弗拉斯特的朋友，也是之后卡利玛库斯在罗得岛的老师。传统上认为他是“语法艺术”的创建者，这种技艺是建构在人们普遍接受的规则和亚里士多德的论著基础之上的，如《论题篇》。[①]【37】事实上，在他的另一部著作《论历史》中，它呈现了一个在马其顿宫廷辩论的杰出的文学作家。希洛尼谟也证实过吕克昂学园和罗得岛的逍遥学派学校的密切联系。希洛尼谟来自罗得岛，他曾与吕科就“on the end”理论的解读发生过激烈的争辩。

从古典时期和希腊化时期以来，并没有一部完整的亚里士多德著作的目录保存下来。我们所知道的最早的一个目录，是由第欧根尼·拉尔修编纂的。这个目录可以追溯到公元三世纪，与阿佛洛狄西亚的亚历山大处于同一个时期。拉尔修的这个目录是在安德罗尼柯的版本基础上编的，后来拉尔修也成为第一个系统化地研究和评注亚里士多德的著作的学者，其中，这些著作包括：《前分析篇》《形而上学》《天象学》《论题篇》《范畴篇》，此外，还有一些其他的著作。因此，我们就有了一个亚里士多德作品的“平行路线”，也就是说，既有他本人的著作，也有关于这些著作的列表。一直到安

① Wehrli, Schule, IX

德罗尼柯时期，这条平行路线我们一直是忽略的。我们还有一些关于亚里士多德和其著作列表的通俗性自传。建立在古代资料基础上的亚里士多德作品目录，共保存下来了两个版本，这两个版本略微有些不同，也彼此互相补充。这两个版本，一个是第欧根尼·拉尔修在其《名哲言行录》中的目录，另一个是梅纳治所录古代无名氏所编的《亚里士多德著作目录》，这两个目录分别可以追溯到公元前三世纪和公元前六世纪。此外，我们在这里还应该提及一下托勒密 el-Garib 所编著的目录，【38】这个目录可以追溯到公元前四世纪，这个目录中还附有亚里士多德的自传笔记。

研究的编录

从十六世纪开始，一些大文献学家，比如，斯卡利杰试图去探索第欧根尼·拉尔修所撰写的《名哲言行录》中亚里士多德著作目录的来源，[①] 并且他试图建构由安德罗尼柯出版的被视作亚里士多德的教学性著作。斯卡利杰坚持认为，论著和标题的多样性，是因为这个著作的目录是在吕克昂学园的学生评论基础之上完成的，这些评注经过这么多年，已经变得差异性很大。

著名的法国学者塞缪尔·佩蒂认为，第欧根尼·拉尔修的目录列表中并没有亚里士多德的主要作品，而且他认为，这个列表中的篇目，只有一部分教学性著作。[②] 另外，他猜测认为，第欧根尼目录中的各篇目，可能是《形而上学》这部著作的一些摘录。参考斯卡利杰的理论，塞缪尔·佩蒂试图证明，【39】对于每一个研究对象，亚里士多德会为广泛的哲学团体的成员起草一个简略的说

① Plantis, 68-69
② Miscellanea

明，同时，还有一个他会继续加工、改进和不断评注的更为详细的说明，这个更为详细的说明也代表了他在吕克昂学园的教学大纲。多年以来，还有一些不同的理论，不断地补充到斯卡利杰和塞缪尔·佩蒂的理论中，他们试图重新建构完整的“亚里士多德全集”。一直到十九世纪早期，有一位名为蒂策的学者，他提出的观点被国际文献学界普遍接受。[①] 蒂策认为，亚里士多德的主要著作并不是按照计划来编纂的，也并不是每隔一段固定的时间就编纂一次。相反，研究亚里士多德的学者在开始时，会写一个简短作品，他们有时候会传阅这个作品，后来又把它返回来进行重新改写，添上一个介绍性的注释。通过这样的过程，亚里士多德的主要著作和多卷本的作品由安德罗尼柯出版，一直流传至今。因此，根据蒂策的观点，第欧根尼·拉尔修的目录只不过是一个亚里士多德的教学性作品的个别书目和临时篇目。此外，蒂策并没有仅仅停留在这个观点之上，而是“重构了”第欧根尼的这个目录，他的目的是将这些篇目融入相应的主题单元作品中，如物理学、诗学、第一哲学（Philosophia Prima）等。

1830年，斯塔尔发表了一项学术研究的成果[②]，他认为，第欧根尼·拉尔修的这个“篇目列表”，仅仅代表了亚里士多德秘传性著作，也就是那些在司凯普斯洞窟中发现的著作。但是，他随后又改变了自己的观点，他认为，这个“篇目列表”是在亚历山大里亚图书馆拼凑在一起的。事实上，他指出，很多亚里士多德的学生会抄写复制他的论著，这些学生同样也会把他们自己的作品编入这些论著中。【40】同时，托勒密王朝不管这些作品的真假，他们收集了所有的著作，包括那些伪作。这样，那些第欧根尼列表中亚里士多

① Aristotelis
② Aristotelia

德的未公开的著作的缺失就是言之有理的了；这个列表只不过是来自亚历山大里亚图书馆的一个作品列表的摘录。

在十九世纪最初几十年，法国天才哲学家让·伽斯帕·菲里克斯·拉韦松认为[①]，第欧根尼·拉尔修的列表不是建构在单一来源基础之上的：流通中的亚里士多德著作之间是有差异性的，因此，同一部著作可能用的是不同的标题。同时因为莎草纸昂贵的价格，所以，亚里士多德的学生经常不会抄写整部著作，只会编辑一个大纲摘要，然后，根据其内容加上相应的标题。上面这些分析，是在一位名叫瓦伦蒂·罗斯的论著里找到的。

在一篇论文中，罗斯得出这样的结论[②]：第欧根尼列表中的那些亚里士多德的著作，并没有保存下来，它们只不过是一些“托名之作”而已。在这个列表中，并没有亚里士多德的真作，除了那部涉及自然哲学的《动物志》。第欧根尼列表中关于伦理道德、诗学、修辞学、政治学和分析内容的著作，不可能与保存到今天的那些作品有关系。第欧根尼的这个列表，是建立在由安德罗尼柯起草的一个列表基础之上的，这个列表中包括罗斯所认为的一些亚里士多德的“伪作”(atakta)。[③]【41】

伯奈斯和策勒对罗斯的观点提出了反对意见[④]，但是，最终由海兹提出了关于第欧根尼·拉尔修这个列表的最有说服力的论据。[⑤]海兹指出，首先这个列表是不完整的，因为很多著名的亚里士多德的著作并没有包含在里面。[⑥]此外，第欧根尼本人也曾经提到过他这个列表中缺失的亚里士多德的论著，这也就告诉读者他将要去完

① Essai
② Arist. ordine
③ Pseud.
④ Dialoge, 131-132
⑤ Griechen, 52
⑥ Schriften, 17-25, 32, 51

成这个列表，也就意味着这个列表的来源也是不完整的。海兹继续说，很明显，第欧根尼是完全没有注意由安德罗尼柯编纂的那个出版物的，他甚至都没有在其来源的地方提到过安德罗尼柯，第欧根尼只从更早的《哲学家世系》中借鉴过一些材料，我们在以后将会看到。尽管如此，海兹最后还是讲，虽然第欧根尼·拉尔修的这个列表是在一个未知的资料来源的基础上编纂而成的，但是这部著作还是在安德罗尼柯之前最完整的，也是唯一一部亚里士多德作品的文献。

在二十世纪，研究亚里士多德的学者似乎已经普遍承认，尽管还存在一些不同的意见，但是，第欧根尼·拉尔修著作列表的问题已经得到解决，并且，对赫米普斯是其最初参考文献来源这一点，也没有人再提出质疑。

第欧根尼·拉尔修的列表

第欧根尼·拉尔修在《名哲言行录》中关于“亚里士多德”的这个条目中证实[①]，他用来编纂其整个文献著作的主要资料来源有[②]：【42】雅典的阿波罗多洛的（Chronicle）；昔勒尼的阿里斯提波的（On the Luxury of the Ancients）；玛格奈昔亚的德美特利；士每拿的赫米普斯；开俄斯的忒俄克里托斯；提摩瑟俄斯（Timotheus）；蒂孟（Silli）；阿莱拉特的法沃里努斯（Arles）；然而，第欧根尼最主要的资料来源还是赫米普斯。赫米普斯是卡利玛库斯的学生，他曾经直接接触过亚历山大里亚图书馆的“皮纳克斯”(Pinakes）和“图书目录”。还有一个人，尽管也是第欧根尼著作的主要信息的来源，

① V, 1, ff.
② Bywater, Vita

但是第欧根尼并没有提到他的名字，这个人就是索蒂翁（年长的），他来自亚历山大里亚。实际上，索蒂翁是公元前二世纪吕克昂学园的最后一任园长。他的那部冗长的著作《哲学家世系》有 23 卷之多，这部著作后来成为相关类似著作的典范，因为它把各位哲学家的自传资料信息与他们的著作列表联系了起来。

梅纳治的“无名之作”

梅纳治的这部“无名之作”，也就是所谓的《掌故录》，之所以这样来命名，是为了纪念它的编纂者纪德·梅纳治。[①] 梅纳治是在昂热通过菲利普·卢瓦约特律师得到这个列表的，然而，他却忽视了去探明这个列表的出处。这个列表的手稿保存在两个历史博物馆的古籍手抄本中，这个两个博物馆分别是：帕特摩斯岛的圣约翰修道院神学家图书馆——蒂申多夫·维纳对此有过描述，还有就是米兰的安波罗修图书馆（Codex R117）。【43】实际上，由海西吉乌斯（绰号 illustrius）所作的《学人传记辞典》中关于“亚里士多德”的条目，与这个“无名之作”中的条目是同一个文本。[②] 海西吉乌斯所作的关于“亚里士多德”的条目一直是一个谜，这部词典中的其他很多条目是同样的情况。因此，任何想把海西吉乌斯的列表与第欧根尼·拉尔修的列表联系起来的尝试，最终都是徒劳的。

在这个“无名之作”中，亚里士多德的著作共分成三个部分：第一部分有 139 个篇目，大体涵盖了第欧根尼列表中的所有著作；第二部分有 46 个篇目，其中有一些在第一部分中已经标注出来；第三部分有 10 个篇目，编纂者本人将这些著作界定为伪作。

① Moraux, Listes, 195 ff.

② Schultz, Hesychios

这个“无名之作”列表的第一部分，提供了一个将它与第欧根尼相应的篇目对比的空间，人们发现其中是有一些差别的，具体如下：

Ⅰ. 有一些著作的篇目是不包括在第欧根尼的列表之中的，比如：

i）ὁ Πέπλος [Peplos]（A. 105））——这是一部关于希腊英雄、神话和传统的著作，它们之间用诗文隽语联系起来。

ii）Ἀπορ ρ ημάτων θείων α′ [Divine Questions i]（A. 107）——根据罗斯的修正，这个标题应读作 Hesiodic Questions i。

iii）Μεταφυσικὰ κ′ [Metaphysics xx]（A. 111）——幸亏有耶格尔对“形而上学”这个总标题的历史研究[①]，【44】我们可以说，在这部“无名之作”列表中，这部与“形而上学”同名之作的后面所标注的符号（xx），并不代表书号，而是意味着“形而上学”最后一卷的分类号。

iv）Κύκλος περὶ ποιητῶν γ ′ [Cycle on Poets iii]（A. 115）——这并不是一个关于《论诗人》的错误标题，而是一系列的关于诗学技艺的问题集。

v）Προτέρων ἀναλυτικῶν β ′ [Prior Analytics ii]（A. 134）——这个标题是直接跟在《范畴篇》和 *Treatise on Explanation* 后面的。在这里，我们发现，在第欧根尼 · 拉尔修的列表中，《前分析篇》也包括九卷（no. 49）。

vi) Συσσιτικῶν προβλημάτων γ ′ [Dinner-table Problems iii]（A. 136）—— 很有可能，这部著作不是关于饮食礼仪的，而是在宴会和会饮时一些对话的主题，与普鲁塔克的《传记集》有些类似，其中也有九卷。

① Metaphysica

Ⅱ. 尽管有些许差异，但是，这一部分的大多数标题是与第欧根尼·拉尔修的列表重复的，只不过又在这部“无名之作”中记录了一次，比如：

i）περὶ ἡδονῆς α΄《论快乐》一卷（D. L. 16，66 – A. 15）.

ii）περὶ ἐπιστημῶνα΄《论知识》一卷（D. L. 26– A. 25）.

iii）προτάσεις α΄《命题集》一卷（D. L. 46 – A. 38）【45】

不过，有一个第欧根尼列表中的标题没有包括在这里面，即 Πρὸς τὰ Ζήνωνος α΄《答芝诺作品》一卷（D. L. 100）

Ⅲ. 两个列表中，很多类似的篇目呈现出诸多语法方面的差异性。

i）在第欧根尼·拉尔修的著作列表中，都是以主格的形式记录的，而在这部“无名之作”的列表中，它们一般也使用主格的形式，但是有些地方也用属格的形式，并附加上一个“περί”（论）。

ii）在第欧根尼·拉尔修的著作列表中，多卷本的著作，通常以属格的形式记录，比如 ἠθικῶν α΄β΄ γ΄ δ΄ ε΄（Ethics i，ii，iii，iv，v），而在这部“无名之作”的列表中，即使只有一卷本的著作，这些篇目也会以主格的形式记录。

iii）βιβλίον（书）、βιβλία（一些书）、ἐν βιβλίοις（在一些书中）和 ἐν βιβλίῳ（在书中）这些语词，并没有出现在第欧根尼·拉尔修列表中的任何地方，但在“无名之作”的列表中，出现过六次。①

iv）在“无名之作”的列表中，有一些抄写的错误，Περὶ πολιτικῆς 或 Γρύλλος [《政治学》或《格儒洛斯》]（A. 5），应该改

① Moraux, Listes, 198

为 Περὶ ῥητορικῆς 或者 Γρύλλος [《论修辞》或《格儒洛斯》]（D. L. 5），还有，Συμμαχίας χειμώνων i（A. 99）相对应的应该是 Σημεῖα χειμώνων《风暴征兆》一卷（D. L. 112）。[①]【46】

两个列表之间的资料对比：第欧根尼·拉尔修的列表和“无名之作”

经过对两个列表的资料进行对比和核对之后，可以得出一个结论，那就是“无名之作”的列表并不是第欧根尼·拉尔修的列表的一个抄本，它包含着更多的亚里士多德著作篇目。[②] 这个列表里的出处，依然是模糊不清的，可能是由曾经接触过第欧根尼·拉尔修的列表的某个人所作，并在这个列表和一些我们不知道的资料基础之上做了一些改进。在最后的分析部分，两个列表之间的差异是，“无名之作”的列表还包括五个由亚里士多德所作的额外的篇目，即《形而上学》和四篇评注性的作品。可以推测，这五个篇目并没有记录在第欧根尼·拉尔修作为资料来源所使用的抄本中，或者，他手里的手稿是不完整的。不过，也有一些线索表明，两个列表都是在相同的资料来源基础上编纂而成的，随着时间的推移和不断地翻版和介入，它们在一定程度上产生了一些偏离。当然，第欧根尼·拉尔修的列表最大缺陷就是《形而上学》这部著作的缺失。[③]

① Moraux, Listes, 199
② Moraux, Listes, 211-221
③ Moraux, Listes, 207

“无名之作”列表的附录

“无名之作”列表的后面附有一个附录，其中，并没有进一步说明和解释它的出处。这个附录包括40部不同内容著作的篇目，还有10部伪作的篇目。关于附录中这些著作的出处，以及它与亚里士多德全集的关系，【47】人们对此有各种不同的观点和认识：可能是由海西吉乌斯本人把它当作补充材料添加在后面的，这个补充材料他本人也不知道从哪里得来的；或者根据海兹的观点，这些作品应该也是包含在列表第一部分中的；又或者，根据克赖斯特的观点[①]，人们可能不确定这些著作是不是亚里士多德所作的，因此，可能是对这些将信将疑著作的一个标注，由一些笨拙抄写员和野心勃勃的文献学家把这些著作拼凑起来，放在这个“无名之作”列表中。比如，在 On the Axones of Solon v（A. 140）这个标题亚里士多德是从来没有使用过“axons”这个语词的，相反，亚里士多德使用的是“kyrbeis”。事实上，海兹认为，他发现了《雅典政治》的一部分内容，这部著作中还谈到了梭伦的立法。但是，一直到1865年，《雅典政治》的真作还没有被发现，对此，我们在下面会有论述。[②]

一个作为第欧根尼和“无名之作”来源的假定“列表”

第欧根尼和“无名之作”的资料来源方面，摩劳克斯形成了他自己的观点，他认为，这两个列表的信息资料，来源于吕克昂

① Griechischen, 722
② Schriften, 52

学园“柱廊”时期，这些资料是由开奥斯的阿里斯托出版的。[1]为了证明他的观点，他指出，在关于斯特拉托（塞奥弗拉斯特的继承人）的词目中（对此，第欧根尼在他的《名哲言行录》中也有记载），斯特拉托最后的遗嘱中就曾指出，阿里斯托是一个来源（Ceos）。[2]【48】

对于阿里斯托我们了解得很少，他接任吕科做了吕克昂学园的校长。[3]正如塞奥弗拉斯特之后的吕克昂学园其他校长的情况一样，对于阿里斯托的活动及其思想，也是覆盖着一层薄雾面纱。摩劳克斯关于亚里士多德著作第一个列表出处，来源于阿里斯托编纂哲学团体成员个人资料的证言中。阿里斯托曾经也是吕克昂学园的掌门人。阿里斯托将哲学家们的遗嘱汇集到一起，比如，亚里士多德、塞奥弗拉斯特、斯特拉托和吕科等，这些代表了柱廊时期那段历史的重要的文献资料。[4]此外，更为重要的是，这些文献资料后面还配有一些自传性和参考性的注释。第欧根尼《名哲言行录》中关于吕克昂学园哲学家的条目是以“吕科”结束的。摩劳克斯将所有这些都视为支持他的假说的比较有说服力的证据。[5]然而，我们在这里应当指出，卡利玛库斯的“皮纳克斯”大概是在公元前 250 年编纂而成的，而阿里斯托是在公元前 206 年之后才成为吕克昂学园的校长的。最后，我们在这里发现，阿里斯托确实已经对各哲学学派的历史表现出很大的兴趣，对此，阿波罗多洛——绰号“花园中的导师”——也曾经提到过他。【49】据说，阿波罗多洛是公元前二世纪一位最多产的作家（他写过 400 多部著作），后来被任命为伊壁鸠鲁学派的首领。

① Listes, 243-247
② V, 64
③ Knögel, Ariston
④ Wehrli, Schule, VI
⑤ Listes, 247

托勒密的列表

托勒密的列表与之前的两个列表是没有什么不同的。他的编纂者也给出过很多合理可行的意见，并且，我们知道这个列表是晚于第欧根尼·拉尔修和“无名之作”的，甚至也晚于安德罗尼柯的“亚里士多德全集”（c. AD 30–40）。[①] 肯定是在“亚里士多德全集”已经成书以后，也就是我们今天所了解的样子，这个列表才起草完成的。

托勒密的这个列表是经由十三世纪早期的一些阿拉伯文本流传至今的，同时，可以确定的是，“亚里士多德全集”至少是几个世纪以来编纂这个列表的一个参考性指南，这一点在卡里马库斯的“皮纳克斯”中也有记载。

伊本·齐弗提将一个亚里士多德著作的列表囊括进其作品《先贤编年史》中，既有希腊文的，也有阿拉伯抄本的译本。[②] 这同一个列表，也收藏在伊本·阿比·乌西比的《医学史》中，唯一的差异是用希腊语誊写的标题被省略掉了。[③] 在这里，我们需要强调的是，这两个列表并不是用阿拉伯文直接翻译的希腊文原作，而是译自叙利亚文。即使如此，两位阿拉伯编年史家还是明确地表明，他们用的是托勒密的文本，也就是那个“外国人”（Xenos），【50】这样就可以排除是克劳狄·托勒密，也就是那个《天文学大成》的作者。这个“外国人”托勒密，阿拉伯文的姓氏是“el–Garib”，曾被 ibn al– Nadîm’s Fihrist 称为一个忠诚的亚里士多德信徒，他不断地传播亚里士多德的学说和思想成果，还写过一本名为《论书籍》的

---

① Moraux, Listes, 289-309

② Casiri, Bibliotheca

③ Wenrich, Auctorum

著作。[1]同时，在 Vita Marciana（435）和 Vita Latina（450）中，托勒密也被认为是亚里士多德著作列表和遗嘱的编纂者。此外，在亚历山大里亚教书的以利亚，在其作品《对亚里士多德〈范畴论〉的评注》中证实，托勒密·菲拉德福写过一个亚里士多德的自传，同时，这上面附有亚里士多德著作的遗嘱和其著作的列表。[2]据托勒密猜测，亚里士多德的著作达到了上千个篇目！这个当然不是托勒密·菲拉德福，因为在托勒密 el-Garib 的作品中，曾经提到过安德罗尼柯的版本，但是，正如策勒指出的，有一个名为托勒密的哲学家，在公元三世纪和四世纪较为活跃，这个哲学家就是 el-Garib。[3]

托勒密 el-Garib 及其诸多评注，已经成为如罗斯和策勒等诸多学者的研究对象。然而，克赖斯特的版本似乎是最能说得通的，他指出，阿拉伯人给予他的这个绰号 el-Garib，可能就是谜底的钥匙。[4]这个旨在面向更广泛大众的列表，是由一个二等文献学家于公元 100 年左右编纂的，这个文献学家的名字叫托勒密 Chennus（意为“鹌鹑”）。[5]【51】后来，Χέννος 这个希腊词语就被错误的抄写成 Ξένος（意为“外国人”），最后，就呈现为阿拉伯语的 el-Garib。[6]不过，《苏达辞书》中的相关词目，似乎与克赖斯特的观点有些不一致。这个被称呼为 Chennus 的托勒密，是某个叫赫费斯提翁的人的儿子，他生活于公元一世纪和二世纪之间。他在亚历山大里亚出生，也在这里学习，在图拉真和哈德良（罗马皇帝）统治期间，他在罗马居住过很多年，并且他还是一个名为《斯芬克司》的神话戏剧的作者。另外，在《苏达辞书》中，他还在

① Düring, Biog. Trad., 193-196
② 107, 13 ff.
③ Griechen, II, 24, 54
④ Griechischen, I, 6, 723
⑤ Chatzis, Philosoph
⑥ Jacoby, Parallela

"epaphroditus 'Chaeroneus'"这个词目中被提到过。

这个标题为 Pinax of the Writings of Aristotle 的列表共有 92 个篇目。[①] 其中，第一部分有 25 个，主要被认为是亚里士多德的公开性著作，时间上是从阿里斯托开始的，其中 On Indivisible Lines iii 第一次出现。[②] 而第二部分（nos 26–49）的标题，则是由安德罗尼柯给出的：

逻辑学（范畴篇——解释篇）

伦理学 ethics

政治学和修辞学（大伦理学，政治学）

哲学、物理学和生物学（物理学课程，天象学和动物志）和形而上学

第三部分（nos 50–78），主要是一些作品的注释和笔记，其中，这些作品的标题是按照字母顺序排列的，比如 Questions [ἀπορ(ρ)ήματα]，Divisions [διαιρέσεις]，Arguments [ἐπιχειρήματα]，Objections [ἐν στάσεις]，Positions [θέσεις]，Terms [ὅροι] and Terms for Topics [ὅροι πρὸ τῶν τοπικῶν]。[③]【52】此外，紧随其后的（nos 86–92），还有一个文集，其内容是多样的。

托勒密 el–Garib 列表的典范和来源

按照摩劳克斯的观点，阿里斯托和托勒密的列表，是按照同一个标准来编纂的，尽管在抄写的时候导致了一些差异，但是，对我们而言，还是可以找到这种编录时所依据的基本原则的，尽管这些

① Littig, Andronikos, 38-42
② Düring, Biog. Trad., 221-231
③ Moraux, Listes, 294-298

编纂者之间的年代相去甚远。[①] 哲学作品是与逻辑学作品分开来单独记载标注的，而关于自然的著作，则是按照一种“传统”顺序被分类的。

很明显，托勒密的列表是以阿里斯托的列表为基础和规范编纂的。然而，我们不应该按照托勒密（Chennus）为基准去编纂这个列表；简单地讲，只是他签过名的这个列表非常幸运地保存了下来。总之，既然我们没有安德罗尼柯所拥有的主要材料，我们为了将之与那些未命名的亚里士多德作品进行比较，就不可避免地去考虑所有文献学的理论和步骤。【53】

① Listes, 306-309

亚里士多德著作的目录

标题—评注

1. Περὶ δικαιοσύνης ά β΄γ΄δ΄《论正义》四卷[①]
2. Περὶ ποιητῶν ά β΄γ΄《论诗人》三卷
3. Περὶ φιλοσοφίας ά β΄γ΄《论哲学》三卷
4. Πολιτικοῦ ά β΄《论政治家》两卷
5. Περὶ ῥητορικῆςἢ Γρύλλος ά《论修辞》或《格儒洛斯》一卷
6. Νήρινθος ά《涅林索斯篇》一卷
7. Σοφιστὴς ά《智者篇》一卷
8. Μενέξενος ά《墨涅克塞诺斯篇》一卷
9. Ἐρωτικὸς ά《恋爱》一卷
10. Συμπόσιον ά《宴饮篇》一卷
11. Περὶ πλούτου ά《论财富》一卷
12. Προτρεπτικὸς ά《劝诫》一卷
13. Περὶ ψυχῆς ά《论灵魂》一卷

① I [Paraenetic Discoursesin Dialogue form]nos 1-1

14. Περὶ εὐχῆς ά《论祈祷》一卷

15. Περὶ εὐγενείας ά《论高贵出身》一卷

16. Περὶ ἡδονῆς ά《论快乐》一卷

17. Ἀλέξανδρος ἢ ὑπὲρ ἀποίκων ά《亚历山大》或《为了殖民》一卷

18. Περὶ βασιλείας ά《论王权》一卷

19. Περὶ παιδείας ά《论教育》一卷【54】

20. Περὶ τἀγαθοῦ ά β΄ γ΄《论善》三卷①

21. Τὰ ἐκ τῶν Νόμων Πλάτωνος ά β΄ γ΄《柏拉图〈法律篇〉摘要》三卷

22. Τὰ ἐκ τῆς Πολιτείας ά β΄《〈国家篇〉摘要》两卷

23. Οἰκονομικὸς ά《论家政》一卷②

24. Περὶ φιλίας ά《论友谊》一卷

25. Περὶ τοῦ πάσχειν ἢ πεπονθέναι ά《论承受或已承受》一卷③

26. Περὶ ἐπιστημῶν ά β΄《论知识》一卷

27. Περὶ ἐριστικῶν ά β΄《论有争议的问题》两卷

28. Λύσεις ἐριστικαὶ δ΄《争议问题之解答》四卷

29. Διαιρέσεις σοφιστικαὶ δ΄《诡辩分类》四卷

30. Περὶ ἐναντίων ά《论相反者》一卷

31. Περὶ εἰδῶν καὶ γενῶν ά《论属和种》一卷

32. Περὶ ἰδίων ά《论特性》一卷

33. Ὑπομνήματα ἐπιχειρηματικὰ γ΄《反驳备忘录》三卷

34. Προτάσεις περὶ ἀρετῆς ά β΄γ΄《关于德性的命题》三卷

35. Ἐνστάσεις ά《对手》一卷

① [Epitomesof Plato's Teaching]nos 20-22
② [Opuscula of Platonicnuanceperhaps]nos 23-24
③ II [Logic]nos 25-73

36. Περὶ τοῦ ποσαχῶς λεγομένων ἢ κατὰ πρόσθεσιν ά《论加上定语的术语之不同含义》一卷【55】

37. Περὶ παθῶν [Περὶ] ὀργῆς ά《论激情》或《论愤怒》一卷

38. Ἠθικῶν ά β́ γ́ δ́ έ《伦理学》五卷

39. Περὶ στοιχείων ά β́ γ́《论元素》三卷

40. Περὶ ἐπιστήμης ά《论知识》一卷

41. Περὶ ἀρχῆς ά《论本原》一卷

42. Διαιρέσεις ί ζ́《分类》十七卷

43. Διαιρετικῶν ά《可分性》一卷

44. [Περὶ] ἐρωτήσεως καὶ ἀποκρίσεως ά β́《论问与答》两卷

45. Περὶ κινήσεως ά β́《论运动》两卷

46. Προτάσεις ά《命题集》一卷

47. Προτάσεις ἐριστικαὶ δ́《有争议的命题集》四卷

48. Συλλογισμοὶ ά《三段论》一卷

49. Προτέρων ἀναλυτικῶν ά β́ γ́ δ́ έ ς́ ζ́ ή θ́《前分析篇》九卷

50. Ἀναλυτικῶν ὑστέρων μεγάλων ά β́《大后分析篇》两卷

51. Περὶ προβλημάτων ά《论问题》一卷

52. Μεθοδικὰ ά β́ γ́ δ́ έ ς́ ζ́ ή《方法篇》八卷

53. Περὶ τοῦ βελτίονος ά《论更善》一卷

54. Περὶ τῆς ἰδέας ά《论理念》一卷

55. Τοπικῶν ά β́ γ́ δ́ έ ς́ ζ́《〈论题篇〉前定义集》七卷

56. Συλλογισμῶν ά β́《三段论》两卷

57. Συλλογιστικὸν καὶ ὅροι ά《三段论与定义》一卷

58. Περὶ τοῦ αἱρετοῦ καὶ τοῦ συμβεβηκότος ά《论可选之物和偶性之物》一卷

59. Τὰ πρὸ τῶν τόπων ά《老判断集引言》一卷【56】

60. Τοπικὸν πρὸς τοὺς ὅρους ά β́《针对定义的论题集》两卷

61. Πάθη α΄《遭遇》一卷

62. Διαιρετικὸν α΄《可分性》一卷

63. Μαθηματικὸν α΄《数学》一卷

64. Ὁρισμοὶ ιγ΄《定义集》十三卷

65. Ἐπιχειρημάτων α΄ β΄《反驳集》两卷

66. Περὶ ἡδονῆς α΄《论快乐》一卷

67. Προτάσεις α΄《命题集》一卷

68. Περὶ ἑκουσίου α΄《论自愿》一卷

69. Περὶκαλοῦ α΄《论美好》一卷

70. Θέσεις ἐπιχειρηματικαὶ κε΄《反驳命题集》二十五卷

71. Θέσεις ἐρωτικαὶ δ΄《爱恋命题集》四卷

72. Θέσεις φιλικαὶ β΄《友谊命题集》两卷

73. Θέσεις περὶ ψυχῆς α΄《论灵魂命题集》一卷

74. Πολιτικ ὰ β΄《政治学》两卷①

75. Πολιτικῆς ἀκροάσεως ὡς ἡ Θεοφράστου α΄ β΄ γ΄ δ΄ ε΄ ς΄ ζ΄η΄《像忒俄弗拉斯托斯那样的〈政治学〉讲义》八卷

76. Περὶ δικαίων α΄β΄《论正义》两卷

77. Τεχνῶν συναγωγὴ α΄ β΄《艺术集》两卷②

78. Τέχνης ῥητορικῆς α΄β΄《修辞艺术》两卷

79. Τέχνη α΄《艺术》一卷

80. Ἄλλη τέχνη α΄ β΄《其他艺术集》两卷

81. Μεθοδικὸν α΄《方法》一卷【57】

82. Τέχνης τῆς Θεοδέκτου συναγωγὴ α΄《塞奥德克托斯的〈艺术集〉纲要》一卷

① III [Politics]nos 74-76

② IV [Rhetoricand Poetics]nos 77-89

83. Πραγματεία τέχνης ποιητικῆς α΄ β΄《关于诗歌艺术的论文》两卷

84. Ἐνθυμήματα ῥητορικὰ α΄《修辞式推论》一卷

85. Περὶ μεγέθους α΄《论程度》一卷

86. Ἐνθυμημάτων διαιρέσεις α΄《修辞式推论分类》一卷

87. Περὶ λέξεως α΄β΄《论措辞》两卷

88. Περὶ συμβουλίας α΄《论建议》一卷

89. Συναγωγῆς α΄β΄《论集》两卷

90. Περὶ φύσεως α΄β΄γ΄《论自然》三卷①

91. Φυσικὸν α΄《关于自然》一卷

92. Περὶ τῆς Ἀρχυτείου φιλοσοφίας α΄ β΄ γ΄《论阿尔库塔斯哲学》三卷②

93. Περὶ τῆς Σπευσίππου καὶ Ξενοκράτους α΄《论斯彪西珀斯和克塞诺克拉特斯哲学》一卷

94. Τὰ ἐκ τοῦ Τιμαίου καὶ τῶν Ἀρχυτείων α΄《〈蒂迈欧篇〉和阿尔库塔斯著作选摘》一卷

95. Πρὸς τὰ Μελίσσου α΄《答墨里索斯作品》一卷

96. Πρὸς τὰ Ἀλκμαίωνος α΄《答阿尔克迈翁作品》一卷

97. Πρὸς τοὺς Πυθαγορείους α΄《答毕达哥拉斯派》一卷【58】

98. Πρὸς τὰ Γοργίου α΄《答高尔基亚作品》一卷

99. Πρὸς τὰ Ξενοφάνους α΄《答克塞诺法涅斯作品》一卷

100. Πρὸς τὰ Ζήνωνος α΄《答芝诺作品》一卷

101. Περὶ τῶν Πυθαγορείων α΄《论毕达哥拉斯派》一卷

102. Περὶ ζῴων α΄ β΄ γ΄ δ΄ ε΄ ς΄ ζ΄ η΄ θ΄《论动物》九卷③

---

① V [Physics]nos 90-91
② VI [Cosmology]nos 92-101
③ VII [Biology]nos 1 02-110

103. Ἀνατομῶν α΄ β΄ γ΄ δ΄ ε΄ ς΄ ζ΄ η΄《解剖》八卷

104. Ἐκλογὴ ἀνατομῶν α΄《解剖摘要》一卷

105. Ὑπὲρ τῶν συνθέτων ζῴων α΄《论复杂动物》一卷

106. Ὑπὲρ τῶν μυθολογουμένων ζῴων α΄《论传说中的动物》一卷

107. Ὑπὲρ τοῦ μὴ γεννᾶν α΄《论不育》一卷

108. Περὶ φυτῶν α΄β΄《论植物》两卷

109. Φυσιογνωμονικὸν α΄《相面术》一卷

110. Ἰατρικ α΄ β΄《医疗》两卷

111. Περὶ μονάδος α΄《论单一》一卷[①]

112. Σημεῖα χειμώνων α΄《风暴征兆》一卷

113. Ἀστρονομικὸν α΄《天文学》一卷

114. Ὀπτικὸν α΄《光学》一卷

115. Περὶ κινήσεως α΄《论运动》一卷

116. Περὶ μουσικῆς α΄《论音乐》一卷【59】

117. Μνημονικὸν α΄《记忆》一卷[②]

118. Ἀπορ(ρ)ημάτων Ὁμηρικῶν α΄ β΄ γ΄ δ΄ ε΄ ς΄《荷马作品疑问》六卷

119. Ποιητικὰ α΄《诗学》一卷

120. Φυσικῶν κατὰ στοιχεῖον λη΄《基于元素的自然学》三十八卷

121. Ἐπιτεθεαμέν ωνπροβλημάτων α΄β΄《考察过的问题》两卷

122. Ἐγκυκλίων α΄ β΄《日常言论》两卷

123. Μηχανικὸν α΄《机械学》一卷

124. Προβλήματα ἐκ τῶν Δημοκρίτου β΄《德谟克利特著作中的问题》两卷

① VIII [Mathemat i cs]nos 111-116

② IX [ProblemsAndAnnotations]nos 117-128

125. Περὶ τῆς λίθου α΄《论磁石》一卷

126. Παραβολαὶ α΄《类比》一卷

127. Ἄτακτα ιβ΄《杂记》十二卷

128. Ἐξηγημένα κατὰ γένος ιδ΄《基于种的解说》十四卷

129. Δικαιώματα α΄《辩护》一卷①

130. Ὀλυμπιονῖκαι α΄《奥林匹亚获胜者》一卷

131–132. Πυθιονῖκαι μουσικῆς α΄《普塞亚赛会获胜者》一卷《论音乐》一卷

133. Πυθικὸς α΄《普索地方的德尔斐》一卷

134. Πυθιονικῶν ἔλεγχοι α΄《普塞亚赛会获胜者评说》一卷

135. Νῖκαι διονυσιακαὶ α΄《狄俄尼索斯节的获奖戏剧》一卷

136. Περὶ τραγῳδιῶν α΄《论悲剧》一卷

137. Διδασκαλίαι α΄《教学训练》一卷

138. Παροιμίαι α΄《谚语集》一卷

139. Νόμος συστατικὸς α΄《共餐规则》一卷【60】

140. Νόμοι α΄ β΄ γ΄ δ΄《法律篇》四卷

141. Κατηγοριῶν α΄《范畴篇》一卷

142. Περὶ ἑρμηνείας α΄《论解释篇》一卷

143. Πολιτεῖαι πόλεων δυοῖν δεούσαιν ἑξήκοντα καὶ ἑκατόνκατ εἴδη·δημοκρατικαί, ὀλιγαρχικαί, τυραννικαί, ἀριστοκρατικαί《158 个城邦的政治——一般的和特殊的民主制、寡头制、贵族制和僭主制》②

144. Ἐπιστολαὶ πρὸς Φίλιππον《致菲利珀斯书信集》. Σηλυμβρίων ἐπιστολαί《塞隆布里亚人书信集》. Πρὸς Ἀλέξανδρονἐπιστολαὶ δ΄《致亚历山大书信集》四卷 . Πρὸς Ἀντίπατρον θ΄《致安蒂帕特若斯书信

① X [Collections]nos 129-142

② XI [Constitutions]no. 143

集》九卷 . Πρὸς Μέντορα α´《致门托尔》一卷 . Πρὸς Ἀρίστωνα α´《致阿里斯通》一卷 . Πρὸς Ὀλυμπιάδα α´《致厄吕姆匹俄斯》一卷 . Πρὸς Ἡφαιστίωνα α´《致赫法斯提翁》一卷 . Πρὸς Θεμισταγόραν α´《致忒米斯塔戈拉斯》一卷 . Πρὸς Φιλόξενον α´《致菲洛克塞诺斯》一卷 . Πρὸς Δημόκριτον α´《答德谟克利特》一卷 ①

145. Ἔπη，ὧν ἀρχή· Ἅγνε θεῶν πρέσβισθ ἑκατηβόλε《以“圣洁的诸神首领远射神”开头的韵文》②

146. Ἐλεγεῖα, ὧν ἀρχή· Καλλιτέκνου μητρὸς θύγατερ《以“有着美貌子嗣的母亲之女”开头的挽歌》

注：在具体的内容形成上和书目的数量方面，第欧根尼・拉尔修《名哲言行录》目录中亚里士多德的著作书目的标题，每一份抄本中都是不一样的。造成这样的结果有很多原因，或者是因为抄写员在抄写时的错误，或者是出版机构的文献学家的干涉造成的。在本书中的第欧根尼・拉尔修的希腊语书目，我们是从摩劳克斯那里引用来的。其中，英文的标题是以希克斯的翻译为基础的（洛布古典丛书，1925 年），个别地方，我们也做了一些修改。【61】

① XII [Letters]no. 144
② [Poems -Hymns]nos 145-146

对亚里士多德著作的评论

列表中的第一部分（1–24）主要包括一些对话体性质的文章，按照贝尔纳斯的观点，它们是根据文章的长度分类的。[①]

1. Περὶ δικαιοσύνης α΄ β΄ γ΄ δ΄（《论正义》四卷）= ἐντοῖς Ἀριστοτέλους Περὶ δικαιοσύνης：德米特利 · 法勒鲁斯，De elocutione = 罗斯，《残篇》619.

这是亚里士多德最长的一篇对话，主要讨论了有关伦理学的问题和正义分配的问题。[②] 这篇对话很可能与《理想国》中柏拉图所表达的思想是一致的。这篇对话只有一些零碎的不完整的残篇保存了下来。[③] 吕克昂学园中的学生，即来自索里的克律西波，在公元前 260 年曾拥有这部著作的抄本，并对此做过评论。[④]

2. Περὶ ποιητῶν α΄ β΄ γ΄（《论诗人》三卷）= Ἀριστοτέλης δὲ ἐν τῷ πρώτῳ Περὶ ποιητῶν：第欧根尼 · 拉尔修，《名哲言行录》，III，48.

---

① Dialoge, 131-132
② Bernays, Dialoge, 48-50
③ Bignone, Perduto, I, 220-223, 274
④ Moraux, Justice

这篇对话并没有向我们呈现它的具体内容。【62】罗斯塔尼认为，这篇对话于公元前343年创作于马其顿，也就是亚里士多德在给亚历山大做老师的那段时期，他为亚历山大修订了一部《伊利亚特》的抄本。[1]根据留下来的残篇，亚里士多德认为，诗歌并不是对事物表象的模仿，而是以多维度的视角对它们的认识。此外，罗斯塔尼还认为，亚里士多德在这部著作中提出的观念对贺拉斯的"Ars Poetica"产生了重要的影响。

我们应该记住，第一个写类似内容著作的人是昔盖姆的达玛斯特，他是公元前五世纪的历史学家和地理学家。达玛斯特的《论诗人》和《智者》是希腊文学史上比较有名的著作。

3. Περὶ φιλοσοφίας α΄β΄γ΄（《论哲学》三卷）=Aristotelesque in tertio de philosophia libro: 西塞罗《论神性》（*Cicero*，*De natura deorum*，I，33.）

这篇作品是亚里士多德最早的对话之一，在对话中，亚里士多德与柏拉图的"理念论"保持了一定距离。[2]多亏了耶格尔和比尼奥内的研究，我们今天才对这篇对话有了更深入的理解。[3]

第一卷里面有一个表格，主要展示了从开始到柏拉图时代哲学体系所遵循的路径，其中，包括对僧（即袄教徒，也就是拜火教徒）、巫医和圣杯帕以及七贤哲等的诸多介绍。第二卷，主要是对柏拉图的"理念论"进行了批判性分析。据推测，亚历山大（阿佛洛狄西亚的）在其注释中就使用了这一卷关于亚里士多德"形而上学"的那一部分。[4]最后，古代作家们已经对第三卷有过诸多接触

① Dialogo, 433-470
② Aristoteles, 140 ff.
③ Perduto, II, 350 ff.
④ Wilpert, Alexander, 385, 395-396

和评论，亚里士多德提出了一个综合全面的神学和宇宙体系，在这个体系中，在星体中占据主导地位的和谐，也同样支配着人类的灵魂。【63】亚里士多德称这个概念叫“隐德莱希”(entelechy)(这是一种与“潜能”相对立的“现实”)。[1]

4. Πολιτικοῦ α΄ β΄(《论政治家》两卷)=Aristotelem denique quae, de republica et praestante viro scribat ipsum loqui：西塞罗，Epistolae ad Quintum fratrem，III，5.

在这部著作中，亚里士多德呈现了其关于修辞学和政治学的观点。[2] 在这部作品中，亚里士多德是对话的主角。亚里士多德的这部《论政治家》与柏拉图的一部同名对话有着惊人的相似之处，在这部对话中，他进一步说明了哲学与政治学的关系，以及作为每个统治者都必须掌握的修辞学及其作用。在这一时期，亚里士多德仍然接受柏拉图的“理念论”。

5. Περὶ ῥητορικῆς ἢ Γρύλλος α΄(《论修辞》或《格儒洛斯》一卷)= 亚里士多德 . . . in Grylo: Quintilianus，Institutio Oraoria，II，17. 14.

亚里士多德写作这篇作品的目的是纪念他的朋友格儒洛斯，格儒洛斯是色诺芬的儿子。[3] 通过这部著作，亚里士多德试图说明修辞不是一种“技艺”(techne)。他的最终目的是批判伊索克拉底学派和他的主要学生凯菲索多罗斯，凯菲索多罗斯承担了捍卫其导师观点的任务。[4]

---

① Lazzati, Aristotele, 59-76
② Bernays, Dialoge, 53, 153-154
③ Bignone, Perduto, II, 97-102
④ Blass, Attische, II2, 451 ff.

6. Νήρινθος ά（《涅林索斯篇》一卷）=Ἀριστοτέλης τῷ διαλόγῳ τῷ Κορινθίῳ:Themistius，Themistius，Oration 33.

除了涅林索斯所引用的一个可能与这篇对话相关的故事之外，我们对这篇对话一无所知：一位来自柯林斯的农民，在读了柏拉图的《高尔吉亚篇》之后，放弃了他的农活儿，去研究柏拉图的哲学。涅林索斯补充说：这位农民就是亚里士多德在其对话录中非常尊敬的那个人。这很可能是因为抄写者的错误，【64】从而把科林苏斯写成了涅林索斯。对此，我们已无从得知。①

7. Σοφιστὴς α΄（《智者篇》一卷）= Ἀριστοτέλης δὲν τῷ Σοφιστῇ φησι: 第欧根尼・拉尔修，《名哲言行录》VIII，57.

这篇对话肯定是受到柏拉图的同名对话录的启发所作。② 保留下来的残篇证明，亚里士多德把恩培多克勒视为修辞学的发明者，把芝诺视为辩证法的发明者。③

8. Μενέξενος α΄（《墨涅克塞诺斯篇》一卷）= 无从知晓题目的来源。

这篇对话的内容没有保存下来，或许是谈论友情的。

9. Ἐρωτικὸς α΄（《恋爱》一卷）= ubiprimum ἐνδευτέρῳ ἐρωτικῶν: Aristo of Ceos（通过阿塞奈乌斯，智者之宴，XV，674f = 罗斯，《残篇》95）.

这部著作我们了解得也不多，阿塞奈乌斯的证词也并没有阐明

① Λόγος, XXXIII, p. 356, Dindorf edn
② Bernays, Dialoge, 50-51, 132
③ Diog. Laert. VIII, 57, IX, 25

具体的情况，这部著作很可能有四卷，这是其中一卷。①

10. Συμπόσιον α΄(《宴饮篇》一卷) = Ἀριστοτέλης ἐν τῷ Συμποσίῳ: 阿塞奈乌斯，智者之宴，XV，674f.

这篇对话很可能是围绕柏拉图在《会饮篇》中提出来的主题所作。【65】其中，讨论的焦点集中在，回应雅典各学派所教授的关于荷马的相关问题上。事实上，这个《宴饮篇》的目的就是要定义那些人类的行为，这些行为也都是众神的喜好。伊壁鸠鲁在他的同名著作中，多次批评亚里士多德在其相关对话中所表达的观点。②

11. Περὶ πλούτου α΄(《论财富》一卷) = 无从知晓标题的来源。

这篇对话的残篇展示了亚里士多德对柏拉图思想的依赖：只有灵魂的升华才有价值，财富本身并不能带来幸福。伊壁鸠鲁最喜欢的学生梅特罗多洛对这个对话录中的表述的观点提出了不同的意见。③

12. Προτρεπτικὸς α΄(《劝诫》一卷) = Ζήνων ἔφη Κράτητα ἀναγινώσκειν ἐν σκυτείῳ καθήμενον τὸν Ἀριστοτέλους προτρεπτικόν, ὃν ἔγραψε πρὸς Θεμίσωνα τὸν Κυπρίων βασιλέα λέγων.

我们将会在下面谈到《劝诫》这篇著作，以及关于这部著作的一些特征。④我们是通过杨布里科的一部同名著作了解到这些繁冗的残篇的。同时，我们可以对这部著作的具体内容勾画出一幅图景。⑤

---

① Bernays, Dialoge, 132-133
② Bignone, Perduto, II, 546-556
③ Bignone, Perduto, I, 274
④ Düring, Protrept
⑤ Benakis, Anonymous

13. Περὶ ψυχῆς α΄（《论灵魂》一卷）= Εὔδημος εἰς ὃν Ἀριστοτέλης ἀποθανόντα τὸν Περὶ ψυχῆς διάλογον ἐποίησε：普鲁塔克，狄翁，22. 5.

如《论哲学》一样，这部对话代表了亚里士多德年轻时期较为成熟的作品，主要阐释了柏拉图在《斐多篇》中涉及的关于“辩驳”（Elenchos）的理论观点。【66】这篇对话讨论的主题是关于灵魂永恒性的问题。①

14. Περὶ εὐχῆς α΄（《论祈祷》一卷）=Ὅτι γὰρ ἐννοεῖ τι καὶ ὑπὲρ τὸν νοῦν καὶ τὴν οὐσίαν ὁ Ἀριστοτέλης. . . τοῖς πέρασι τοῦ Περὶ εὐχῆς βιβλίου：辛普里丘，《论天》，CIAG VII，485. 19–21.

这篇对话只有部分残篇保存了下来。辛普利丘也提及过这篇对话。②然而，通过这个残篇，我们可以推论出亚里士多德想要证明的东西，那就是上帝应被理解为最高的知识或者是一个高于知识的实体。③

15. Περὶ εὐγενείας α΄（《论高贵出身》一卷）= εἰδήτόγε Περὶ εὐγενείας βιβλίον ἐν τῆς γνησίοις Ἀριστοτέλους：普鲁塔克，阿里斯提德，27. 3.

这篇对话的一个重要的部分包含在约安尼斯·斯托布斯的《选集》中，其中可以确定的是，整篇对话都是在讨论和探求贵族的起源，以及高贵如何实现的问题。④高贵的出身不是一种遗传的品性，而被界定为一种种族的美德（ἀρετὴτοῦ γένους）。

① Bernays, Dialoge, 21-29
② de Cael., 485, 19 ff.
③ Bernays, Dialoge, 122 ff.
④ Moraux, Listes, 36

普鲁塔克曾怀疑《论高贵出身》的真实性，他所依据的是由安德罗尼柯所编纂的关于亚里士多德作品的目录（苏拉 26：罗得岛的安德罗尼柯），然而，阿塞奈乌斯却坚持认为，这是亚里士多德的真作。[①]

16. Περὶ ἡδονῆς α´（《论快乐》一卷）= Περὶ ἡδονῆς ὡς Ἀριστοτέλης α´：第欧根尼·拉尔修，《名哲言行录》，V，44（塞奥弗拉斯特的条目）。【67】

这篇对话没有任何残篇保存下来，因此，我们只能猜测。[②] 耶格尔认为，这部著作是与柏拉图的《斐莱布篇》同时完成的——，《斐莱布篇》是在柏拉图生命的最后几年，也就是在公元前 350 年之前写作而成的。斯彪西波和塞诺克拉底将之命名为《论快乐》，原因是由于学园中这次始于“快乐”（terpsis）概念的最大的讨论。[③]

17. Ἀλέξανδρος ἢ ὑπὲρ ἀποίκων α´（《亚历山大》或《为了殖民》一卷）（殖民者，或许是）= 西塞罗，ad. Att XII，40.

关于这篇作品的写作形式有两种观点：有人认为这是一篇对话，其他人则认为这是一篇散文。耶格尔认为，其中的内容发生在亚历山大东征之后，而伊万卡则有不同的看法。[④]

18. Περὶ βασιλείας α´（《论王权》一卷）= ἵνα δὲ καὶ πάντας ἀνθρώπους εὐεργετήσῃ, γράφει τῷ Ἀλεξάνδρῳ βιβλίον Περὶ βασιλείας, διδάσκων ὅπως βασιλευτέον: Vita Marciana，21.

① XIII, 556a
② Aristoteles, 15-16
③ Moraux, Listes, 36-37
④ Aristoteles, 23, 271Politik

这篇作品是亚里士多德在给亚历山大做老师的最后阶段完成的，这个时期，亚历山大开始设想针对波斯发动泛希腊化的战争。伊壁鸠鲁写过一部同名著作，从保存下来的残篇来看，他是批判亚里士多德的，因为他在教育培养王子的方法上有一些不同的认识。①【68】事实上，伊壁鸠鲁是谴责那些在法庭上寻求庇护的哲学的。

19. Περὶ παιδείας α΄（《论教育》一卷）= Ἀριστοτέλης ἐν τῷ Περὶ παιδείας: 第欧根尼·拉尔修，《名哲言行录》，IX，53.

关于这篇作品，我们唯一知道的事情就是亚里士多德论述关于普罗泰格拉的一些策略。②伯奈斯认为，这部著作的目的就是要在认识标准的基础之上，找到一种获得知识的方式，而不是仅仅依靠积累信息和罗列事实。③按照比尼奥内的观点，伊壁鸠鲁已经得到了一个这个对话的抄本，而且他还批判地阐释了亚里士多德的理论，提出了研究的标准。④

20. Περὶ τἀγαθοῦ α΄ β΄ γ΄（《论善》三卷）=καὶἐντοις˜Περὶ τοῦ ἀγαθοῦ: Vita Marciana, 32 and Alexander of Aphrodisias，On Metaphysics，I= 罗斯，《残篇》28.

所有关于亚里士多德这篇《论善》的信息都来自一个源泉，那就是阿佛洛狄西亚的亚历山大，他也是拥有这部著作的最后一位评论者。⑤

通过现存的残篇，我们可以假定，这就是柏拉图《论善》的一个摘要，同时，这上面还有历任学园园长在上面做的一些注释，例

① Bignone, Perduto, II, 541
② Diog. Laert. IX, 56
③ Bernays Dialoge, 133
④ Perduto, I I , 58, 60-61
⑤ Wilpert, Fragmente, 225-250

如，斯彪西波、塞诺克拉底、蓬托斯和赫斯提艾乌的赫拉克利德。亚里士多德在他所谓的“不成文的学说”中，至少两次提及这部著作①（《物理学》，IV，2，404b，19）

21. Τὰ ἐκ τῶν Νόμων Πλάτωνος α΄ β΄ γ΄（《柏拉图〈法律篇〉摘要》三卷）= Εὔδοξος δὲ Κνιδίοις καὶ Ἀριστοτέλης Σταγειρίταις, Πλάτωνος ὄντες συνήθεις，νόμους ἔγραψαν: 赛诺克拉底，Testimonia doctrina et Fragmenta，33. 4.【69】

实际上，这篇作品是由三部分组成的，我们对这篇特殊的作品一无所知，亚里士多德本人在他的《政治学》和其他地方都没有提到。不排除这是一篇代表亚里士多德在吕克昂学园上课时的材料或者讲义的可能性。②

22. Τὰ ἐκ τῆς Πολιτείας α΄ β΄（《〈国家篇〉摘要》两卷）= καὶ Ἀριστοτέλης ἐν τῇ Ἀθηναίων πολιτείᾳ：哈玻克拉奇翁，Lexeis of the Ten Orators [Attic]，p. 227. 12.

据我们所知，普罗克洛证实亚里士多德引用了柏拉图的《理想国》，ἐπιτέμνεσθαι τὴν πολιτείαν。③

23. Οἰκονομικός α΄（《论家政》一卷）= οἰκονομικὰ δὲ ὥσπερ ὁ Οἰκονομικὸς αὐτοῦ [Ἀριστοτέλους]，γέγραπται γὰρ αὐτῷ Οἰκονομικός：奥林比奥道罗斯，Prolegomena et in categories commentarium，CIAG XII，I，7–36.

这个标题在列表中的位置凸显出很多问题，因为它既与柏拉图

① Robin, Théorie, 307-308
② Heitz, Schriften, 220
③ Heitz, Schriften, 220-221

的理论没有关系，也与下一个单元，即涉及逻辑的作品没有关系。[1]有人认为，亚里士多德《论家政》中的内容与第欧根尼列表中其题目所表明的内容是不同的。

24. Περὶ φιλίας αʹ（《论友谊》一卷）= Μετὰ δὲ ταῦτα περὶ φιλίας ἕως τοῦ λανθάνοντας ὡς ἔχουσι ἑαυτοῖς：亚斯巴修，《关于尼各马可伦理学的评论》，p. 158. 2.

像《论家政》一样，《论友谊》在列表中的位置也是有问题的，【70】因为这部著作也不属于柏拉图的哲学对话录或者关于后来逻辑学作品的内容。正如摩劳克斯所指出的，之所以《论友谊》在这里出现[2]，是因为友谊的特征并没有在柏拉图的作品，如《吕西斯篇》《会饮篇》《斐德罗篇》中得到令人满意的阐释。《论友谊》很可能表明亚里士多德的理论与柏拉图理论开始逐渐分道扬镳。并不排除，正是这部著作促使西塞罗完成了其《论友谊》。[3]

II. 列表的第二部分（25–73）主要包括一些涉及逻辑学和辩证法技艺的专著和文本。

25. Περὶ τοῦ πάσχειν ἢ πεπονθέναι αʹ（《论承受或已承受》一卷）= τοσαῦτα μὲν περὶ τοῦ ποιεῖν καὶ τοῦ πάσχειν εἴρηται ὑπὸ Ἀριστοτέλους：波菲利，Isagoge et in Aristotelis Categorias commentarium，vol. 4/1，p. 141. 28.

这部著作的内容我们并不知晓。然而，亚里士多德在其《论灵魂》和《论动物的生成》中谈及“论承受”：这个问题已经在行

① Moraux, Listes, 41
② Listes, 42
③ Zeller, Griechen, 103

动和反应的特殊讨论中得到解决。[①] 根据辛普里丘和约安尼斯·格拉玛提库斯的看法，亚里士多德在《论产生和毁灭》的第一卷的第七章和第九章中写道：下面，我们必须按顺序讨论“行动”和“激情”，从中，我们能推测出其内容。[②] 这很可能是关于“情感诉求”的研究，其中，亚里士多德区分了所有生灵的显著特征。[③]【71】

26. Περὶ ἐπιστημῶν α΄β΄（《论知识》一卷）= 标题不知何处得来。

这部著作的内容我们无从得知，尽管有人声称，从题目类别上看，它属于科学。然而，并不排除它可能是《形而上学》里的著作，而且以其自己的方式传播，当然，是在安德罗尼柯出版之前。[④]

27. Περὶ ἐριστικῶν α΄ β΄（《论有争议的问题》两卷）= 标题不知何处得来。

这部著作，以及列表中之后的两篇，即《争议问题之解答》四卷和《诡辩分类》四卷，构成了关于诡辩术的一个单元。关于这篇著作的内容，大多可以从亚里士多德的文本《辩谬篇》中得出：例如，关于“三段论”的争论是谬误的推理。[⑤]

28. Λύσεις ἐριστικαὶ δ΄（《争议问题之解答》四卷）= ἐριστικὰ καὶτῶν σοφιστικῶν ἐλέγχων：第欧根尼·拉尔修，《名哲言行录》，V，29.

① II 5, 417a and IV 3, 768b 23, respectively
② I 7, 323b 1
③ Moraux, Listes, 45-46
④ Bonitz, Metaphysica, II, 6
⑤ Moraux, Listes, 47-51

这部著作的目的是指出错误的“三段论”的方法[①]，主要是智者派所暴露的问题：就像在驳斥一个有争议的论点。[②]

29. Διαιρέσεις σοφιστικαὶ δ΄（《诡辩分类》四卷）= 标题不知从何处得来。

尽管这个标题《诡辩分类》涉及诡辩的问题,【72】但是这并不意味着这部作品的实际内容。亚里士多德在这里是反驳了诡辩家使用的方法，还是他提出了一些旨在阐明他们理论新颖性的方法？[③]

30. Περὶ ἐναντίων α΄（《论相反者》一卷）= ἀναπέμπει ἡμᾶς [Ἀριστοτέλης]. . . εἰς τὴν Ἐκλογὴν τῶν ἐναντίων: 阿佛洛狄西亚的亚历山大,《形而上学》1004a，2: CIAG，I，p. 250. 17.

这篇作品有一些残篇保存下来，但是，他们并不足以证明是《形而上学》的第十卷。在亚里士多德《形而上学》的隽语中，阿佛洛狄西亚的亚历山大证明了与“相反者”相关的问题。[④] 亚里士多德提到了他的“关于相反者的选择”的理论，在这里，他详细阐释了这个问题。亚里士多德在他的第二篇抨击性作品中也提到了《论相反者》。[⑤]

31. Περὶ εἰδῶν καὶ γενῶν α΄（《论属和种》一卷）= Εἰδέναι δὲ δεῖ ὅτι ἓξ γεγόνασιν ἐπιγραφαὶ τῆς πραγματείας ταύτης, Κατηγορίαι, ὡς Ἀριστοτέλης ἐπέγραψεν, Περὶ τῶν κατηγοριῶν, ὡς οἱ ἑταῖροι τοῦ Ἀριστοτέλους, Περὶ τῶν ι΄ γενῶν τοῦ ὄντος, ὡς ἄλλοι ἑταῖροι αὐτοῦ

① SE, 18, 176b, 29-30
② Ph., I 2, 185a 8
③ Moraux, Listes, 51-52
④ Metaphysics, 250, 17-20
⑤ Bonitz, Metaphysica, II, 22

πάλιν (ἔγραψαν γὰρ καὶ οὗτοι κατὰ ζῆλον τοῦ διδασκάλου τοιαῦτα βιβλία) , Περὶ τῶν γενῶν τοῦ ὄντος, ὡς Πλωτῖνος: 阿里萨斯，Scholia on Aristotle 's Categories，2.

这部著作与《论特性》、《论可选之物和偶性之物》和《针对定义的论题集》(nos 32，58，60) 一起构成了著作《论题篇》。【73】亚里士多德本人在《论题篇》第四部著作中呈现了他打算研究的辩证的层次：下面我们必须继续考察关于“属”和“种”的问题。①

32. Περὶ ἰδίων α΄ (《论特性》一卷) = Μετὰ δὲ ταῦτα περὶ τῶν πρὸς τὸ γένος καὶ τὸ ἴδιον ἐπισκεπτέον：亚里士多德，《论题篇》，IV，1，120b 12–13.

亚里士多德在《论题篇》中探讨过这部作品的内容：属性是否是一种特性的问题，应该接受以下方法的考察。②

33. Ὑπομνήματα ἐπιχειρηματικὰ γ΄ (《反驳备忘录》三卷) = ἐν τοῖς ἐπιχειρηματικοῖς λόγοις：亚里士多德，《论题篇》，101a 29–30.

这部著作主要考察辩证法的显著特征，而且很可能是亚里士多德在吕克昂学园中将之作为一个教学工具使用的。它包含使用论据的一些意见，这些论据可以揭示智者们的妙语和“富于辞藻”的话语，这些在《论题篇》中也被评注过。很多人认为，这部著作与《反驳集》(no. 65) 和《反驳命题集》二十五卷 (no. 70) 有密切关系。③

34 . Προτάσεις περὶ ἀρετῆς α΄ β΄ γ΄ (《关于德性的命题》三卷) =

① IV 1, 120b 12-13
② V 1, 128b 14-15
③ VIII 11, 162a16 ff.

Μεθοδικὰ παρέδωκε [καὶ] προτάσσων πλῆθος：第欧根尼·拉尔修，《名哲言行录》，V，29.

亚里士多德在一个“论述”中使用“命题”（προτάσεις）这个语词，意味把一个东西与其他东西连接起来。[①]我们知道，亚里士多德是让其学生按照主体分类的方式区分他的著作的，【74】例如：“伦理学”、“物理学”和“逻辑学”。[②]

35. Ἐνστάσεις α΄（《对手》一卷）= ἔνστασιςδ \ἐστὶπρότασις προτάσει ἐναντία：亚里士多德，《前分析篇》，II，26，69a 37.

借助术语“对手”（ἐνστάσεις），亚里士多德展示了阐释反命题的方法，或者反驳正在被审查的论题的观点：《前分析篇》。[③]我们并不知道这部著作是怎么组织的，但是，它在列表中的特殊位置表明，其很可能与之前的那部著作，即《关于德性的命题》（no. 34）存在联系。[④]

36. Περὶ τοῦ ποσαχῶς λεγομένων ἢ κατὰ πρόσθεσιν α΄（《论加上定语的术语之不同含义》一卷）= Περὶ τοῦ ποσαχῶς：亚里士多德，《形而上学》, IV, 1028a 4-11.

按照摩劳克斯的观点，这部著作没有必要去猜想，这是《形而上学》第四卷中[⑤]亚里士多德在“关于术语的不同含义”（περὶ τοῦ ποσαχῶς）的标题下经常反复提及的文章。[⑥]

① APr., I 1, 24a 16-17
② Moraux, Listes, 71-72
③ APr., II 26, 697a 37
④ Moraux, Listes, 72
⑤ Listes, 73
⑥ V 4, 1028a 4-6 · X 1, 1052a 15-16

37. Περὶ παθῶν [Περὶ] ὀργῆς α΄（《论激情》或《论愤怒》一卷）= λέγω δὲ πάθη μὲν ἐπιθυμίαν ὀργὴν φόβον θράσος φθόνον χαρὰν φιλίαν μῖσος πόθον ζῆλον ἔλεον，ὅλων οἷς ἕπεται ἡδονὴ ἢ λύπη: 亚里士多德，《尼各马可伦理学》，Ⅱ，4，1105b 21.

正如迪兰指出的，【75】这是两部分开的著作：《论激情》和《论愤怒》，在这里，亚里士多德主要论述了“愤怒”（thymos）①，同时，他认为“激情”（pathos）是一种生理和心理现象，可以缓解疼痛。②

38. Ἠθικῶν α΄ β΄ γ΄ δ΄ ε΄（《伦理学》五卷）= ΕΙΣ ΤΟ Β ΤΩΝ ΗΘΙΚΩΝ ΑΡΙΣΤΟΤΕΛΟΥΣ: 亚斯帕修，《关于尼各马可伦理学的评论》，p. 37. 1.

这篇著作是由四部或者五部作品组成的《伦理学》（第欧根尼·拉尔修《名哲言行录》的许多手稿）③，可能代表了《欧德莫斯伦理学》。④

39. Περὶ στοιχείων α΄β΄γ΄（《论元素》三卷）= [Ἀριστοτέλης] ἐν τοῖς περὶ στοιχείων: 亚里士多德，《论灵魂》，423b 29.

在《天象学》的第四卷，亚里士多德认为，他最近已经考察了元素说，并且他补充说，他仍然必须要确证，关于被动和主动形式的区分人们做过哪些研究。我们已经解释过⑤，构成物质的有四种元素，它们两两作用产生物质的基本性质：热、冷、干、湿。

① Biog. Trad., 43
② Robin, Morale, 149 ff
③ Léonard, Bonheur, 103 ff
④ Schaecher, Ethiken, 29-91
⑤ Brandis, Aristoteles, I, 79

(《天象学》)①

40. Περὶ ἐπιστήμης α΄(《论知识》一卷)= 我们无从知晓标题的来源。

诸多研究亚里士多德思想的学者认为,《论知识》是其《形而上学》的一部分。正如波尼茨所指出的那样,这部著作的标题是非常模糊的,以至于我们无法推测里面包含的确切内容。②【76】如果这部著作真的被确认为是《形而上学》的一部分,那就肯定就是第三部分,它是研究知识的整体性的:有一门科学是研究存在的,它内在的属性在于其自身的本质。③

41. Περὶ ἀρχῆς α΄(《论本原》一卷)= περὶ τῆς ἀχῆς τῆς πρώτης:亚里士多德,《物理学》,Ⅷ,1,251a 5–8.

在《物理学》中,亚里士多德论述了第一原则的方法,并且还评述了关于运动的理论:我们必须思考事情是怎样存在的,因为发现真理不但对于研究自然,而且对于研究第一原则都是特别重要的。如果说亚里士多德在其《形而上学》第十一卷中有一些真理性的见解的话,或许就是这篇传说中的文章的真正的题目《第一原理》。④

42. Διαιρέσεις ι΄ζ΄(《分类》十七卷)= διῄρει δέ, φησὶν Ἀριστοτέλης:第欧根尼・拉尔修,《名哲言行录》,Ⅲ,80.

亚里士多德在《论动物的结构》和《论产生于毁灭》两次提到

① IV 1, 378b10-28
② Metaphysica, II, 6
③ 1, 1003a 21-22
④ Moraux, Listes, 83

了术语“diairesis”(划分的)，他遵循了柏拉图在《智者篇》和《政治家篇》中分类上的“二分法”[①]。阿佛洛狄西亚的亚历山大对此评论说，亚里士多德引用了柏拉图“未成文的学说”，这种学说亚里士多德本人已经进行过区别。[②]

不过，按照文献学家的观点，《分类》十七卷很可能是一部伪作，它以详细目录的形式列举了关于善的种类和差异，这种差异柏拉图和亚里士多德也都是承认的。[③] 在第欧根尼·拉尔修列表上的《分类》十七卷中，包含有亚里士多德多样性的著作和笔记。【77】同时，大量的书籍和作品也佐证了这种观点，尽管它可能与莎草纸著作中的各章节并不是遥相呼应的。

43. Διαιρετικῶν α΄（《可分性》一卷）= Διῄρει δέ, φησὶν Ἀριστοτέλης, καὶ τὰ πράγματα τοῦτον τὸν τρόπον: 第欧根尼·拉尔修，《名哲言行录》，Ⅲ，80.

这部著作有些类似于《分类》，但这只是一种猜测。尤其是对于“diairetikon”(分裂)这个词语，它意味着这部著作的形式，而不是他的内容。[④]

44.(Περί) ἐρωτήσεως καὶ ἀποκρίσεως α΄β΄（《论问与答》两卷）= ἀξιοῦσί τινες ἐπιγράφειν τὸ βιβλίον τοῦτο Περὶ ἐρωτήσεως καὶ ἀποκρίσεως: 阿佛洛狄西亚的亚历山大，Prolegomena to Topics，CIAG Ⅱ，p. 520，5–8.

这部著作很可能是《辩谬篇》的一部分，它最初包含两部著

① I 2, 642b 10-20
② II 3, 330b 15-17
③ Rose, Pseud., 677-695
④ Alline, Texte, 124 ff.

作。[1] 或许，它也可能是《论题篇》的第七部著作。在《论题篇》的第八篇的开始部分：接下来，我们会在提出问题的安排与方法方面进行讨论。

45. Περὶ κινήσεως α΄ β΄（《论运动》两卷）= τῶν περὶ κινήσεως εἰρημένων Ἀριστοτέλει：忒弥修斯，亚里士多德《灵魂论》释义，vol. 5，3，16. 31.

这不是两篇，而是亚里士多德的一篇著作。【78】很可能这不是一部关于物理科学的著作，而是一系列观点的集合，类同于两卷本的《关于德性的命题》(no. 34)。[2]

46. Προτάσεις α΄（《命题集》一卷）= 我们无从知晓题目的来源。

47. Προτάσεις ἐριστικαὶ δ΄（《有争议的命题集》四卷）= 我们无从知晓题目的来源。

哲学历史学家认为，这部著作是一系列的关于争论术本质的观点的集合，像是我们之前看到的《论有争议的问题》(no. 27)。

然而，我们在这里留意到，各手稿之间是有差别的，不仅在具体的标题上，而且在各篇的组成部分的数量上。例如，在第欧根尼·拉尔修的列表中，《有争议的命题集》包含四卷，然而，在迪兰引用的同一部著作中，它仅有一卷。出现这种差别的缘由有很多，可能是因为抄写者的错误，也可能是出版上的问题，也就是说，可能在某一个时间，人们把四卷融合成了一部。[3]

① 16, 175a 1-4
② Moraux, Listes, 86
③ Biog. Trad., 44(no. 44)

48. Συλλογισμοὶ α´（《三段论》一卷）= Τοῦτο τοι καὶ πρῶτον περὶ συλλογισμῶν ὁ Ἀριστοτέλης πρὸ τοῦ περὶ ἀποδείξεως λέγειν πραγματεύεται ἐν τούτοις：阿佛洛狄西亚的亚历山大，亚里士多德的《前分析篇》，6，13.

这部著作可能与其著作《三段论》两卷是有关系的，它是意图教给学生逻辑和三段论的一个教学手册。【79】同时，这种观点又被其标题是 *Syllogisms* 而不是"*Of Syllogisms*"相互印证。这个标题恰好诠释了其理论性的文本内容。实际上，在《前分析篇》中，亚里士多德提到了"*On Syllogism*"这个标题（Τα περι τοῦ συλλογισμου）。①

49. Προτέρων ἀναλυτικῶν ά β́ γ́ δ´ έ ς́ ζ´ η´θ´（《前分析篇》九卷）= δοκοῦσι γὰρ τῷ Ἀριστοτέλει ἁπλῶς καὶ κυρίως ἔχειν συλλογισμοί，ὡς ἐν τοῖς προτέροις ἀναλυτικοῖς δείκνυσιν: 阿佛洛狄西亚的亚历山大，论亚里士多德的《前分析篇》，8，11.

这部著作与两卷本的《大后分析篇》（no. 50）代表了为我们所熟知的亚里士多德的著作《前分析篇》和《后分析篇》。②

50. Ἀναλυτικῶν ὑστέρων μεγάλων α´ β´（《大后分析篇》两卷）= ΘΕΜΙΣΤΙΟΥ ΠΑΡ ΑΦΡ ΑΣΙΣ ΑΝΑΛΥΤΙΚΩΝ ΥΣΤΕΡΩΝ: 成弥修斯，Paraphrase of Posterior Analytics，vol. 5/1, 1. 2.

详见上面的第 49 篇。

51. Περὶ προβλημάτων α´（《论问题》一卷）= Διδάξας ὁ

① I 3, 73a 14-15

② Bonitz, Index, "Ἀριστοτέλης", III, 102a 30 ff.

Ἀριστοτέλης περὶ τῶν γενικῶν καὶ ἰδικῶν προβλημάτων, καὶ πρὸ αὐτῶν δ ὁμοίως περὶ τῶν ἀπὸ τοῦ συμβεβηκότος: 阿佛洛狄西亚的亚历山大，On Aristotle 's Topics，420. 2.

这部著作并不是亚里士多德经常提及的今天已经失传的《问题》，也不是那部后来托亚里士多德之名[①]，今天保留下来的著作《问题》。这可能是一部关于发明和解决问题的手册。[②]【80】

52. Μεθοδικὰ α΄ β΄ γ΄ δ΄ ε΄ ς΄ ζ΄ η΄（《方法篇》八卷）= καθάπερ ἐν τοῖς Μεθοδικοῖς [= Topics] εἴρηται: 亚里士多德，《修辞学》，1356b 19.

这部著作指的是我们今天知道的那部《方法论》。这部著作的标题并不奇怪，正如亚里士多德本人在《论题篇》的开头指出的：本文的目的在于寻求一种探索的方法，通过它，我们就能从普遍接受所提出的任何问题来进行推理；并且，当我们自己提出论证时，不至于说出自相矛盾的话。为此，我们必须首先说明什么是推理以及它有些什么不同的种类，以便掌握辩证的推理，因为这就是我们在本文里所研究的主题。[③]

53. Περὶ τοῦ βελτίονος α΄（《论更善》一卷）= 我们无从知晓题目的来源。

这很可能是《论题篇》的第三篇，或者是它的前三段或四段。[④]

54. Περὶ τῆς ἰδέας α΄（《论理念》一卷）= ὡς καὶ Ἀριστοτέλης εἴρηκεν ἐν τοῖς περὶ ἰδεῶν ἃ πρὸς τὰς Πλάτωνος ἰδέας ἐστὶν αὐτῷ πεποιημένα: corpus Aristotelicum, Fragmenta varia，Category 5，title of

① Bonitz, Index, "Ἀριστοτέλης" , III, 103b 17
② Heitz, Fragmenta, 115
③ I 1, 100a 18-21
④ III 1, 116a 1-2

treatise 29 fragm. 186. 3.

主流的观点认为，这篇著作是由两篇作品组成，即《论理念》和《论形式》，这些后来被亚里士多德的注释者提及过。这是一项反对柏拉图“理念论”的研究。①

55a. Ὅροι πρὸ [τῶν τοπικῶν] α΄（《(论题篇)前定义集》一卷）= 标题不知来自何处。【81】

有一个八卷本的有着相似标题的著作包含在《方法篇》这部著作中，其中的第一卷，在《论题篇》中是找不到的。②

55b. Τοπικῶν α΄ β΄ γ΄ δ΄ ε΄ ς΄ ζ΄（《〈论题篇〉前定义集》七卷）= incidisti in Aristotelis Topica quaedam，quae sunt ab illo pluribus libris explicata：西塞马 Topica，I.

摩劳克斯评论了这两部著作，而且他用《方法篇》比较了两部著作里面的相应内容。③

56. Συλλογισμῶν α΄ β΄（《三段论》两卷）= ἔστι δὲν αὐτοῖς τρία μὲν εἰς τὸ περὶ ἑρμηνείας Ἀριστοτέλους, τέτταρα δεὶς τὸ πρότερον τῶν περὶ συλλογισμῶν：伽伦 On My Own Books，Kühn，vol. 19，p. 41. 20.

见上面第 48 部。

57. Συλλογιστικὸν καὶ ὅροι α΄（《三段论与定义》一卷）= 标题不知来自何处。

① Karpp, Schrift Düring, Arist., 245-253
② Moraux, Listes, 68
③ Listes, 58

这部作品标题的第一部分，即Concerning Syllogism，是亚里士多德在《论题篇》第一卷中的研究对象。① 标题的第二部分，即with Definitions，主要是关于术语界定的，这些术语准确表达不同类型的三段论。因此，这部作品的准确标题应该是Περὶ συλλογισμῶν καὶ ὅρων i，但是，编纂者却采用了不同的观点。②

58. Περὶ τοῦ αἱρετοῦ καὶ τοῦ συμβεβηκότος α΄（《论可选之物和偶性之物》一卷）= 标题不知来自何处。【82】

这些材料来自《论题篇》第三卷。③

59. Τὰ πρὸ τῶν τόπων α΄（《老判断集引言》一卷）= τινὲς μὲν γάρ, ὧν καὶ Ἀνδρόνικός ἐστιν, παρὰ τὴν πρόθεσιν τοῦ βιβλίου προσκεῖσθαί φασιν ὑπό τινος ταῦτα τοῦ τὸ τῶν Κατηγοριῶν βιβλίον Πρὸ τῶν τόπων ἐπιγράψαντος, οὐκ ἐννοοῦντες οὗτοι, πόσην χρείαν οὐ τῇ τοπικῇ πραγματείᾳ μόνον ἀλλὰ καὶ τῷ περὶ τῶν κατηγοριῶν λόγῳ εἰσάγει τὰ εἰρημένα: 辛普利丘，On Categories，CIAG VIII，379，8–12.

亚里士多德的古希腊注释者波菲利、阿莫尼乌和奥林比奥道罗斯对这部著作的出处都有自己不同的观点，据说，这部著作最初的名字叫《范畴篇》，在由罗得岛的安德罗尼柯出版之前，是由一个匿名作者命名的。④

60. Τοπικὸν πρὸς τοὺς ὅρους α΄ β΄（《针对定义的论题集》两卷）

① 1, 100a 22
② Moraux, Listes, 56-57
③ Moraux, Listes, 55-56
④ Moraux, Listes, 58-65

= Τῆς δὲ περὶ τοὺς ὅρους πραγματείας: 阿佛洛狄西亚 & 亚历山大 In Aristotelis topicorum（Wallies），420，14.

这部著作主要涉及一些关于“定义”的论题，其中在《论题集》的第六部和第七部中有诸多讨论。①

61. Πάθη α΄（《遭遇》一卷）= 标题不知来自何处。

这篇著作的内容依然是模糊的和不确定的。它可能是谈论演说者面对观众时应该唤起的热情，或者是关于热情的伦理学。【83】或许，这部著作是类似于上面我们提到的《论激情》那样的作品（no. 37a）。

62. Διαιρετικὸν α΄（《可分性》一卷）= τρόπον. . . ὧδε καὶ τὰ πρῶτα διῄρει κατὰ τὸν Ἀριστοτέλην:《亚里士多德全集》, Fragmenta varia，Category 2，titles of treatise 18，fragm. 115. 1.

按照摩劳克斯的观点，这部著作与《可分性》一卷是没有多少关系的，而且也与“区分”（diairesis）的方法是没有关系的。相反，这是一部按照提出的种和属的关系的方式进行分类。②

63. Μαθηματικὸν α΄（《数学》一卷）= 标题不知来自何处。

列表中的这部著作的观点是有一些问题的，关于数学学科的著作，主要在第111和116部中记录。

64. Ὁρισμοὶ ιγ΄（《定义集》十三卷）= 标题不知来自何处。

这部著作与下面这部著作相仿，即《反驳集》，内容是关于逻

① 1, 139a 2414, 151b 24
② Listes, 92

辑的。

65. Ἐπιχειρημάτων α´ β´(《反驳集》两卷) = καὶἔστιδὲ βιβλία τοιαῦτα Ἀριστοτέλους καὶ Θεοφράστου γεγραμμένα ἔχοντα τὴν εἰς τὰ ἀντικείμενα διὲνδόξων ἐπιχείρησιν: 阿佛洛狄西亚的亚历山大，On Aristotle's Topics，CIAG II，2, 27. 17.

详见第 64 部。【84】

66. Περὶ ἡδονῆς α´（《论快乐》一卷）= ἔνθα διείληπται καὶ περὶ ἡδονῆς Ἀριστοτέλους σαφῶς εἴρηκεν αὐτὴν μὴ ταὐτὸν εἶναι τῇ εὐδαιμονίᾳ ἀλλὰ παρακολουθεῖν: 亚斯巴修,《尼各马可伦理学》述评 p. 151. 22.

67. Προτάσεις α´（《命题集》一卷）= 标题不知来自何处。

与相应的摩劳克斯的版本相比，即第 66 部《论快乐》和第 67 篇《命题集》，[1] 在第欧根尼・拉尔修关于亚里士多德的著作列表中的第 66 部和第 67 部是被合在一起的。[2]

因为抄写员的失误，导致了其把《论快乐的命题集》，连同第 68 部和 69 部，即《论自愿》和《论美好》记录在了列表中。正确的标题写法应该如下：

《命题集》《论快乐》一卷,《论自愿》一卷,《论美好》一卷。同时，与《命题集》第一卷相关的还有下一部:《反驳命题集》二十五卷（第 70 部），同时，是以关于逻辑的论述结尾的。

68. Περὶ ἑκουσίου α´（《论自愿》一卷）= 标题不知何处得来。

① Biog. Trad., 45
② Listes, 24

这部著作的内容可能是关于道德问题的，正像下一部著作《论美好》一卷，请看下面的第 69 部著作。

69. Περὶ καλοῦ α΄(《论美好》一卷) = 标题不知何处得来。

这部著作，连同第 66 部和第 68 部，肯定是《伦理学》的一部分。【85】

70. Θέσεις ἐπιχειρηματικαὶ κε΄(《反驳命题集》二十五卷) = τὰ προβλήματα ἃ καὶ θέσεις ἐστὶν ἔθος αὐτῷ λέγειν: 阿佛洛狄西亚的亚历山大，论亚里士多德的《论题集》，CIAG II，541. 9.

第一个令人吃惊的地方是这部著作的长度。这部著作到底是由 25 部作品组成还是由 25 篇组成的，还是以一种不确定的标码在莎草纸卷上写成的？这个题目很可能指的是一系列的亚里士多德的著作，可能与包含在《反驳备忘录》三卷的文章有诸多联系。这部著作我们在上面已经提及过（第 33 部和第 65 部）。

命题集：反驳二十五卷；关于爱恋四卷；关于友谊两卷；关于灵魂一卷。

换句话说，《反驳命题集》还包括另外三部其他的作品。当然，这部命题集的各部分也在斯多葛的演说家西昂的作品《修辞学初阶训练》中提到过。①

71. Θέσεις ἐρωτικαὶ δ΄(《爱恋命题集》四卷) =Ἀριστοτέλης δὲν δευτέρῳ Ἐρωτικῶν：阿忒纳乌斯，智者之宴，XV，16. 2（referring to Aristo of Ceos）。

很明显，这部著作是解读关于“爱”（eros）这个概念的。有两

① Walz, Rhetores, I, 165

个类似的题目，即《关于爱恋》和另一部著作《论爱情》，在塞奥弗拉斯特的著作列表当中都出现过。[①]【86】

72. Θέσεις φιλικαὶ β΄（《友谊命题集》两卷）= 标题不知从何处得来。

这部著作的内容，很可能是类似于上面我们讨论的《论友谊》。

73. Θέσεις περὶ ψυχῆς α΄（《论灵魂命题集》一卷）= 标题不知从何处得来。

这部著作与我们上面讨论的《论灵魂》（第 13 部著作）的关系，仍然是完全假设性的。

III. 在论政治学这一部分（74–76）包含三部著作。

74. Πολιτικὰ β΄（《政治学》两卷）= 标题不知从何处得来。

这部著作并没有保存下来。它可能是两部关于政治学的著作，也可能是亚里士多德以自己的观点所写的一部著作。

75. Πολιτικῆς ἀκροάσεως ὡς ἡ Θεοφράστου α΄ β΄ γ΄ δ΄ ε΄ ς΄ ζ΄ η΄（《像忒俄弗拉斯托斯那样的〈政治学〉讲义》八卷）= 标题不知从何处得来。

这是今天我们所知道的作为一个整体性的政治学著作。标题中提及的塞奥弗拉斯特指的是他那些关于政治学的著作。

76. Περὶ δικαίων α΄ β΄（《论正义》两卷）= οἱ τῶν δικαίων μετέχοντες

① Diog. Laert. V, 43

ἤδη πολῖται：亚里士多德，《政治学》III，1，1275a 8.

这部著作主要是关于政治内容的，并不涉及司法案件开明判决的显著特征，如果是按照这种思路命名的话，它们应该是《论法律》(*Περὶ δικαίου*）和《论正义》(*Περὶ δικαιοσύνης*）。

IV. 亚里士多德修辞学和政治艺术相关的著作部分，共包含 13 部著作（第 77——第 89 部)，其中，《艺术集》是第一部。

77. Τεχνῶν συναγωγὴ α΄ β΄（《艺术集》两卷）= Aristotelem cuius illum legi librum in quo exposuit discendi artes omnium superiorum：西塞罗，《论雄辩家》(*De Oratore*)，II，38，160.

按照亚里士多德在《尼各马可伦理学》中定义的观点，每种“技艺”(techne) 都是与创制有关联的。[①] “技艺”这个语词，主要是与修辞学相关的，尽管对亚里士多德来说，医学也是一门“技艺”，但是，却不止于此。这部著作是一个修辞学艺术的概览，同时，它们被一些修辞学理论家编纂成书。[②]

78. Τέχνης ῥητορικῆς α΄ β΄（《修辞艺术》两卷）= et illos in quibus ipse sua quaedam de eadem arte dixit：西塞罗，《论雄辩家》(De Oratore) II，38，160.

正如我们所知，这部著作被视为第一部两卷本的修辞学著作。【88】

79. Τέχνη α΄（《艺术》一卷）= 标题不知从何处得来。

① VII 4, 1140a10-14

② Bonitz, Index, “τέχνη”, 759a 50

可能是关于修辞学的一个章节。

80. Ἄλλη τέχνη α΄ β΄（《其他艺术集》两卷）= 标题不知来自何处。

这两卷与第 77 部相关性较大。

81. Μεθοδικὸν α΄（《方法》一卷）= ἣ πρὸς τοῦτο αὐτὸς Ἀριστοτέλης ἐν τοῖς ὑπομνήμασιν ἀπεκρίνατο· καὶ γὰρ ἐν τοῖς μεθοδικοῖς καὶ ἐν τοῖς ὑπομνήμασι:《亚里士多德全集》, Fragmenta varia, Category 2, title of treatise 19, fragm. 116. 10.

这部著作的内容很可能是涉及调查研究的路径，及其最终所遵循的规则。《方法》很可能是探讨修辞学艺术的方法，因为在这一部分所包含的内容，被视为这部著作内容的一个指南。[①]

82. Τέχνης τῆς Θεοδέκτου συναγωγὴ α΄（《塞奥德克托斯的〈艺术集〉纲要》一卷）= Epitome artis rhetoricae Theodectis: 瓦勒留·马克西姆, Factorum ac dictorum memorabilium libri, IX, VIII, 14. 3.

这是亚里士多德本人关于修辞学的第三部著作：在 *Theodectea* 中，开始部分几乎所有段落都被列举出来，这也确证了这部著作的真实性。[②] 来自法赛里斯的悲剧诗人塞奥德克托斯曾写过一部以《技艺》命名的修辞学手册，但亚里士多德是否引用和提及过这个手册，以及他是否对此写过驳论性著作，我们不得而知。[③]【89】

瓦勒留·马克西姆证实[④]，亚里士多德曾把一部关于修辞学的手

① Bonitz, Index, "μέθοδος", 449b 43 ff.
② 9, 1410b 2
③ Bonitz, Index, "Ἀριστοτέλης", III, 104a 33
④ VIII, 14, 3

稿委托给了他的学生塞奥德克托斯，后来当亚里士多德发现这部著作发行时是以塞奥德克托斯的名字命名的时候，亚里士多德非常后悔。摩劳克斯曾记录过文献学家们关于这个问题差异性，甚至是互相矛盾的观点。①

83. Πραγματεία τέχνης ποιητικῆς α΄ β΄（《关于诗歌艺术的论文》两 卷 ）= τὸ Περὶ ποιητικῆς σύγγραμμα καὶ τὰ γεγραμμένα αὐτῷ: Vita Marciana，4 and Vita vulgata，3，respectively.

这两部著作代表了我们今天所知道的亚里士多德的《论诗学》，其中，第一部人们评论的比较多，第二部现在已经佚失。

84. Ἐνθυμήματα ῥητορικὰ α΄（《修辞式推论》一卷）= 标题不知从何处得来。

这部著作可能是关于《修辞学》的“三段论”。

85. Περὶ μεγέθους α΄（《论程度》一卷）= 标题不知从何处得来。

这部著作主要是关于“程度”的，即修辞术的三种体例之一。②

86. Ἐνθυμημάτων διαιρέσεις α΄（《修辞式推论分类》一卷）= 标题不知从何处得来。

这部著作被视为是《修辞学》里的一个摘录，亚里士多德将之定义为关于修辞式推论分类方法。【90】根据这部著作，修辞式推论之间最大的差别就是：一部分是包含在修辞学之中的，但是另一部分则属于其他科学和艺术。③

---

① Listes, 98-101
② I 3, 1358a 6-26
③ Rhet., I 2, 1358a 2-32

87. Περὶ λέξεως α΄ β΄（《论措辞》两卷）= περὶ δὲ τῆς λεξεως ἐχόμενόν ἐστιν εἰπεῖν: 亚里士多德,《修辞学》, Ⅲ, 1403b 15.

这部著作代表着《修辞学》的第三卷，正如《修辞艺术》(第78部）只是《修辞学》的前两卷。很明显,《论措辞》是以独立的卷本形式流传的。[①]

88. Περὶ συμβουλίας α΄（《论建议》一卷）= 标题不知从何处得来。

通过这部著作保存下来的极少的残篇，我们可以推断出，亚里士多德写作这部著作的目的是提升思考和商讨的技艺的。这部著作的体裁是“建议”体或者叫“议政修辞”(συμβουλευτικὸν γένος τῶν λόγων)。[②]

89. Συναγωγῆς α΄ β΄（《论集》两卷）= ἀκριβέστατ \ἄν τις ἐκ τῆς τοῦ Ἀριστοτέλους συναγωγῆς καταμάθοι：卡利斯托的安提戈努，Historiae Mirabiles，ch. 26，section 1. 8.

最后一部著作是《艺术集》的一个概要（第77部），是以修辞政治学的内容结束的。西塞罗称，这部著作在他生活的那个时期非常受欢迎，在亚里士多德去世之后，肯定也是不断再版的。[③]【91】

V. 关于物理学的部分（第90部和第91部）是列表上最少的，仅仅有两部著作。

① Diels, Rhetorik, 11-16
② Rose, Fragm. 136
③ De Inventione, II, 2

90. Περὶ φύσεως α΄ β΄ γ΄（《论自然》三卷）= τὰ μὲν πέντε βιβλία τὰπρὸ τούτου Φυσικὰ καλοῦσιν，τὰ δὲ ἐντεῦθεν Περὶ κινήσεως：辛普里丘，《物理学》，CIAG X，p. 923. 8.

这是一部关于对“自然哲学”的研究，可能是《物理学》或者《物理学讲义》的一部分。罗得岛的安德罗尼柯认为，古代的逍遥学派将《物理学》的前五卷称为“论自然”，而紧随其后的是“论运动”。①

91. Φυσικὸν α΄（《关于自然》一卷）= 标题不知从何处得来。

并没有可靠的证据把这部著作和《形而上学》的第一部分联系起来。

VI. 这一部分主要是关于哲学家们的信念和演说家的理论（第92—101部），这在亚里士多德著作中成为了批判主义的对象。这些都是塞奥弗拉斯特时期前后的逍遥学派的成员们所著的一些简短的作品。②

92. Περὶ τῆς Ἀρχυτείου φιλοσοφίας α΄ β΄ γ΄（《论阿尔库塔斯哲学》三卷）= 标题不知从何处得来。【92】

有人指出，这部著作与第94部著作《〈蒂迈欧篇〉和阿尔库塔斯著作选摘》与较大的关联。

93. Περὶ τῆς Σπευσίππου καὶ Ξενοκράτους α΄（《论斯彪西珀斯和克塞诺克拉特斯哲学》一卷）= 标题不知从何处得来。

① Bonitz, Index, “Ἀριστοτέλης” , III, 102a 56 ff.
② Zeller, Griechen, II, 24, 66

这部著作的正确标题很可能应该是Περὶ τῆς Σπευσίππου καὶ Ξενοκράτους [φιλοσοφίας]，这可能是亚里士多德在吕克昂学园教学期间写成。从逻辑上讲，这部著作包含了他对斯彪西波、塞诺克拉底和柏拉图观点的修正。此外，这部著作很可能只是关于数学的——斯彪西波只接受数字的一种含义，然而，塞诺克拉底将其与数学上的数字联系在一起。

94. Τὰ ἐκ τοῦ Τιμαίου καὶ τῶν Ἀρχυτείων α΄（《〈蒂迈欧篇〉和阿尔库塔斯著作选摘》一卷）= ὃς καὶ σύνοψιν ἢ ἐπιτομὴν τοῦ Τιμαίου γράφειν οὐκ ἀπηξίωσεν: 辛普里丘，《论天》，CIAG379，16.

辛普里丘认为，这是亚里士多德编辑过的柏拉图《蒂迈欧篇》中的一个概要或者纲要。

95. Πρὸς τὰ Μελίσσου α΄（《答墨里索斯作品》一卷）= [ΑΡΙΣΤΟΤΕΛΟΥΣ] ΠΕΡΙ ΜΕΛΙΣΣΟΥ：麦里梭，《文献记录》，残篇 . 5，974a 1.

这些是亚里士多德对巴门尼德的学生麦里梭的评注，他是爱利亚学派最后的代表性人物，麦里梭对巴门尼德的理论批判得比较多。【93】

96. Πρὸς τὰ Ἀλκμαίωνος α΄（《答阿尔克迈翁作品》一卷）= 标题不知从何处得来。

据说，亚里士多德从早期文献中获得了丰富的素材。然而，在与其他人观点重合的地方，他对这些观点的来源保持了沉默。当他对此有不同意见时，就会对它们命名，我们在下面将会看到。关于阿克迈翁，亚里士多德曾经提及他的名字，评论了其关于心和脑功能的理论，以及快乐的效果在人体平衡中的作用。

97. Πρὸς τοὺς Πυθαγορείους α΄（《答毕达哥拉斯派》一卷）= Ἀριστοτέλης ἐν τοῖς [περὶ τῆς] Πυθαγορικῆς φιλοσοφίας: 杨布里科，《毕达哥拉斯的生平》= 罗斯，Fragm. 192.

这部著作有很多残篇保存了下来，通过这些残篇，我们足以推测出里面的具体内容。毫无疑问，毕达哥拉斯的口语教育和他的学生菲罗劳斯所编辑的出版物，亚里士多德都是知道的，因为，在柏拉图的图书馆中就有这些作品的复印本。[①] 亚里士多德很可能评论过各种伪造的和含混不清的毕达哥拉斯的思想，例如：当弗里乌斯的居民问及毕达哥拉斯为什么上帝创造人的时候，他回答道："为了我们能看到天空。"【94】毕竟，毕达哥拉斯把他自己视为是一个自然的观察者。[②]

98. Πρὸς τὰ Γοργίου α΄（《答高尔基亚作品》一卷）= [ΑΡΙΣΤΟΤΕΛΟΥΣ] ΠΕΡΙΓΟΡΓΙΟΥ:《亚里士多德全集》, De Melisso，de Xenophane，de Gorgia，贝克，vols 5–6，1. 10.

关于这部著作，并没有足够的残篇保存下来使我们推测里面的准确内容。很可能，亚里士多德评论了高尔吉亚的各种观点，正如其在《海伦颂》中所表达的观点（8–14）[③]，其中，与演说的政治本性和高谈阔论的特征具有相关性。[④]

99. Πρὸς τὰ Ξενοφάνους α΄（《答克塞诺法涅斯作品》一卷）= [ΑΡΙΣΤΟΤΕΛΗΣ] ΠΕΡΙ ΞΕΝΟΦ ΑΝΟΥΣ:《亚里士多德全集》, De Melisso，de Xenophane，de Gorgia，sections 3–4，贝克，1. 12.

---

① Staikos, Plato, 138 ff.

② Düring, Protrept., 36(II 18-19)

③ Bonitz, Index, "Γοργίας" , 161a 34-44

④ Gigon, Gorgias, 186-213

亚里士多德关于克塞诺芬尼的文献，肯定是与他的宇宙论理论具有相关性的，或者更概括地讲，是他对自然哲学家关于“本原”和宇宙原始物质的驳斥观点。[1]

100. Πρὸς τὰ Ζήνωνος α΄（《答芝诺作品》一卷）= 标题不知从何处得来。

亚里士多德在他的教学作品中，曾试图改造芝诺的悖论。或许，这部作品是亚里士多德对爱利亚学派哲学家三段论错误出发点的一系列评述，例如，“把一个连续的距离分成两部分，应该把这个分隔开的点视为两部分，【95】因为这个点既是前一段距离的终点，也是下一段距离的起点”。[2]

101. Περὶ τῶν Πυθαγορείων α΄（《论毕达哥拉斯派》一卷）= Τῶν Πυθαγορείων τινὲς κατὰ τὴν Ἀριστοτέλειον ἱστορίαν καὶ τὴν Φιλίππου τοῦ Ὀπουντίου ἀπόφασιν: 安提阿的埃蒂乌斯，Placita Philosophorum [stobaeus，Eclogae（Anthology）], 360. 2.

这部著作有大量的手稿保存了下来，可以看与这部著作有较大联系的第 97 部。

VII. 这个列表的第七部分（第 102—110 部）是以一部生物学内容的著作开始，而以一部医学的著作结束的。

102. Περὶ ζῴων α΄ β΄ γ΄ δ΄ ε΄ ς΄ ζ΄ η΄ θ΄（《论动物》九卷）= ταῦτα μὲν ἐν τῷ πρώτῳ περὶ ζῴων ἱστορίας ὁ Ἀριστοτέλης ἔγραψεν: 盖伦，

① Jaeger, Theologie
② Ph., IX263a 29b 2

Quod animi mores corporis temperamenta sequantur，vol. 4，797. 16.

这部著作是亚里士多德《动物志》（Historia Animalium）的第一部分的九部著作。[①] 古代的思想家们对这部著作的引用数不胜数，只在阿塞奈乌斯的《智者之宴》中，就有 112 处引用。[②]

103. Ἀνατομῶν α´ β´ γ´ δ´ ε´ ς´ ζ´ η´（《解 剖 》 八 卷 ）= libros Ἀνατομῶν Aristotelis: 麦道拉的阿普列尤斯，Apologia or De magia，40.

这部亚里士多德的著作已经佚失，从其参考文献我们可以推断，【96】这是一部描述动物解剖的著作，正如策勒指出的：这一部分是构成这部著作的最卓越的材料。[③] 换句话说，这是第一部带有插图的希腊语科学著作，人们经常关注这本书的内容。[④]

104. Ἐκλογὴ ἀνατομῶν α´（《解剖摘要》一卷）= Ἀριστοτέλης ἐν ταῖς ἐκλογαῖς τῶν Ἀνατομῶν: 阿波罗尼乌斯（2nd c. BC?），Miraculous Stories = 罗斯《残篇》362.

有人认为这是亚里士多德的托名之作。然而，很可能是亚里士多德收集了关于解剖的数据，而他并没有把这些数据放进其任何一部驳论性作品中。[⑤] 很大程度上，这有点类似于一些著作的提前性准备工作（第 103 部）。

105. Ὑπὲρ τῶν συνθέτων ζῴων α´（《论复杂动物》一卷）= 标题不知从何处得来。

关于这部著作我们了解得很少，而且对整个术语“composite

① Düring, Arist., 506-513
② Düring, Notes, 38-56
③ Bonitz, Index, “Ἀριστοτέλης”, III, 104a 4-14
④ Griechen, II, 24, 91 and940-941
⑤ Zeller, Griechen, Ⅱ , 24, 91

animal”也没有任何文本可参照。

106. Ὑπὲρ τῶν μυθολογουμένων ζῴων α΄（《论传说中的动物》一卷）= Περὶ τῶν μυθολογουμένων ζῴων: 斯特拉托（逍遥学派哲学家）的著作名单，第欧根尼·拉尔修，《名哲言行录》，V，59.

亚里士多德在他的所有著作中，包括在他作品的注释和评注中，都没有提及关于动物的寓言和神话。这部著作很可能是亚里士多德做的在神话中描述的关于物种和动物特征的笔记。【97】并不排除亚里士多德的合作者或者其学生出版了这些笔记的可能性。甚至，在斯特拉托的文献目录中，也有一个相应的类似的题目（Περὶ τῶν μυθολογουμένων ζῴων）。

107. Ὑπὲρ τοῦ μὴγεννᾶν α΄（《论不育》一卷）= προϊούσηςδὲ τῆς ἡλικίας ἀνδρὶ καὶ γυναικὶ τοῦ μὴ γεννᾶν ἀλλήλοις συνόντας τὸ αἴτιον ὁτὲ μὲν ἐν ἀμφοῖν ἐστὶν ὁτὲ δὲν θατέρῳμόνον:《动物志》，X，1，633b 12–14.

这是《动物志》的第十本书，根据诸多学者的观点，例如，策勒，这很可能不是亚里士多德的著作，而只是斯特拉托执掌吕克昂学园的时候，在学园中创造出来的一部著作。①

108. Περὶ φυτῶν α΄ β΄（《论植物》两卷）= καὶ Ἀριστοτέλης ἐν τῷ περὶ φυτῶν οὕτως: 阿塞奈乌斯，《宴饮丛谈》，XIV，652A = rose，Fragm. 246.

尽管这部作品没有保存下来，但是亚里士多德“作品”的古注解者和亚里士多德本人一直在不断地引用它。自从塞奥弗拉斯特的作品《植物史》出版以后，亚里士多德的这部作品就很少有人问津

① Griechen, I I , 24, 91

了。[1] 因此，流传下来的这个两卷本的《论植物》并不是一个亚里士多德的文本，而是一个拉丁文版本的希腊语意译本，这个版本是在一部阿拉伯版本的著作《亚里士多德哲学》基础上，由大马色的尼古拉斯创作而成的。[2]

109. Φυσιογνωμονικὸν α΄（《相面术》一卷）= ἐκ τῶν Ἀριστοτέλους Φυσιογνωμικῶν: 约安尼斯·斯托布斯，Anthology：Book Ⅰ，ch. 47，section 6.【98】

有一种观点认为，这并不是亚里士多德的真作。根据福斯特（Förster）的观点，这部著作是在逍遥学派的两部作品基础之上，按照亚里士多德的规范，以摘录的形式编纂而成的。劳迪凯亚的智者波勒蒙在写作《论面相》（约公元一世纪至二世纪）时已经知道了这部著作。[3]

110. Ἰατρικὰ β΄（《医疗》两卷）= Ἰατρικὰ προβλήματα: Vita Marciana，4.

这部著作并不是亚里士多德的真作。毕竟，在医学方面，亚里士多德将自己视为是一个"非医学从业人员"（μὴ τεχνίτας）。他的那个文本，即"健康与疾病"，与其说是一个医学家的著作，不如说是一个物理学家的著作。[4]

VIII. 列表中的这一部分（第111—116部）著作是与数学相关，以《论单一》这部著作开篇，还包含另外五部著作。在这里，我们

① Diog. Laert. V, 46
② Zeller, Griechen, II, 24, 98
③ Physiogn., 283-288
④ Zeller, Griechen, Ⅰ Ⅰ, 24, 9

发现，每一部著作都仅有一卷。

111. Περὶ μονάδος α΄（《论单一》一卷）= 标题不知从何处得来。

"单一"是数值数列的一个开始。对亚里士多德来讲，以这种形式来做这么一项研究看起来是很合理的，因为，在数学哲学中，对"单一"的理解是具有头等重要性的。①【99】

112. Σημεῖα χειμώνων α΄（《风暴征兆》一卷）= 标题不知从何处得来。

尽管这部著作的题目并不表明它是关于某种形式的数学研究的，从其遗留下来的残篇我们可以确认，它的内容是与气象学相关的，同时，亚里士多德还把气象学研究与数学研究联系在一起。②此外，亚里士多德已经开始转向类似的研究，并得出结论：数学、天文学和航海天文学，实际上是同义的。也就是说，航海的天文学从属于数学天文学，就像"种"从属于"属"是一样的 :nam synonyma discuntur quorum alterum alteri subjectum est ut generi species. ③

113. Ἀστρονομικὸν α΄（《天文学》一卷）= 标题不知从何处得来。

这是一篇托名之作，因为"ἀστρονομικὸν"这个术语，亚里士多德没有使用过。相反，他用的是 ἀστρονομία（天文学），ἀστρονομικός（天文学家）和 ἀστρολογία（占星学），以及 ἀστρολογικός（占星学家）。他认为，天文学是一门数学学科，具有

① Top., I 18, 106b 26
② APo., I 13, 78b39-79a 1
③ Waitz, Organon, II, 336

自己独有的特征。[①] 这个著作文本的编纂者可能从亚里士多德的著作材料中，比如《天象学》等著作中，获取了一些信息数据，[②] 这几部著作也是亚里士多德本人经常引用的。[③]

114. Ὀπτικὸν α΄（《光学》一卷）= δείκνυνται ἐν τοῖς Ὀπτικοῖς: 亚里士多德，《问题集》，XVI，913a 27.

亚里士多德认为，与光学相关的问题都是隶属数学科学的，同样，算数和几何学也是这样的，他们也是按照相同的原则来界定的。[④]【100】然而，《光学》是不是亚里士多德的真作？这是值得讨论的：在《问题集》中，亚里士多德提到了关于"光学"的内容。[⑤] 如果《问题集》的作者是亚里士多德的话，那么，这部《光学》的真实性就是确定的，但是，《问题集》的真伪问题却一次一次被人们提出来：his verbis（δείκνυται ἐν τοῖς ὀπτικοῖς）si citatur liber de doctrina optica.[⑥]

115. Περὶ κινήσεως α΄（《论运动》一卷）= 标题不知从何处得来。

这部著作的标题是非常普通和宽泛的，同时，这部著作是否属于数学的部分，也是一个问题。这部著作的内容可能是与塞奥弗拉斯特的三卷本的《论运动》相关：塞奥弗拉斯特是亚里士多德最好的同伴。在塞奥弗拉斯特的《论运动》第一卷中，也说了相同的事情：塞奥弗拉斯特，《残篇》，53，第 1、2 节。[⑦]

---

① Ph., II 2, 193b 25-35
② Cael., II 10, 291a 29
③ Met., I 3, 339b 8
④ APo., I 14, 79a18-20
⑤ APo., I 12, 77b 2
⑥ Bonitz, Index, "Ἀριστοτέλης" III, 104b 1-7
⑦ Diog. Laert. V, 44

116. Περὶ μουσικῆς α΄（《论音乐》一卷）= 标题不知从何处得来。

这部作品被放在列表中数学著作的部分是比较合理的，按照亚里士多德的观点，实际上，和谐声学的科学与数学的和谐是同义的。[①] 亚里士多德自己也承认，这部著作并不是用来学习音乐艺术的手册："现在我们认为，那些今天的音乐家，还有那些曾经接受过音乐教育，现在却致力于哲学的人，在这些事情上，都说得很好"。[②]【101】

IX. 这一部分一共十二部作品（第 117—128 部），主要是通过体裁和按照评论诗歌作品和诗歌作品的方法来区分问题。

117. Μνημονικὸν α΄（《记忆》一卷）= 标题不知从何处得来。

118. Ἀπορ(ρ)ημάτων Ὁμηρικῶν α΄ β΄ γ΄ δ΄ ε΄ ς΄（《荷马作品疑问》六卷）= ὡς δηλοῖ τὰ γεγραμμένα αὐτῷ Ὁμηρικὰ ζητήματα καὶ ἡ τῆς Ἰλιάδος ἔκδοσις ἣν δέδωκε τῷ Ἀλεξάνδρῳ: Vita Marciana，4.

根据这部著作现存的残篇，我们推测，这是一个文献学的文本，是一类对荷马《伊利亚特》史诗里内容深奥的段落进行评论的文章。[③] 在这里，亚里士多德作为一个文献学家，开创了这个知识论的篇章。传统的观点是，评注荷马史诗的是亚里士多德的合作者，即卡利斯塞涅和阿那克萨库，我们在前面也提到过。[④]

---

① APo., I 13, 79a 1-2
② Pol., IX 7, 1341b 27-32
③ Jaeger, Aristoteles, 350
④ Moraux, Listes, 114-115

119. Ποιητικὰ αʹ（《诗学》一卷）= καὶ Ἀριστοτέλην ἐν τοῖς Ὁμήρου ἀπορ(ρ)ήμασιν εἰρηκέναι：弗律尼库，《短诗集》，231. 2.

《诗学》这部著作，很可能应该作为一部《诗学问题》（*[Ἀπορ(ρ)ημάτων] ποιητικῶν*）来阅读，并且可能是代表了从诗歌艺术中生发出来的一系列问题的注释和注解。[①]

120. Φυσικῶν κατὰ στοιχεῖον ληʹ（《基于元素的自然学》三十八卷）= 标题不知从何处得来。【102】

这部著作与《亚里士多德全集》中《问题集》具有相同的卷数，共分为 38 个章节。然而，这种假设又与文献学的问题有矛盾，其中，在文集中，《问题集》是按照"种"进行分类的，但是，物理学是按照字体进行分类的。《问题集》是在一些原始材料（包含在塞奥弗拉斯特文集里）和亚里士多德的诸多真作基础之上形成的，此外，成书时间也很晚，或许是在公元五世纪之后。[②]

这里我们应该注意，《问题集》至少有一半保存了下来，在古典时期晚期，这部著作的真实性还是不容置疑的。这部特殊的著作或许代表了《问题集》最初的形式，只不过它是以另外一种形式编纂而成。[③]

121. Ἐπιτεθεαμένων προβλημάτων αʹ βʹ（《考察过的问题》两卷）= verba haec ex Aristotelis libro exscripta qui προβλήματα ἐγκύκλια inscriptus est：奥鲁斯·盖留斯，《阿提卡札记》，XXV.

这部著作的标题有些让人费解，因为动词 ἐπιθεάομαι 从字面来看，它的意思应该是"我把目光集中在某件事上"和"我聚精会神

① Bernays, Dialoge, 8
② Moraux, Listes, 115-116
③ Heitz, Schriften, 103-111

地思考某件事”。因此，标题应该这样读：“那些让我们关注的问题”，即 Ἐπιτεθειμένων προβλημάτων 两卷，而不是 Ἐπιτεθεαμένων προβλημάτων。①

122. Ἐγκυκλίων α΄ β΄（《日常言论》两卷）= ἔστιδὲ αὐτοῖς προβλήματα ἐγκύκλια παντοδαπά· διὸ καὶ ἐγκύκλια ὠνομάζετο διὰ τὸ ἐγκυκλίως αὐτοὺς καθημένους ἐπιχειρεῖν εἰς τὸ προτεθέν：阿司巴修，《尼各马可伦理学评注》，10，30–32.【103】

关于这部著作的回声，甚至在逍遥学派的阿司巴修的时代还依然存在，他曾在其著作《尼各马可伦理学评注》中提到这部著作："对于这些问题，每天都有各种各样的问题。"②

123. Μηχανικὸν α΄（《机械学》一卷）= Composuit autem et medicinalia problemata et physica in LXX libris existentia et aspectiva problemata et mathematica: Vita Latin a，40.

这部著作很可能与《机械学》没有什么两样。这部著作包含在文集中，并且涉及很多机械的测量数据和使用，比如，杠杆的使用，秤、滑轮和其他工具和精密复杂的装置。这部著作很可能是在吕克昂学园的课程框架下，由斯特拉托或者他本人的学生写作完成。③

124. Προβλήματα ἐκ τῶν Δημοκρίτου β΄（《德谟克利特著作中的问题》两卷）= ὀλίγα ἐκ τῶν Ἀριστοτέλους περὶ Δημοκρίτου παραγραφέντα：辛普里丘，《论天》，CIAG VII，p. 294. 33.

① Moraux, Listes, 117
② Bernays, Dialoge, 124
③ Ross, Arist., 12

这是由来自哲学家德谟克利特著作里的一系列摘录组成的，亚里士多德评注了这些摘录。

125. Περὶ τῆς λίθου α΄（《论磁石》一卷 = 标题不知从何处得来。

如果这部著作是亚里士多德的真作的话，【104】那么很可能它就是前面的那部著作（第 124 部）中的一篇或者一章，主要是关于德谟克利特在他的作品中涉及的一些问题。我们应该记得，阿夫季拉镇人已经写过一部叫《论磁石》的著作，这部著作在他著作列表的第九部分，第欧根尼·拉尔修将其标记为 Ἀσύντακτα（未被安置的作品）。[①]

126. Παραβολαὶ α΄（《类比》一卷）= 标题不知从何处得来。

按照亚里士多德的观点，παραβολὴ 这个词语意为“比喻”，但是因为这部著作在列表中所处的位置，我们认为，应该将这个词语解释成天文学的含义：“星体的联合”。[②] 我们知道，德谟克利特曾写过一部数学天文学著作，以 *The Great Year*，*or Astronomy*，*Calendar* 命名。人们认为，《类比》这一卷是《宇宙大系统》中的一个章节。[③]

127. Ἄτακτα ιβ΄（《杂记》十二卷）= 标题不知从何处得来。

“ἄτακτα”（杂集）这个词语会给人这样一种印象，即这部著作是在各种注释的基础上完成的，它既不是以字母顺序，也不是以属种顺序区分的。海兹认为，类似标题的著作在古代经常见到，这可能是由原书作者命名的，也可能是由图书馆员命名的。按照今天的

① IX, 47
② Bonitz, Index, 562b 20 ff.
③ Diog. Laert. IX, 48

习俗，海兹将它们视为“备忘录”。[①]

128. Ἐξηγημένα κατὰ γένος ιδ´（《基于种的解说》十四卷）= 标题不知从何处得来。

正如《杂记》（第 127 部）一样，【105】这个文本包含着一系列的笔记和“备忘录”，这些所谓的笔记和“备忘录”是按照“种”去记录和解说的。[②]

X. 系列集：列表中这一部分（第 129—142 部）是以《辩护》这部著作开始的，这部分主要包括一些随笔和非哲学的研究，与文学和政治历史的内容具有相关性。

129. Δικαιώματα α´（《辩护》一卷）= τὰ γεγραμμένα αὐτῷ Δικαιώματα Ἑλληνίδων πόλεων：Vita Marciana 4.

在使用“δικαιώματα”（权利）这个词语的时候，亚里士多德意思是在不正义行为之后对正义的修复。“δικαιώματα”（权利）并不是指的个人的行为，而是指的城市的权利或者希腊城市的权利。[③] 换句话说，他们从本性上讲是政治的。按照维拉莫维茨（Wilamowitz）的观点，这部著作是亚里士多德在大约公元前 330 年完成的，也就是说，在他还在吕克昂学园教书期间完成的。[④]

130. Ὀλυμπιονῖκαι α´（《奥林匹亚获胜者》一卷）= ἐνγὰρτοῖς ὀλυμπιονίκαις δύο τις ἂν ἢ τρεῖς εὕροι τοὺς αὐτοὺς νενικηκότας ἄνδρας

① Schriften, 236-237
② Heitz, Schriften, 237-238
③ EN, V 10, 1135a 9-14
④ Athen, Ⅰ, 305

τε καὶ παῖδας: Ross, Aristotelis Politica；亚里士多德，《政治学》，IX，4，1338a 2–3.

从这部作品留存下来的残篇来看，亚里士多德曾经修订和补充过《奥林匹亚获胜者》，后来由智者希庇亚编辑整理过。[①]【106】

131–132. Πυθιονῖκαι μουσικῆς α΄（《普塞亚赛会获胜者》一卷《论音乐》一卷）= 标题不知从何处得来。

在 1895 年发现的一块碑文上记载着，德尔斐的宗教会议委员会将公共荣誉和象征荣誉的花环授予了亚里士多德和他的侄子卡利斯塞涅，以表彰他们编纂了从庇提亚赛会开始那天一直到他们那个时代获胜者的名单。这部著作是亚里士多德与卡利斯塞涅合作编写的，大约在公元前 335 年完成。柏拉图去世之后，亚里士多德在他的第一次放逐之后决定重返雅典。[②]

获胜者的名单被雕刻在安放在德尔菲圣所的一块石碑上。碑文的框架分成两部分：第一部分是从 Gylis 时代起获胜者的名单，第二部分是一些关于神话历史内容的文章，记录了运动会开幕的时间——正如亚里士多德在庇提亚赛会胜利者的名单中所证明的一样。现在这个标题（Πυθιονῖκαι μουσικῆς I）代表了在音乐比赛中胜利者的名单，这个比赛是与体育运动会一起举行的。[③]

133. Πυθικὸς α΄（《普索地方的德尔斐》一卷）= 标题不知从何处得来。

按照欧莫勒的观点，这部著作的标题应该读作 Πυθικὸς λόγος I，

① Diels, Olympion., 75 ff.
② Homolle, Inscription, 260-270
③ Plutarch, Solon, 11, 1. 8

是由亚里士多德根据雅典的叙培里得斯演讲的风格写作而成的。[①]

134. Πυθιονικῶν ἔλεγχοι α΄（《普塞亚赛会获胜者评说》一卷）= 标题不知从何处得来。

这部著作有一部分手稿被保存了下来，这也给了他们联系之前的著作（第 131—132 部）进行检查的机会。[②]【107】

135. Νῖκαι διονυσιακαὶ α΄（《狄俄尼索斯节的获奖戏剧》一卷）= 标题不知从何处得来。

在海西吉乌斯（Hesychius）记录的亚里士多德的著作中，他用完整的书名记载了作品的内容：Νικῶν Διονυσιακῶν ἀστικῶν καὶ ληναίων。也就是说，这部著作主要记载了在狄俄尼索斯节和莱那亚节（Lenaia festivals）中获得胜利的悲剧和喜剧诗人。威廉对碑文上关于戏剧的历史做过研究。[③]

136. Περὶ τραγῳδιῶν α΄（《论悲剧》一卷）= 标题不知从何处得来。

毫无疑问，这是一系列关于希腊悲剧的著作和文献，这里面包含一些在公共文献中不能被记录的信息。然而，这也只是一种假说，因为迄今还没有发现这个悲剧的信息和线索。[④]

137. Διδασκαλίαι α΄（《教学训练》一卷）= ἣν καὶ Ἀριστοτέλης ἐν τοῖς διδασκαλίαις ἀναγράφει:《亚里士多德全集》, Cat. 8，title of

① Inscription, 266
② Heitz, Schriften, 254-255
③ Urkunden
④ Oellacher, Komödie, 81

treatise 48，fragm. 619.

这个著作代表了亚里士多德在国家档案馆中对于雅典执政官的研究。他的目的是想以以下的规范来编辑一个列表：记录每年的诗人的名字（在执政官的名字上进行标注），还有那些在相关竞赛中获得奖项的人，以及那些他们在舞台上呈现的著作的标题。[①]【108】在列表的开头部分记载的是参加狄俄尼索斯节的悲剧诗人，紧随其后的是在同一个盛会上表演的喜剧。在莱那亚节上，则按照相反的顺序，即首先是喜剧，然后是悲剧。碑文的雕刻者，可能使用了亚里士多德的驳谤作为他自己的模板，通过在雅典发现的雕刻的石碑，可以确证这一观点。[②]

138. Παροιμίαι α΄（《谚语集》一卷）= ὅτι Κηφισόδωρος ὁ Ἰσοκράτους μαθητὴς ἐν τοῖς κατὰ Ἀριστοτέλους，. . . ，ἐπιτιμᾷ τῷ φιλοσόφῳ ὡς οὐ ποιήσαντι λόγου ἄξιον τὸ παροιμίας ἀθροῖσαι：阿忒纳乌斯，《智者之宴》，Ⅱ，60d.

亚里士多德在第一次去雅典的时候，也就是说，当他在柏拉图学园学习的期间，他编纂了一系列的谚语。[③]这就意味着，这部《谚语集》与伊索克拉底论辩是一致的，或者说要更早一些。按照亚里士多德的观点，“谚语”应当被理解为是一些智慧的产物：谚语是一个明智的事情（席尼西斯，《赞美率性》，22）。[④]

评论：英格马·迪兰列出了一系列的箴言和谚语，这些都是亚里士多德在其彻底研究了自然和人的行为及行动之后的一些口语化表述。[⑤]例如：But God and nature create nothing that has not its use（《论

① Jaeger, Aristoteles, 348-349
② I. G. ed. min., II/III, 2, 2319-2324
③ Pernot, Cephisod.
④ Moraux, Listes, 128-129
⑤ Biog. Trad., 396-403

天》，Ⅰ，4, 271a 33）；万物都自然具有神性（《尼各马可伦理学》，VII，13，1153b 32）；The duty of all is the duty of no one（《政治学》II，3，1261b 33）；The duty of all is the duty of no one（《政治学》，II，3，1261b 33），朋友爱付出多于索取（《尼各马可伦理学》，X，8，1169b 11）。【109】

139. Νόμος συστατικὸς α΄（《共餐规则》一卷）= ὅτι Ξενοκράτης ὁ Χαλκηδόνιος καὶ Σπεύσιππος ὁ Ἀκαδημιακὸς καὶ Ἀριστοτέλης συσσιτικούς: 阿忒纳乌斯，《智者之宴》，Ⅰ，3 and Ἀριστοτέλους συμποτικοί τινες ἦσαν νόμοι（V，186b）。

尽管这部著作并没有什么摘录保存下来，但是，它的标题应该写为 Νόμος συσσιτικός。我们知道，亚里士多德曾将在吕克昂学园中公共集体聚餐的礼节教给了他的一个学生，正与斯彪西波和塞诺克拉底在学园中共餐的方式一样。每个月的“正式形式”的会饮座谈，在一定程度上，已经成为各哲学学派的传统，而且也让聚会人们投入哲学讨论当中来。①

140. Νόμοι α΄β΄γ΄δ΄（《法律篇》四卷）=Ἀριστοτέλης. . . ἐν νομίμοις βαρβαρικοῖς: 阿波罗尼乌斯，Miraculous Stories，11.

这部著作应该是亚里士多德关于希腊人和蛮族人传统习俗的研究。现存的大量残篇表明，亚里士多德对民间传统、古董、神话和民族志比较感兴趣。耶格尔认为，这部著作应该是亚里士多德在吕克昂学园教学期间所著，而且他对类似的问题表达了非常特殊的兴趣。②

① Jaeger, Aristoteles, 336
② Aristoteles, 350-351

141. Κατηγοριῶν α´(《范畴篇》一卷)= 标题不知从何处得来。

文献学家指出,《范畴篇》一卷和《论解释篇》一卷已经被附在了第欧根尼·拉尔修的列表上。毕竟，人们并不能解释，为什么两部完全是哲学特征属性的著作会被列在这一部分,【110】即“收藏集”(第129—142部)。①

142. Περὶ ἑρμηνείας α´(《论解释篇》一卷)= ἔστι δὲν αὐτοῖς τρία μὲν εἰς τὸ περὶ ἑρμηνείας Ἀριστοτέλους：盖伦,《我的著作》, 19, p. 41. 20 (Kühn)。

请看第141部。

XI. 这一部分(第143部)包括以“城邦的政治”为标题命名的著作，我们将在下面进行讨论。

143. Πολιτεῖαι πόλεων δυοῖν δεούσαιν ἑξήκοντα καὶ ἑκατόν·κατ εἴδη·δημοκρατικαί，ὀλιγαρχικαί，τυραννικαί，ἀριστοκρατικαὶ(《158个城邦的政治——一般的和特殊的民主制、寡头制、贵族制和僭主制》)= ἱστορίαν τῶν σ´ν´ πολιτειῶν τότε συνέλεξε：Vita Marciana，23.

自从人们发现了《雅典政治》对于这种形式的专题著作，以及它们的风格和价值，我们就更加清楚了。我们发现，遗留下来的抄本是在埃及发现的，它誊写在一个莎草纸卷的背面，并且还附有一些土地所有者的账单。这是亚里士多德最后一部著作，在他去世之前的几天所著，也就是大约在公元前324年。

这里我们按照希腊字母顺序，把这些城邦列出来：

---

① Bernays, Dialoge, 133-134

143. 1. 阿卑都斯 [ἐν Ἀβυδείων πολιτείᾳ]（《政治学》V，1305b 33）.

143. 2. 埃德雷米特（小亚细亚海滨城市）Ἀδραμύτειον: πόλις τῆς κατὰ Κάικον Μυσίας. . . κέκληται ἀπὸ Ἀδραμύτου κτιστοῦ，παιδὸς μὲν Ἀλυάττου Κροίσου δὲ ἀδελφοῦ，ὡς Ἀριστοτέλης ἐν πολιτείαις καὶ ἄλλοι（拜占庭的斯特芳，希律王，373，13L）.【111】

143. 3. 伊齐那 Ἀριστοτέλης δὲν Αἰγινητῶν πολιτείᾳ（阿忒那奥斯，VI，103，22 = fragm. 427r）.

143. 4. 埃托利亚 ἐν δὲ τῇ Αἰτωλῶν πολιτείᾳ（220. 2）.

143. 5. 阿卡那尼亚 ἐν μὲν γὰρ τῇ Ἀκαρνάνων [πολιτεία 亚里士多德]φησί（斯特拉波，VII，321）.

143. 6. 阿拉伽斯 Ἀριστοτέλης δὲ ἐν μὲν Ἀκραγαντίνων（波吕克斯，IV，174）.

评论：希腊的历史学家和政治历史学家参与了意大利的城市和他们的政治，因此，这些就理所当然地成为南意大利和西西里等学者们研究的对象。除了上面这些已经提到的地方之外，下面的这些也应该提到：卡塔尼亚的卡隆达斯，他是公元前六世纪的立法者，他的政治体制在意大利不同的城市都被采用过；瑞吉姆的 hippys，他是公元前五世纪的历史学家，也是意大利最早的历史学著作 Κτίσις Ἰταλίας 和 Σικελικά 的作者。叙拉古的安提奥库斯，公元前五世纪的历史学家，他用伊奥尼亚方言叙写了西部希腊城市的历史，即 Τῶν Σικελικῶν ἱστορίαι καὶ Περὶ Ἰταλίας，这部著作也是修昔底德写作的重要参考文献。叙拉古的腓力司图，公元前四世纪或者公元前五世纪的历史学家，是西西里的历史著作 Περὶ Σικελίας（到公元前 406 年）的作者（其未完成的著作，之后被放进了其概要卷部分，即 Σικελικά）；最后，麦昔那的赫尔米亚，公元前四世纪的历史学家，他可能是第一个以外邦人的身份写西西里历史的人，他的著

作同样以 Σικελικά 命名，在这部著作中，记载了公元前 375 年之前的事件。【112】

143. 7. 安拉契亚 ὡς Ἀριστοτέλης φησὶν ἐν τῇ Ἀμβρακιωτῶν πολιτεία（《亚里士多德全集》, Fragmenta varia: Category 8，title of treatise 44，fragm. 477. h）.

143. 8. 安菲波利斯 [ἐν Ἀμφιπολιτῶν πολιτείᾳ]（《政治学》V，1305b 2）.

143. 9. 安德罗斯 [ἐν Ἀνδρίων πολιτείᾳ]（《政治学》II，1270b 11–12）.

143. 10. 安蒂叙尼 [ἐν Ἀντισαίων πολιτείᾳ]（《政治学》V，1303a 34）.

143. 11. 阿波罗尼亚（伊利里亚）[ἐν Ἀπολλωνιαίων（Ἰλλυρική）πολιτείᾳ]（《政治学》IV，1290b 11–12）.

143. 12. 阿波罗尼亚（尤克昔涅，本都）[ἐν Ἀπολλωνιαίων（τοῦ Εὐξείνου Πόντου）]πολιτείᾳ]（《政治学》V，1350b 8–10）.

143. 13. 阿塔内斯 [ἐν Ἀταρνέων πολιτείᾳ]（卡尔凯顿的菲勒斯，Topics II，1267a 30–35）.

143. 14. 阿耳戈斯 Ἀργείων πολιτείᾳ Ἀριστοτέλης λέγει（《亚里士多德全集》, fragmenta varia: Category 8，title of treatise 44，fragm. 480. 3）.

143. 15. 阿卡狄亚 Ἀριστοτέλης δὲ ἐν τῇ κοινῇ Ἀρκάδων πολιτείᾳ（《亚里士多德全集》，fragmenta varia：Category 8，title of treatise 44，fragm. 483. 4）.

143. 16. 阿非提斯 [ἐν Ἀφυταίων πολιτείᾳ]（《政治学》VII，1319a 14）.

143. 17. 波提亚 [ἐν τῇ Βοττιαίων πολιτείᾳ]（普鲁塔克，忒修斯，XVI，2. 2）.

143. 18. 拜占庭 [ἐν Βυζαντίων πολιτείᾳ]《政治学》V，1303a 32–34）.【113】

143. 19. 格拉 και Ἀριστοτέλης ἐν τῇ τῶν Γελῴων πολιτείᾳ（《亚里士多德全集》，fragmenta varia: Category 8，title of treatise 44，fragm.

486. 4）.

143. 20. 德尔斐 καὶ Ἀριστοτέλης ἐν τῇ Δελφῶν πολιτείᾳ（《亚里士多德全集》，fragmenta varia：Category 8，title of treatise 44，fragm. 487）.

143. 21. 德洛斯 ὡς φησὶν Ἀριστοτέλης ἐν Δηλίων πολιτείᾳ（D. L. VIII，13）.

143. 22. 埃皮丹那斯 [ἐν Ἐπιδαμνίων πολιτείᾳ]（《政治学》II，1267b 15–20）.

143. 23. 埃雷特里亚 [ἐν Ἐρετριῶν πολιτείᾳ]（《政治学》V，1306a 35– 36）.

143. 24. 赞克勒 [ἐν Ζαγκλαίων πολιτείᾳ]（《政治学》V，1303a 35）.

143. 25. 埃莱阿 Ἀριστοτέλης Ἠλείων πολιτείᾳ（《亚里士多德全集》，fragmenta varia: Category 8，title of treatise 44，fragm. 492）.

143. 26. 伊庇鲁斯 καὶ Ἀριστοτέλης ἐν τῇ τῶν Ἠπειρωτῶν πολιτείᾳ（《亚里士多德全集》，fragmenta varia: Category 8，title of treatise 44，fragm. 494）.

143. 27. 赫拉克利亚 [ἐν Ἡραίων πολιτείᾳ]（《政治学》V，1303a 14–15）.

143. 28. 赫拉克利亚 [ἐν Ἡρακλειωτῶν πολιτείᾳ]（《政治学》V，1304b 31–32）.

143. 29. 帖撒利 Ἀριστοτέλης δὲν τῇ Θετταλῶν πολιτείᾳ（阿塞奈乌斯，11，100. 21 = fragm. 452r）.

143. 30. 底比斯 [ἐν τῇ Θηβαίων πολιτείᾳ]（科林斯的菲罗劳斯 =《政治学》II，1274a 32）.

143. 31. 锡拉 [ἐν Θηραίων πολιτείᾳ]（《政治学》III，1290b 10–13）.【114】

143. 32. 伊塔卡 Ἀριστοτέλης δὲ ἐν τῇ Ἰθακησίων πολιτείᾳ（《亚里士多德全集》，fragmenta varia：Category 8，title of treatise 44，fragm. 504）.

143. 33. 希墨腊 ἐν δ ' Ἱμεραίων πολιτείᾳ φησὶν Ἀριστοτέλης ὡς οἱ Σικελιῶται τοὺς μὲν δύο χαλκοῦς ἑξᾶντα καλουσι（《亚里士多德全集》, fragmenta varia: Category 8，title of treatise 44，fragm. 510）.

143. 34. 伊斯特鲁斯 [ἐν Ἰστρώων πολιτείᾳ]（《政治学》V，1305b 44）.

143. 35. 卡塔尼亚 [ἐν Καταναίων πολιτείᾳ]（**卡塔尼亚的**卡隆达斯 =《政治学》I，1259a 1–4）.

143. 36. 迦太基 [ἐν Καρχηδονίων πολιτείᾳ]（卡尔凯顿的法勒亚（迦太基的）=《政治学》II，1272b 24–25）.

143. 37. 考居拉 Ἀριστοτέλης ἐν τῇ Κερκυραίων πολιτείᾳ（《亚里士多德全集》, fragmenta varia: Category 8，title of treatise 44，fragm. 512）.

143. 38. 西尼亚 ὡς ἱστορεῖ Ἀριστοτέλης ἐν Κιανῶν πολιτείᾳ（卡里安达的斯居拉克 [Periplus] = fragm. 10）.

143. 39. 克拉佐门尼 [ἐν Κλαζομεναίων πολιτείᾳ]（《政治学》V，1303b 9）.

143. 40. 尼都斯 [ἐν Κνιδίων πολιτείᾳ]（《政治学》V，1305b 12）.

143. 41. 科罗封 Ἀριστοτέλης γοῦν ἐν τῇ Κολοφωνίων πολιτείᾳ φησίν（阿塞奈乌斯，XIV，10. 2 = fragm. 467r）.

143. 42. 科罗封 [ἐν Κολοφωνίων πολιτείᾳ]（《政治学》V，1303b 10）.

143. 43. 科林斯 [ἐν Κορινθίων πολιτείᾳ]（《政治学》V，1306a 23）.

143. 44. 科林斯 [ἐν Κορινθίων πολιτείᾳ]（科林斯的菲多 =《政治学》II，1265b 10–15）.【115】

143. 45. 克里特 [ἐν Κρητῶν πολιτείᾳ]（克诺索斯的厄庇美尼德 =《政治学》II，1252b 14–16）.

143. 46. 克罗通 Κροτωνιᾶται ὅτε αὐτοῖς ἐπολέμουν, ὡς καὶ Ἀριστοτέλης ἱστορεῖ διὰ πολιτείας αὐτῶν（阿塞奈乌斯，XII，19. 4 = fragm. 583）.

143. 47. 塞索诺斯 ὡς Ἀριστοτέλης ἐν τῇ Κυθνίων πολιτείᾳ《亚里士多德全集》, fragmenta varia: Category 8，title of treatise 44，fragm.

522）.

143. 48. 库米 ὡς Ἀριστοτέλης ἐν Κυμαίων πολιτείᾳ（《亚里士多德全集》, fragmenta varia: Category 8，title of treatise 44，fragm. 524）.

143. 49. 塞浦路斯 Ἀριστοτέλης ἐν τῇ Κυπρίων πολιτείᾳ（《亚里士多德全集》, fragmenta varia: Category 8，title of treatise 44，fragm. 526）.

143. 50. 昔勒尼 Ἀριστοτέλης ἐν τῇ Κυρηναίων πολιτείᾳ（《亚里士多德全集》, fragmenta varia: Category 8，title of treatise 44，fragm. 528）.

143. 51. 科斯 [ἐν Κῴων πολιτείᾳ]（《政治学》V，1304b 25–26）.

143. 52. 拉栖代蒙 διείλεκται δὲ περὶ τούτων Ἀριστοτέλης ἐν τῇ Λακεδαιμονίων πολιτείᾳ（《亚里士多德全集》, fragmenta varia: Category 8，title of treatise 44，fragm. 540）.

143. 53. 拉科尼亚 Ἀριστοτέλης ἐν τῇ Λακώνων πολιτείᾳ（《亚里士多德全集》, Fragmenta varia: Category 8，title of treatise 44，fragm. 532）.

评论：关于这个城邦，公元前四世纪，斯库里得斯写过一部以 Λακώνων πολιτεία 为名的著作。【116】

143. 54. 林地尼 [ἐν Λεοντίνων πολιτείᾳ]（《政治学》V，1310b 29）.

143. 55. 琉卡斯 ἐν δὲ τῇ Λευκαδίων [πολιτείᾳ Ἀριστοτέλης]（《亚里士多德全集》，Fragmentavaria：Category8, title of treatise 44，fragm. 546）.

143. 56. 莱姆诺斯 [ἐν Λημνίων πολιτείᾳ]（莱姆诺斯的阿波罗多洛 =《政治学》I，1259a 1–5）.

143. 57. 罗克里 καὶ Ἀριστοτέλης ἐν τῇ Λοκρῶν πολιτείᾳ（《亚里士多德全集》，Fragmenta varia：Category 8，title of treatise 44，fragm. 548）.

评论：我们知道，公元前七世纪的重要立法者，来自罗克里的扎留库斯，曾为罗克里制定过法律，这些法律还在诸多西西里城邦得到应用和推行。

143. 58. 吕克托城 [ἐν Λύκτων πολιτείᾳ]（莱喀古斯 =《政治学》II，1271b 20–30）.

143. 59. 马利亚 [ἐν Μαλιέων πολιτείᾳ]（《政治学》IV，1297b 13–14）.

143. 60. 曼提尼亚 [ἐν Μαντινείων πολιτείᾳ]（《政治学》VII，1318b 25）.

143. 61. 马萨利亚 Ἀριστοτέλης Μασσαλιωτῶν πολιτείᾳ（阿塞奈乌斯，XIII，36. 2 = fragm. 503r）.

143. 62. 麦加拉 [ἐν Μεγαρέων πολιτείᾳ]（《政治学》IV，1300a 15–19）.

143. 63. 弥罗斯 φησὶν Ἀριστοτέλης ἐν τῇ Μηλιέων πολιτείᾳ（《亚里士多德全集》，fragmenta varia: Category 8，title of treatise 44，fragm. 553）.

143. 64. 米利都 [ἐν Μιλησίων πολιτείᾳ]（希波达姆斯 =《政治学》II，1267b 20 ff. ）.【117】

143. 65. 墨托涅 Ἀριστοτέλης δὲ ἐν τῇ Μεθωναίων πολιτείᾳ（阿塞奈乌斯，II，1，p. 91. 12）.

143. 66. 米提利尼 [ἐν Μυτιληναίων πολιτείᾳ]（密提林的庇塔库斯 =《政治学》II，1274b 15–20）.

143. 67. 那克索斯 Ἀριστοτέλης δὲν τῇ Ναξίων πολιτείᾳ（阿塞奈乌斯，X，40. 12 = fragm. 510r）.

143. 68. 诺蒂翁 [ἐν Νοτιέων πολιτείᾳ]（《政治学》V，1303b 10）.

143. 69. 奥布斯 Ἀριστοτέλης ἐν τῇ Ὀπουντίων πολιτείᾳ（《亚里士多德全集》，Fragmenta varia：Category 8，title of treatise 44，fragm. 562）.

143. 70. 奥尔霍迈诺斯 φησὶ γράφων τὴν Ὀρχομενίων πολιτείαν（Plutarch fragm.，82. 13）.

143. 71. 帕罗斯 [ἐν Παρίων πολιτείᾳ]（帕罗斯的卡瑞斯 =《政治学》I，1259a 1–4）.

143. 72. 佩莱奈 ὡς Ἀριστοτέλης ἐν τῇ Πελληνέων πολιτείᾳ（《亚里士多德全集》，Fragmentavaria：Category8，title of treatise 44，fragm. 567）.

143. 73. 瑞吉姆 [ἐν Ρηγίων πολιτείᾳ]（瑞吉姆的安德罗达马斯 =《政治学》II，1274b 24–25）.

143. 74. 罗得岛 [ἐν Ροδίων πολιτείᾳ]（希波达姆斯，斯特拉波 14，"罗得岛"）.

143. 75. 萨摩斯 καὶ Ἀριστοτέλης ἐν τῇ Σαμίων πολιτείᾳ（《亚里士多德全集》，fragmenta varia: Category 8，title of treatise 44，fragm. 573. 5）.

评论：萨摩斯的埃特利俄斯是一位活跃于公元前六世纪的历史学家，他曾写过一部名为"*Ὧροι Σαμίων*"的著作。萨摩斯的尤金，很可能生活于公元前五世纪，他也用同样的标题写了一部作品。【118】

143. 76. 萨莫色雷斯 ὡς ἱστορεῖ Ἀριστοτέλης ἐν Σαμοθράκης πολιτείᾳ（corpus Aristotelicum，fragmenta varia：Category 8，title of treatise 44，fragm. 573）.

评论：卡尔基斯的西西里城市（卡塔尼亚的卡伦达斯）。

143. 77. 阿克里，林地尼。

143. 78. 麦西尼或者赞克勒 · 那克索斯。

143. 79. 昔居翁 Ἀριστοτέλης δὲ ταὐτὸν λέγων [ἐν Σικυωνίων πολιτείᾳ]（corpus Aristotelicum，fragmenta varia：Category 8，title of treatise 44，fragm. 481）.

评论：昔居翁的美奈克姆斯，公元前四世纪的历史学家，写过关于其出生地的历史 : Σικυωνικά.

143. 80. 昔居翁 [ἐν Σικυωνίων πολιτείᾳ]（《政治学》V，1315b 13–14）.

143. 81. 绪巴里斯 [ἐν Συβαριτῶν πολιτείᾳ]（《政治学》V，1303a 29–33）.

143. 82. 叙拉古 Ἀριστοτέλης δ ‘ἐν τῇ Συρακουσίων πολιτείᾳ（阿塞奈乌斯，X，47. 4 = fragm. 528r）.

143. 83. 塔拉斯 [ἐν Ταραντίνων πολιτείᾳ]（《政治学》VII，1320b 10）.

143. 84. 太盖亚 Ἀριστοτέλης δὲ ἐν τῇ Τεγεατῶν πολιτείᾳ（《亚里士多德全集》，Fragmenta varia: Category 8，title of treatise 44，fragm. 591）.

143. 85. 泰奈多斯 φησὶν Ἀριστοτέλης ἐν τῇ Τενεδίων πολιτείᾳ（《亚里士多德全集》，Fragmenta varia：Category 8，title of treatise 44，fragm. 593）.【119】

143. 86. 铁列克莱司 [ἐν τῇ πολιτείᾳ τῇ Τηλεκλέους ἐστὶ τοῦ Μιλησίου]（《政治学》IV，1298a 13–14）.

143. 87. 特罗曾 ὠνομάζετο δὲ παρὰ Τροιζηνίοις, ὥς φησιν Ἀριστοτέλης ἐν τῇ τῶν αὐτῶν πολιτείᾳ（阿塞奈乌斯，I，56. 41 = fragm. 546r）.

143. 88. 第勒尼安 [ἐν Τυρρηναίων πολιτείᾳ]（《政治学》III，1280a 36–37）.

143. 89. 法尔萨拉 [ἐν Φαρσαλιωτῶν πολιτείᾳ]（《政治学》V，1306a 10）.

143. 90. 弗里吉亚 [ἐν Φρυγίων πολιτείᾳ]（《政治学》IV，1290a 22）.

143. 91. 福切斯 [ἐν Φωκιέων πολιτείᾳ]（《政治学》V，1304a 10–11）.

143. 92. 卡尔凯顿 [ἐν Χαλκηδόνων πολιτείᾳ]（卡尔凯顿的法勒亚 =《政治学》II，1266a 38–40）.

143. 93. 卡尔昔斯 [ἐν Χαλκιδέων πολιτείᾳ]（《政治学》V，1304a 29– 30）.

143. 94. 色雷斯的卡尔昔斯 [ἐν Χαλκιδέων ἐν Θράκῃ]（瑞吉姆的

安德罗达马斯 =《政治学》II，1274b 24–26）.

143. 95. 开俄斯 [ἐν Χιωτῶν πολιτείᾳ]（《政治学》V，1306b 5）.

143. 96. Chytrum [ἐν Χυτραίων πολιτείᾳ]（《政治学》V，1303b 9）.

143. 97. 俄瑞乌斯 [ἐν Ὠρεϊτῶν πολιτείᾳ]（《政治学》V，1303a 18）.

评论：据我们所知，第一个对亚里士多德的《政治学》进行评注的学者是来自莱斯堡的赫拉克利德，他活跃于托勒密六世的宫廷，也就是在公元前二世纪。赫拉克利德在埃及王国的政府部门中担当要职，这一点可以由这样一个事实来佐证，即他曾被选来调停斡旋托勒密和安提奥库斯·埃庇芳尼四世的敌对关系。【120】

赫拉克利德是一个兴趣非常广泛的人，他从亚历山里亚图书馆获取了很多资料，那一时期，执掌图书馆的是阿里斯塔库。[1] 赫拉克利德写了好几部著作，主要是关于历史学的，还有关于赫米普斯、索蒂翁、萨堤罗斯的希腊哲学汇编性的著作。事实上，在汇编这些著作方面，他的秘书，如果不是合作者的话，是历史学家阿伽撒尔基德斯。赫拉克利德的毕生之作，包括对亚里士多德《政治学》的评注，并将之命名为：Ἡρακλείδου τοῦ Σαραπίωνος ἐπιτομὴ τῶν Ἀριστοτέλους Πολιτειῶν。这部著作的每一章节总是以下面的话为开头：1. Ἀθηναῖοι τὸ μὲν ἐξ' ἀρχῆς ἐχρῶντο βασιλείᾳ. … 2. Τὴν Λακεδαιμονίων πολιτείαν τινὲς Λυκούργῳ προσάπτουσι πᾶσαν.

XII. 列表的最后一部分（第 144—146 部）主要是一些亚里士多德的信件和他的两首诗。

144.《致菲利珀斯书信集》《塞隆布里亚人书信集》《致亚历山大书信集》四卷；《致安提珀特若斯书信集》九卷；《致门托尔》一

① Bloch, Epitome

卷；《致阿里斯通》一卷；《致厄吕姆匹俄斯》一卷；《致赫法斯提翁》一卷；《致忒米斯塔戈拉斯》一卷；《致菲洛克塞诺斯》一卷；《答德谟克利特》一卷 = ὅσα μὲν γὰρ ἕκαστον εὐηργέτησεν, αἱ γεγραμμέναι αὐτῷ κατὰ τοὺς βασιλέας περί τινων ἐπιστολαὶ δηλοῦσιν καὶ ἐπιστέλλων Ἀντιπάτρῳ γράφει: Vita Marciana, 14 and 42.

与亚里士多德通信的人之中，有很多是非常著名的，而且有很多是马其顿宫廷家族中的成员，如：腓力普二世、亚历山大、安蒂帕特、亚历山大大帝之母奥林庇亚斯、赫菲斯提安。[①]【121】然而，还有一部分人是很难辨认或者在任何地方都查阅不到的，例如门托尔、费罗萨努斯、塞米斯塔戈拉。

145.《以“圣洁的诸神首领远射神”开头的韵文》（*Ἔπη ὧν ἀρχή· Ἅγνε θεῶν πρέσβισθ ἑκαταβόλε*）= 标题不知来自何处。

这部史诗并没有被保存下来，我们也并不知道其内容，即使从间接的文献中也无法查阅到。

146.《以“有着美貌子嗣的母亲之女”开头的挽歌》（*Ἐλεγεῖα ὧν ἀρχή· Καλλιτέκνου μητρὸς θύγατερ*）= 标题不知从何处得来。

我们没有关于这部挽歌的任何信息，甚至从间接渠道也无法查阅。

评论：亚里士多德的诗歌作品是以很小一批纪念性作品为代表的，比如，颂歌与铭辞集。亚里士多德歌颂“德性”的颂歌，是其用来怀念他与赫尔米亚友谊的和纪念其不合时宜的离世的。同时，为了纪念赫尔米亚，亚里士多德还将一段铭辞刻在了德尔斐的一座雕像上面。此外，还有亚里士多德的一部分挽歌保存了下来，这在

① Moraux, Listes, 133-147

奥林比奥道罗斯的关于柏拉图《高尔吉亚篇》的隽语中曾被提及过，在这部著作中，可以证明，亚里士多德曾经作过对欧德摩斯的挽歌（ἐν τοῖς ἐλεγείοις τοῖς πρὸς Εὔδημον）。

亚里士多德也对其老师柏拉图表示了极大的敬意，这一点可以从亚里士多德写给柏拉图的赞美演讲中看出来。【122】在演讲中，亚里士多德回顾了柏拉图的一生。亚里士多德不但通过写作赞美诗，而且还在欧德摩斯的挽歌中赞美过柏拉图。

关于欧德摩斯的身份问题，即他究竟是柏拉图的其中一个学生，还是亚里士多德本人，观点是众说纷纭的。[①]尽管如此，亚里士多德是以第三人称的形式来论述的——这是希腊化时代的一个习惯。[②]我们应该记住，亚里士多德确实为他和柏拉图的友谊建立了一个祭坛，目的是高扬那些柏拉图认为高尚的人，即既获得了美德，又得到了幸福的人。很可能这是一些以挽歌的形式写给欧德摩斯的一些通告：但是，究竟谁是欧德摩斯？[③]

他的好朋友欧德摩斯，来自塞浦路斯，当亚里士多德于公元前354年在吕克昂学园学习的时候，他已经去世了。【123】为了表示对他的怀念，亚里士多德写了《欧德摩斯篇》(或名《论灵魂》)，上面我们已经提到过。关于那个来自罗得岛的欧德摩斯，他是亚里士多德在吕克昂学园的学生。至于他是何时进入学园的，我们无从得知，但是，他亲眼目睹了亚里士多德为柏拉图树立了一座圣坛，这座圣坛象征着友谊，把这两位哲学家紧紧联系在一起。因此，亚里士多德并没必要通过挽歌的形式公开这样的行动。

此外，在《欧德摩斯伦理学》中，还有一个名字叫欧德摩斯的

① Jaeger, Verses

② Biog. Trad., 316-317

③ Wilamowitz, Athen, Ⅰ, 403-406

人。《欧德摩斯伦理学》并不是由来自罗得岛的欧德摩斯所作，这一点已经为人们所知。这个叫欧德摩斯的人很可能是在安德罗尼柯档案材料中的一个人，我们也不知道他究竟来自何处。最合理的解释是，或者出于单纯的为了出版原因，或者是出于亚里士多德与他最心爱的学生欧德摩斯关于伦理学讨论的原因，安德罗尼柯认为，这部著作的标题使欧德摩斯在罗得岛建立的学园永远得以保持着声望。安德罗尼柯是这个学园的学生。不管怎样，我们应该记住的是，亚里士多德并没有给他任何未出版的著作命名。

这部挽歌具有伦理学的特征，同时，亚里士多德对其导师的怀念，在他们的友谊宣言上已经封缄，亚里士多德认为，这是最高的善。毕竟，亚里士多德一直认为，友谊是“一个灵魂栖息在两个身体里”（μία ψυχὴ δύο σώμασιν ἐνοικοῦσα）。【124】

亚里士多德未出版的著作：所谓的教谕言性著作或深奥的思想

我们在这里要展现“亚里士多德全集”中那些相关的作者及其著作，因为亚里士多德的理论正是建构在这些著作基础之上的。尽管亚里士多德对他们的著作有大量的引用和评注，但是，不知何故，亚里士多德本人并没有标注他所引注的这些作者的名字及其著作名称。[①]亚里士多德将所有知识划分为三类，即理论科学、实践科学和创制科学。按照安德罗尼柯的分类方式，亚里士多德的秘传性著作或公开性作品分为七个独立的单元，每一部分都是由相关的著作构成：逻辑学、自然哲学、生物学、伦理学、政治学、修辞学、诗学，除此之外，还有一些关于形而上学的摘要和注释。

下面我们首先会阐述构成逻辑学这一单元的著作，这些著作在十六世纪被称为“工具论”(Organon)。根据前面提到的知识的划分标准，逻辑学应该是理论科学（theoretical epistemai）研究的对象。（译者注：姚介厚所著的《西方哲学史（学术版）》中的观点与斯塔伊克斯先生的观点是不同的，姚介厚先生认为，逻辑学不属于这三类知识，即理论科学、实践科学和创制科学，而是较早建立的用

① Cherniss, Criticism

以构建各学科知识的工具和方法。)【125】不过，在亚里士多德看来，逻辑学本身并不是一种知识，而是任何一个想学习各种知识门类的人必须要接受的一种通识教育。只有逻辑推理的过程，才可以让人们知道哪些命题需要证明以及需要什么样的证明。这一个单元包括:《范畴篇》《解释篇》《论题篇》《辨谬篇》《前分析篇》《后分析篇》。所有包含在“工具论”里面的这些著作，都是亚里士多德时期辩证法实践的成果，从第五部著作《论题篇》开始，他将它们称之为哲学对话的工具：ὄργανα διῶν οἱ συλλογισμοί。[①]

另外，我们需要补充的是，在亚历山大里亚图书馆的目录中，与逻辑学内容相关的著作有十一部。这些著作也被视为是《论题篇》中的章节，或者它们代表了亚里士多德为《论题篇》所做的基础性工作，又或者它们只是一些其在吕克昂学园中口述教学内容的材料。[②]【126】

逻辑学

亚里士多德本人没有用“逻辑学”这个语词。公元前一世纪，罗马的西塞罗最早用“逻辑”(logica)一词，但是，那时候已经有了不同的含义，主要是指推理学说，而不是逻辑。[③]实际上，逻辑这个语词的现代意义，要归属于阿佛洛狄西亚的亚历山大。亚里士多德逻辑学著作的分类，是由安德罗尼柯首先提出来的，他按照相关的内容将亚里士多德的作品进行分类(συνάγειν τὰς οἰκείας ὑποθέσεις εἰς ταυτόν)[④]。《范畴篇》：对承载各种具体含义的语词进行

① 108b 32
② Gohlke, Logik
③ Calogero, Logica
④ Waitz, Organon, XX-XXII

分析；《解释篇》：证明语词是一些“工具”，当被正确运用时，它们会代表事物的真实形象；[①]《论题篇》和《辨谬篇》：主要研究推理的模式，尽管这种推理模式不能以三段论的方式满足知识论的一个或多个前提条件；[②]《前分析篇》：独立于所涉及的对象的性质，研究每一种推理的共同形式，同时，展现它的典型变元；【127】最后，《后分析篇》：不仅仅研究在逻辑关联性上的相似性，还要检查每一种推理为达到语词知识论意义上的完整意义所应该具有的其他特征。

《范畴篇》

在任何作品中，亚里士多德都没有提到这个《范畴篇》标题，实际上，他仅仅区分了“格言的形式”（σχήματα τῆς κατηγορίας）。这部著作是他最早的作品之一，他首先检查了语言的某些确定元素，其中这些元素可以用来区分那些可以与别的因素融合的（κατὰ συμπλοκὴν λεγόμενα）和不能与别的因素融合的（ἄνευ συμπλοκῆς λεγόμενα）。成份[③]也就是说，他不但根据它们的本体，而且根据它们的形态，区分了语词和短语，例如：本体 = 人，不仅 ἄνθρωπος ποιεῖν（人做），而且 ἄνθρωπος πάσχειν（人遭受到）。一些非连接词（τὰ ἄνευ συμπλοκῆς λεγόμενα）可能由以下范畴组成：本体、数量、质量、关系、位置、时间、处所、状态、动作和激情。

通过将这些词语分为十个范畴，亚里士多德形成了一条规则，即在一定的客观标准基础之上，给每一事物及其每一个状态下一个

① Lifeof Plotinus, 24

② Brunschwig, Topiques

③ 1, a16

精确定义，同时，还要阐释其独有的特征。[①] 按照亚里士多德的观点，在最终的分析中，只有本体自身可以存在，所有其他的定义只有依据它才可以存在。[②]【128】从这个角度来讲，柏拉图表述词语的字面意思，亚里士多德则表述其“字面”意义。

亚里士多德的目的，并不是要表达他反对柏拉图的理论，比如柏拉图的“理念论”，而是要对安提司泰尼的观点予以回复，因为安提司泰尼曾通过他的著作《萨同》反对柏拉图的“理念论”。[③] 在他《论名称的使用》(一部关于论争的著作)这部著作中，安提司泰尼阐明了一系列的观点。其中，只有关于同一性的判断才是站得住脚的，这个观点是他通过伦理学的理论对实践进行评估之后得出的结论。

《解释篇》

那些著名的智者的思想和论著，甚至已经涉及语言学的问题。从十五世纪晚期开始，语言在理论中的介入，已经变得越来越明显。这种介入不仅体现在智者公开或者私下的语言教谕中，而且在他们以书籍形式流传的著作中也比比皆是。不仅在智者所研究和探讨的领域，而且在剧作家领域，都会涉及语言的问题。剧作家需要用语言的更简单的元素或者字母表中的字母去设计词语游戏：例如，《语法悲剧》的作者，即来自雅典的诗人卡里亚；再比如，埃雷特里亚的阿凯夫斯；当然，还有阿伽松，他在其悲剧作品《安索斯》(或《安塞乌斯》)中的“现代词语”，曾受到阿里斯

① Düring, Arist., 59-60
② Lambda 1, 1069a 29
③ Caizzi, Antisthenis

托芬的讥讽。[①]【129】

如此一来，在关于语言的产生方面，形成了两种对立的理论，他们各自的支持者互相展开辩论。根据第一种理论，语言是自然产生的，而按照第二种理论，语言完全是被命名的。对这个问题，德谟克利特则秉持不同的观点：他认为，语言的结构就是事物本身的结构，因此，如果给语词添加一些物质实体，那就是对应的实际的元素（stoicheion）而增加的。我们主要是通过柏拉图的《克拉底鲁篇》和《泰阿泰德篇》了解到这种理论的。[②]

亚里士多德认为，我们经历的所有的事情，包括物理世界和精神世界中的事情，组成了一个缓慢的过程，这个过程遵循自然内在的趋向。[③]这个基本的概念也支配着亚里士多德关于语言学的部分。通常来讲，在《解释篇》中，尽管亚里士多德不同意柏拉图对话中的某些思想和观点，但是，他并没有与柏拉图展开争辩。[④]例如，在《克拉底鲁篇》中，柏拉图认为，既然句子或者是正确的，或者是错误的，因此，词语也必然遵循一样的规则，即或正确或错误。【130】但是，亚里士多德不同意这种观点，他认为，语词既不正确也不错误，它们仅仅是指事物的一些标记。[⑤]

《论题篇》

这部著作在两个方面比较有意思：一方面，它让我们得知，在关于辩证法的含义问题上，有几种对立的观点；[⑥]另一方面，他制定

① Pohlenz, Begründung
② 424d ff. 202a ff.
③ Düring, Arist., 65
④ 384d
⑤ Düring, Arist., I, 134
⑥ Weil, Logique

了一套创建正确概念和定义的规则。[①]

对于亚里士多德而言，“Topos”（场所）这个词，并没有今天我们所指的意思，即，一个地理学术语，而是隐喻性地指谓一个观点和立场。因此，手中拥有《论题篇》的人，如果他有哲学抱负的话，那么，他就掌握了一门工具，这门工具可以确保他在辩证对话争论中能够占据优势地位。亚里士多德本人指出，他的目的在于“寻求一种探索的方法，通过它，我们就能从提出的任何问题来进行推理。辩证法，在很大程度上就是与诡辩的论证相关的一种技艺。但是，任何致力于学习辩证法的人，不但要从观点的形式方面学习，而且在内容方面，必须进一步审查具体的命题”。[②] 他还明确地说，他参与了这项研究，但没有语言基础：οὐδὲν ἔχομεν παραδεδομένον ὑπ' ἄλλων。[③]

在《论题篇》内容方面，已经论述了很多，组成这部著作的每一部分，都附有一个冗长的介绍性文本。《论题篇》和《辨谬篇》分别代表了逻辑学部分的第九部著作和最后一部著作。【131】

评论：从公元前五世纪中叶开始，智者们就已经开始涉及语言学的议题。的确，据说普罗泰格拉曾考察过关于“正确的措辞”（orthoepeia）的问题，也就是正确的语句和正确的名称的问题。[④] 他将话语（logos）区分为四种基本类型或者“基础”（πυθμένας λόγων）：祈求、提问、回答和命令。然而，根据其他人的观点，这种区分应该有七种类型（译者注：即叙述、提问、回答、命令、报告、要求和呼唤。《诗学》：亚里士多德著，陈中梅译注，第142页，商务印书馆1996年版）。亚里士多德在其《诗学》中提到过

① Hambruch, Logische
② IX 1, 165a 19-27
③ VIII 5, 159a 36
④ Hermias, Com. Phaedrus, 267c

普罗泰格拉所作的这种区分[1]，另外，他还引用了一个智者指出批评《荷马史诗》中的错误和不准确的地方："普罗泰格拉批评荷马的'女神、歌唱愤怒'一语用的不妥，因为荷马自以为在祈求，其实却发出了命令，但谁会觉得这里面有什么错误呢？据普罗泰格拉说，叫人做或不做某事是一个命令。"[2]普罗泰格拉在他著作的《矛盾》中阐述了这些观点，这部著作是由两卷组成的。

毋庸置疑，亚里士多德是拥有普罗狄科的著作的。例如，在编辑他的部分语言学注释时，亚里士多德曾引用用过普罗狄科的《时序》(Horae)。[3]另外，亚里士多德在《论题篇》的第二部中，也对此做过阐释："考察对象是否由于名称不同而把某东西当成了自身的偶性，就像普罗狄科把愉悦分为快乐、高兴和欢畅一样，因为所有这些表现都有愉悦这一相同的名称。"[4]【131】

另一位起到积极作用的哲学家和杰出的文人是苏格拉底的朋友安提斯泰尼。他们的这种辩论有一部分是以公元前五世纪的修辞学理论为背景的。安提斯泰尼经常被划归为是一个智者。第欧根尼·拉尔修将74部著作归属于他，这里，最使我们感兴趣的是他的著作《论教育》(或《论名称》)(共五章)。从这部著作中，我们可以看到事物与其名称的紧密关系，以及一个事物与另一事物间的密切联系。[5]

除了安提丰，大多数智者及他们的词源上的推理，在柏拉图的对话中都起到积极性的作用。亚里士多德知道这位来自雅典的智者的作品，这也意味着，他很明白其关于习俗（nomos）和自然（physis）之间存在不可逾越的鸿沟的观点，各种理论都源于自然法

---

① 19. 1456b 15
② Skouteropoulos, Sophistic, 93
③ II 6. 112b 22
④ Skouteropoulos, Sophistic, 304-305
⑤ VI, 17

的权威。[1]盖伦在他的《关于希波克拉底的评注》中论证：安提丰在《论真理》中解释了“εἰλούμενον”这个词语的含义，也就是，躯体是由另一个躯体的压力下浓缩而成的。[2]在托勒密的图书馆中肯定有一部安提丰作品的抄本，这也可能是哈玻克拉奇翁比我们更为熟悉其内容的原因。其中，他引用了大量的语词，这些都是从《论真理》中拿来的，比如“diathesis”和“diathesthai”，它们都代表了这个词的通常用法。【133】

《辨谬篇》

亚里士多德主要论述了智者所遵循的过程和方法，以便能论证和指出一些事情：（支持或者反对）他将此称之为“辩驳术”（Elenchos）。[3]柏拉图最早对“问诘法”这个概念进行了界定：“对一个事物和另一个相同事物的相反论证”，他把整个过程界说为“三段论的结论与最初的三段论是矛盾的”。[4]

诡辩或者是源于语言上的模糊不清，或者是源于各种各样的逻辑错误。这里有亚里士多德两个观察让我们很感兴趣：不管我们用什么样的方式区分诡辩论，我们必须明白，他们都可以被还原为是对“辩驳”的无知所致；从前提中推论三段论的必要性，结论才是成立的。[5]

在亚里士多德的图书馆中，即便不是整部全集，也有大部分“辩谬性作品”。[6]亚里士多德抨击了高尔吉亚的说教法和他对认识

① Skouteropoulos, Sophistic, 435
② Epidemics, XVII A 681, Kühn(ed.)
③ Kapp, Syllogistik
④ Phaedrus, 167a 23
⑤ SE, 168a 18
⑥ Skouteropoulos, Sophistic, 262

论基础的缺失，同时，他们的老师并没有能够呈现出任何关于对对象的讨论，相反，却迷失于其他事情上。[①] 就像吕科佛隆，人们建议他发表一篇赞美七弦琴的颂词时，他也是这样。[②] 另一方面，他赞美了塞拉西马柯：不同于高尔吉亚和吕科佛隆，在提升每一种技艺方面，塞拉西马柯记得，之前的作家和他们的著作的必然联系。据说，塞拉西马柯是《伟大的艺术》这部著作的作者。[③]【134】最后，亚里士多德抨击了普罗泰格拉的三段论："有可能犯这种语法错误，也有可能不会犯，然而，看起来可以这么做，也会犯错误，然而，看起来也不会这么做"。[④]

正如亚里士多德关于逻辑学的著作，我们应该记住亚里士多德关于分析的理论具有双重目的：一方面，他制定了一条规则，按照这条规则，他可以描述和解释有生命和无生命事物的行为；另一方面，他提出的作为认识标准的三段论的方法，在这个方法的基础之上，关于智者的错误理论受到驳斥，同时，逐渐显现出他对柏拉图理念论的不同意见。[⑤]

《前分析篇》

三段论是一种论证，其中只要确定某些论断，某些异于它们的事物便可以必然地从如此确定的论断中推出。[⑥] 所谓"如此确定的论断"，就是指结论通过它们而得出来的东西，就是说，不需要其他任何词项就可以得出必然的结论。在这部作品中，亚里士多德介

① SE, 33. 183b36 ff
② SE, 15, 174b 32
③ SE, 33. 183b29 ff.
④ SE, 14. 737b 17
⑤ APr., X 38, 49a 19
⑥ Solmsen, Syllogism

绍了一种新的判断分类方式：全称的，特称的和不定的。他的目的是想证明和弄清楚可以适用于所有地方的方法；[①] 换句话说，当涉及知识和真理时，命题必须是正确和真实的，然而对话的结论可能来自一般命题。亚里士多德认为，正确的三段论方法要确认正确的前提。[②]【135】

《后分析篇》

这部著作的中心思想是：通过已经获得的存在的知识，展示知识的过程（ἐκ προϋπαρχούσης γίγνεται γνώσεως）。[③] 因此，简单地讲，这个问题就是，通过什么样的方式和怎样的逻辑推理过程，去确认那些未证明的第一逻辑原则。在这里，亚里士多德再一次批评了柏拉图的理念论。

在《后分析篇》的第一卷，亚里士多德论述了生产性知识得以运用的先决条件，他认为，它们因为必然而出现，此外，还有一些其他原因。[④] 关于那些无必然为真的方法，他将之命名为 ἀπόδειξιν，他作出了如下的基本命题："我们在最完整的意义上知道一些事情，也就是，我们不但知道它不但可以这样，而且它不能成为别的样子。"[⑤]

第三卷是最让我们感兴趣的一部分，从这一卷开始，我们会尽力找出那些相关的著作，在这些著作当中，第一原则，作为一个关键的哲学问题，被提了出来。【136】亚里士多德曾经写过一个简短的注释，这个注释是关于不同的哲学学派对这个问题的特殊看法特

① APr., X 30, 46a 3-10
② Düring, Arist., 91
③ APo., X 1, 71a 1
④ APo., X 22, 84a 11
⑤ APo., X 1, 71b 9

点的理论。从中他得出两个重要的结论：第一个就是安提斯泰尼和他的追随者的观点；第二个或许是塞诺克拉底，他认为，实践的知识可能是以人们接受循环论证和推理为前提的（κυκλικὴ ἀπόδειξη）。安提斯泰尼认为，我们根本不可能知道关于任何第一原理的事情，因此，知识是不存在的！这位犬儒学派哲学家的意思是：柏拉图主义者曾对“知识”（episteme）界定过，但是，亚里士多德并没有意识到这个方面，然后就离开了。在第三卷中，他把他们斥责为都是无知的人。①

在《后分析篇》的结尾部分，亚里士多德猛烈地抨击了柏拉图的继承人，也就是学园的校长斯彪西波，同时，也抨击了柏拉图本人的理论，也就是关于他们的部分知识应该建构在现实的整体知识之上。②【137】

① 4, 1006a 5-9

② Alpha 992b 29

自然哲学

亚里士多德写作自然哲学著作的目的，是要对独立存在的事物进行描述、概括和分类。但同时，这种独立存在的事物是变化的，也就是说，“自然身体”在它们自身中有一个运动（kinesis）和静止（eremia）的规律。[①]

这一部分包含如下著作：《物理学》、《论天》、《论生成与消灭》和《天象学》。在这里，我们需要指出的是，《物理学》最初是包括两个单元的：第一个单元包括第一卷到第四卷，第二个单元包括第五卷、第六卷和第八卷。人们自然会问：为什么这里没有提到第七卷？答案很简单，之所以这一卷被“亚里士多德全集”的《物理学》遗漏，是因为安德罗尼柯只是将之视为是其中的一个笔记。亚里士多德将第一个单元称为《物理学》或者《论自然》，而第二个单元，他将之命题为《论运动》。【138】

① Ross, Physics

《物理学》

这些我们将之视为代表《物理学》的著作，并不是从“四因说”（aitia）——质料因、形式因、动力因和目的因——对自然的一个概览，而是对自然过程的一个阐释。也就是说，受到产生、变化和运动等内在规律支配的，对自然事物形象的描绘。亚里士多德没有将这三种原则视为是自我运行的（ἡ γὰρ ἀρχὴ τινὸς ἢ τινῶν），相反，他将它们视为是解释自然过程的辅助工具 γίγνεσθαι。[①] 亚里士多德主要是对那些独立存在，且会变化的事物进行阐释，就是那些它们自身有运动和静止规律的“自然身体”。

按照独立的主题单元，将《物理学》进行分类是亚里士多德本人在《论天》这部著作的导言中作出的，在这里，他宣称他已经涉猎以下方面的研究[②]：

a）自然的第一因（也就是说，参与每种变化的组成元素）和通常的自然运动（《物理学》第一卷到第八卷）。

b）天体的秩序和运动的规律以及它们的变化（《论天》）。

c）通常意义上的生成与毁灭（《论生成与消灭》）。

d）“它涉及的是合乎自然发生的、但其规整性又不及物体的第一元素的那些现象，它们出现于离星体的移动最近的地方”（《天象学》）。

e）通常意义上和按照分类的动物和植物（在他的著作中涉及生物学和植物学）。【139】

按照亚里士多德惯常的做法，他从来不会标明他之前的学者，

① I 2, 185a 4

② Ross, Arist., 72-73

即使他会运用他们的观点，但是，亚里士多德在提及他们时会用到以下短语“古代的圣贤”（意思是苏格拉底之前的哲学家），“有人认为……”或“他们声称……”。

前苏格拉底哲学家的“物理学”

伊奥尼亚的前苏格拉底哲学家的所有理论，从泰勒斯到阿那克西曼德和阿波罗尼亚的第欧根尼，亚里士多德都将他们呈现了出来。[①]很明显，除了泰勒斯以外，亚里士多德是有条件通过文本去考察他们的观点的。据说，直到公元前二世纪，除了所谓的《航海星图》（*Nautical Star-guide*），这位来自米利都的哲学家泰勒斯，没有留下任何文字形式的作品。[②]这部《航海星图》保藏在亚历山大里亚的图书馆中。亚里士多德对于被认为是泰勒斯的观点都保持着一定的距离，他会用这样的表达，例如“这种假设或许是由……得出”。然而，在《形而上学》中，他不断地提到泰勒斯的理论，大地像木头一样漂浮在水面上，因此，所有事物的“原则”都是水。[③]

亚里士多德讨论了关于阿那克西曼德的各种各样的观点，例如，有限和无限，这是从各种元素中独立出来的。[④]【140】这位哲学家和他的追随者认为，这种中间性的存在是介于水和气之间，“作为无限，包含着整个天空”。[⑤]

在《形而上学》中，亚里士多德还详细分析了米利都的第三位大哲学家的理论，那就是阿那克西美尼。[⑥]阿那克西美尼将“气”

① Solmsen, System
② Tezas, Thales
③ Alpha 3, 983b 6
④ Ph., I 4, 187a 12
⑤ K. R. S., Presocr., 143-162
⑥ Alpha 3, 984a5

的位置放在水的前面，并认为“气”是一切事物的本源。在其他地方，提到阿那克西美尼、阿那克萨戈拉和德谟克利特的时候，亚里士多德证明，在他们看来，地面的宽度是静止状态的原因。[①]

亚里士多德认为，来自科罗封的克塞诺芬尼是作为一个逃亡者住在西西里岛的赞克勒，他是第一个接受宇宙整体论的人之一。[②]然而，亚里士多德宣称，克塞诺芬尼并没有能够阐明任何事情，好像也没有触及一个和另一个的性质（也就是，巴门尼德的典型整体，或者麦里梭的物质整体），但是，他用双眼凝视整个天空，他认为“一”就是神。在这里，我们应该指出，克塞诺芬尼一神的概念，是他对于荷马的多神论和神人相似论（anthropomorphism）的一个反馈的结果。[③]

赫拉克利特在古代被称为“黑暗哲学家”，对赫拉克利特的评论和他的“万物都处于一种流变中”的理论，亚里士多德指出了对这种流变的学术解释的僵局。[④]这里，我们指出，从这个世界观的视角来看，赫拉克利特在雅典的代表人，柏拉图的老师克拉底鲁相信，到最后，他再也不能谈论任何事情，只能简单地举起他的手，因为他认为，当他在谈论任何事情的时候，将会随时发生变化。[⑤]【141】亚里士多德在克拉底鲁的极端态度中发现了一些正确的事情，那就是，尽管很多东西从数量上发生了变化，但是还有一些事情保持了它最初的样子。

根据来自爱利亚的巴门尼德的观点，亚里士多德的理论是通过辛普里丘对《物理学》的注释保留下来的。[⑥]亚里士多德对于巴门

① Cael., II 13, 294b 13
② Alpha 5, 986b 21
③ K. R. S., Presocr., 163-180
④ Veikos, Presocrat., 73-94
⑤ Düring, Arist., 608
⑥ 86, 27-28

尼德的观点的评论是多方面的：静止，完美，不生不灭的，唯一和连续，白天和黑夜。[①]

我们在这里回忆一下《物理学》中的一段摘录，它是关于真理的符号的："如果我们必须避免'非存在'的路，那么，我们唯一的希望就是遵循'存在'之路。"亚里士多德指出，每种拿来做研究的事物必须是存在的，并且范围是巨大的，从老鼠和赫斯，到半人半马的怪物和吐火银鲛。

亚里士多德对芝诺的"二律背反"不可能无动于衷，芝诺的一生赢得了诸多声誉，也获得了诸多志趣（实际上，一直到今天还存在）。所有这些信息都可以从《物理学》中相关的材料里获得佐证。[②] 亚里士多德痛斥了芝诺的"三段论"，这个"三段论"本来就是建构在错误基础之上的。[③]【142】

亚里士多德认为，来自阿拉伽斯的恩培多克勒是第一个明确表达四个基本物质"元素"理论的思想家。其中，这四种"元素"之间不可能再彼此化为另一种元素，而且由这四种元素构成了所有的事物。他还明确地指出，包含在变化循环中的实体有四个根，此外，还有爱与恨。[④] 它们自身并没有组合和分离的能力，它们之间分合需要用外部原因来解释，这些外部原因就是爱（Agape）和恨（Philonikia），它们是运动变化中的动力因素。然而，按照亚里士多德的观点，恩培多克勒并没有对这个问题给出让人信服的答案，那就是当"恨"成功地将各元素完全分离开，在转折点之前的那段时期：现在的斡旋没有任何东西可做（也就是说，没有进一步的维度）。[⑤]

① K. R. S., Presocr., 239-262
② VII 2, 233a 21
③ K. R. S., Presocr., 263-279
④ Alpha 4, 985a 31-33
⑤ Cael., II 13, 259a 29

亚里士多德关于毕达哥拉斯主义的代表性观点主要是在《形而上学》中提出来的。菲罗劳斯出版的关于毕达哥拉斯讲义的著作和其宇宙进化论，建构起了毕达哥拉斯思想学说的载体。[①]亚里士多德认为，去谈论永恒事物的产生是很奇怪的，或者毋宁说根本就是不可能的。[②]

按照波菲里乌斯的观点，亚里士多德记载了毕达哥拉斯的不足凭信的和神秘的思想[③]，以及他们的标志，比如，大海是克洛诺斯的眼泪，或者金牛座的昴宿星是缪斯的琴。【143】亚里士多德断言，根据毕达哥拉斯的观点，地震的原因是因为死亡的聚合，而彩虹的成因是源于太阳的光芒。[④]

第欧根尼·拉尔修断言说[⑤]，正如巴门尼德和阿那克萨戈拉，麦里梭只写了一部著作，这部著作以《论自然》或者《论存在》命名。辛普里丘在对亚里士多德《物理学》的评论中，保存了很多来自麦里梭文本中的段落，这些段落当中有很多是表达关于产生的观点的："很明显，麦里梭的三段论是错误的。因为，他认为，如果一个事物出生了，它就会有一个开始；但是，没有出生的事物，就没有一个开始了吗？"[⑥]

除了他提到的关于德谟克利特和留基伯的内容之外，亚里士多德还阐释了他自己的关于原子理论的观点，那就是实体的形成，这些都包含在辛普里丘对《论天》的评注中："这些原子在无限的虚空中移动，彼此互相分离，它们有不同的形状、大小、位置和排列；它们彼此互相追逐，互相碰撞，有一些被任意地抛出很远，然

① Alpha 5, 985b 23
② Nu 3, 1091a 12
③ Life ofPythagoras, 41
④ Fragm. 196
⑤ X16
⑥ I 3, 186a 10

而，另一些根据它们形状、大小、位置和排列的对称性结合在一起，联合在一起，因此，这就是符合实体产生的原因。”[①]

亚里士多德并没有将自己局限在仅仅批判毕达哥拉斯学派的哲学家和伊奥尼亚、埃利亚学派的哲学观点上，他还对当时活跃在雅典的不同时代的哲学家的观点进行了评述，比如，阿那克萨戈拉，他是《努斯》的作者（他的这部著作苏格拉底曾经购买而且阅读过，我们在前面已经看到了）。【144】辛普里丘评论了亚里士多德的《物理学》。[②]这位来自克拉佐门尼的哲学家认为，所有事物都是结合在一起的[③]，“大”和“小”都是无限的，因为，小的事物也是无限的。[④]在其他地方，在同一部著作中进行了评注，他还记载了阿那克萨戈拉其他的观点。

第欧根尼（阿波罗尼亚的）的论著《论自然》是一种折中的著作[⑤]，辛普里丘告诉我们，这部著作中的很多观点是与阿那克萨戈拉和留基伯的观点是一致的。然而，第欧根尼也声称，宇宙的本质是无限的。[⑥]

运动

自然的最基本的现象就是运动（kinesis）和变化（metabole），如果人们不了解运动的话，也就不会了解自然（运动—静止）。[⑦]运动并不能作为一个行动凭借本身被了解，它需要与空间（或者位置）和时间联系在一起。【145】在宽泛的意义上，实际上，它是所

① 242, 21
② K. R. S., Presocr., 352-384
③ 164, 24
④ 17, 163, 20
⑤ Diog. Laert. IX, 57
⑥ K. R. S., Presocr., 434-452
⑦ Plato, Timaeus, 57b

有自然过程的特征：空间中的运动，产生与毁灭，生长与腐败，质量变化。为了能够探索“亚里士多德全集”的这一基础章节，我们选择评述一些具体的关键词和概念，例如，无限、空间、虚空、实践、变化、连续性、运动的规则、动物运动的心理物理学，同时，把更早之前的和现代的思想家的理论与亚里士多德的理论进行比较性研究。①

无限

刚开始的时候，亚里士多德并没有表达自己关于“无限”概念的观点，但是，他考察了之前的理论，特别是那些一元论者的理论。② 阿那克西曼德将“无限”视为一种自然的原则，也就是说，作为事物的开始，标志着神圣，因此也是不朽的事物。关于阿那克萨戈拉和德谟克利特，亚里士多德认为，他们都接受定量无限性，并且把它描述为是一种“物质上的连续性”。

最后，亚里士多德提到了柏拉图和他记录在《蒂迈欧篇》中关于起始的观点，他指出：“柏拉图把无限理解为是一种‘存在’（οὐσίαν αὐτὸ ὄν），并且，他谈到了两种无限，大和小的无限；宇宙之外什么都没有，也没有理念，因为那里什么都没有，在实体内部和理念中，有着同样多的无限。”③ 亚里士多德拒绝从数学方面谈论无限；他想要表达的是，并没有自然事物的无限，无论是大的，还是小的。【146】这样，通过逻辑地分析“无限”这个概念，他得出，无论一个事物有无形式，“无限”是那种组成它的事物的东西。

① Düring, Arist., 307-10
② Ph., 54, 203a 16
③ Timaeus, 50b 10

空间

空间或者地点，关于物理事物，并不是前苏格拉底和原子论哲学家思考的范围。作为混沌之后的第二个阶段和存在的前提条件，空间的概念曾在赫西俄德的《神谱》中有过记载。因此，亚里士多德是从具体的柏拉图对话录中形成了他的空间概念的观点的，其中，主要是《斐多篇》和《蒂迈欧篇》。在《斐多篇》中，有一个关于理念之于物理世界的对话，也就是，理念是呈现在事物之中的，“它们占有事物”或者“它们从中产生”。作为空间理论的基本来源，在《蒂迈欧篇》中，柏拉图以“可能的神秘”的形式呈现他的理论的时候是有难度的，同时，也形成了一种开放式的解释。

柏拉图和亚里士多德从完全不同的立足点阐释了“空间”的问题：柏拉图是为了给他的理念论寻找支持，而亚里士多德则运用纯粹的物理术语解释空间概念，也就是说，空间等于被事物占领的位置。【147】

虚空

亚里士多德最初声称，那些谈及虚空的人，会将其视为是一种位置：“当一个地方能够包含其所能包含的事物的话，完满就存在，当其不能包含事物的话，虚空就存在。”在《形而上学》中，亚里士多德引用了德谟克利特和留基伯的关于虚空的理论。[①] 在每一种质料中，在原子之间都有空间，这样就可以用来解释某些特定质料与其他事物的密度。在其他地方，亚里士多德补充说，这两位原子

① Alpha 4, 985b4

论者都认为，元素是完满和虚空的，这就引起了相应地存在和非存在。存在是完满的和坚固的，非存在是虚空的和稀薄的。

时间

时间的概念几乎是每一个自然哲学家讨论的对象，他们会对柯罗诺斯（Chronos，即神格化的时间）以多样的解释，或者将之与宇宙进化论联系在一起，或者与生物的进化联系在一起，又或者赋予它芝诺悖论的含义。毕达哥拉斯相信生物周期循环的学说，而阿那克西曼德则谈到了“时间的秩序”，恩培多克勒则把之与永恒的延续联系起来。

柏拉图在永恒的存在和短暂变化的世界之间做了严格的区分，他认为，永恒是在空间和时间之外的。关于时间的结构，亚里士多德与柏拉图的观点在本质上是完全不同的，也就是说，亚里士多德认为，时间是永恒持续着的：“永恒中包含着时间”。【148】当亚里士多德在谈及变化的世界的时候，他认为，距离和位置是有亲和性的。[①]

变化

亚里士多德是在第十一卷中对变化的理论进行讨论的：“在所有的变化中，一些事情通过一些事情变成另外一些事情，那些让事情发生的是‘第一推动者’；那些改变了的是质料，那些变成了的事情是形式。”[②]

① Cael., I 9, 279a 27
② 3, 1069b 36

连续

“连续”的具体含义问题是由芝诺提出的，柏拉图在《巴门尼德篇》中也讨论过这个问题。[①] 将柏拉图的思考作为起点，亚里士多德提出了以下问题：当我们谈及空间中的聚合和分离时，我们指的是什么意思？[②] 联系的、居间的，是下一个和连续的？首先，亚里士多德把“连续”界定为“可以分成部分的东西能够永远再分，而物体就是在一切方面都可分的东西”。[③] 在这里，我们不应该忘记，“连续”这个语词是亚里士多德的新词之一。[④]

运动的规则

在《物理学》的第八卷，亚里士多德试图证明存在着一种运动的外在规则。【149】正如他的通常做法，他以一个问题将我们带入他的思考，并以此开始他对此问题的阐释。通过复杂的论证，他得出结论认为：运动既没有起点，也没有终点，因此，是永恒的。从时间的永恒性和运动的永恒性可以推论出，宇宙是永恒的。然后，他继续引证了关于有机体运动特征的理论，还有一些其他形式的运动，如循环运动。

① 148d-149a
② V 3, 226b 18
③ Düring, Arist., 325-329
④ 231b 16

动物运动心理物理学

在这里，亚里士多德指出，关于“第一推动者”（πρῶτον κινοῦν）的理论，并不涉及“预先注定”的事件：“制定出一个完全放之四海而皆准的理论，是一件非常美妙的事情。但是，我认为，必须把它运用到个案中，而且还要将之运用到我们所从事的一般理论经验基础之上。”[①] 首先，亚里士多德想要证明，空间中的运动是不可能的，如果它没有一个作为起始点的休憩固定点的话（δεῖ γάρ, ἂν κινῆταί τι τῶν μορίων，ἠρεμεῖν τι）。[②]

为了能够正确地理解亚里士多德的论证，我们应该记住关于这个问题的不同的理论：是什么力量使宇宙成为一个整体？在谈及前苏格拉底哲学家的理论，【150】比如，阿那克萨戈拉和恩培多克勒时，柏拉图写道：他们并没有试图解释使宇宙组成的力量，他们也不认为这是一种神的力量。[③] 他们声称已经找到了一个新的阿特拉斯，他处在一个可以将地球更加有效地控制住的位置。对于柏拉图来说，其中的凝聚力就是宇宙的灵魂，与斯彪西波形成对比。斯彪西波认为，整个宇宙是以地球为中心，围着两极旋转。[④] 按照本都的赫拉克利德的观点，地球是围绕着其轴心旋转的，而整个天球处于静止之中。[⑤]

① Düring, Arist., 337
② 698a 16
③ Phaed., 99c
④ Phaed., 34b
⑤ Voss, Scriptis

《论天》

《论天》是由三个部分组成的，在一定程度上，其中的一系列术语，是亚里士多德继续用来探究自然的，比如：变化、运动、无限，等。第一部分包括卷一和卷二，占了整部著作的三分之二，亚里士多德主要阐释了他的宇宙论，他将之称为上界：（πρῶτον σῆμα）。在第二部分（卷三），他主要讨论了地上元素的行动、属性和运动。[①]第三部分（卷四）则是一个对于“轻”和“重”概念的简短介绍。亚里士多德的天文学体系，主要是在《论天》中呈现出来的，可以概括如下：天体包含着第五种元素，它们并不受产生和毁灭规律的支配，也不会变更和改变大小。不同于地上的元素，它们并不是按照直线运动的，而是圆周循环。[②]【151】

在亚里士多德形成其关于天体运动状况的观点过程中，他还考察了之前几代思想家关于四元素动力因的理论，“冷—热”和“水—土”。[③]阿那克萨戈拉在其《论自然》中已经谈到了在宇宙形成过程中，各元素的动力因所起到的基础性作用。罗克里的腓力司逊也曾倡导过四种动力因的其他方面，以及关于精神的理论。他们甚至影响了柏拉图本人。正是通过腓力司逊，我们才拥有了关于每种元素中包含着特殊动力的第一部系统的学说。[④]这位来自罗克里的哲学家，在柏拉图还在世的时候曾经访问过柏拉图学园，并且很有可能有机会与亚里士多德见面交谈。不管怎样，亚里士多德全盘接纳了腓力司逊的宇宙学理论，且仅仅是在这些理论的基础之上扩

---

① Moraux, Ciel

② Cael., X 2, 1, 3

③ Fragm. 59 B 4

④ Fragm. 4-5 Wellmann, Ärtze

展了一下。[1]

除了阿那克萨戈拉和腓力司逊，阿那克西曼德也形成了自己的宇宙学理论，他主张，世界是以一对相反的原因为基础的，即冷—热。正如恩培多克勒，他认为，世界产生于“四根”。

亚里士多德的宇宙论体系建构在宇宙的存在结构必然性基础之上：“永恒的生命是上帝的能量，因此，天空中各神圣天体的运动，具有永恒必然性，正因为如此，天空仅仅是一个旋转的球体。”亚里士多德继续阐述他的宇宙学体系，但是，关于他所接纳的太阳、月球和其他星体的复杂运动，是对尼都斯的欧多克索理论的改造，他的理论曾被其朋友，即来自西泽库的卡利普斯发展过。[2]【152】

《产生与毁灭》

这部著作与《论天》具有直接相关性。在导言中，亚里士多德宣称，他主要研究元素的产生与毁灭问题。他认为，在这个过程中，会出现三个自然的过程，他分别将之命名为：创造（genesis）、变化（metabole）和混合（meixis）。[3]在这里，亚里士多德提醒读者，他较早之前已经主张：“一事物产生于先前就已经潜在存在的事物”。

关于产生与毁灭的话题，更早之前的思想家们已经提出并讨论过，其中，这些思想家们，既包括一元论者，也包括多元论者。[4]一元论者认为，所有的事物都会还原为一个最初的本质，并且，在最终毁灭中包含着引起质变的原因和程序。与此不同，多元论者发

① Jaeger, Diocles
② Lambda 8
③ III 1, 298b 6-9
④ Joachim, Passing

展了一套更为翔实具体的理论，他们把这个过程描述为元素（原子）之间的联系和非联系。[1]

关于一元论者，吕克昂学园时期的塞奥弗拉斯特曾经评论过一些来自阿那克西曼德的相关摘录。[2]【153】

根据原子论者的理论，亚里士多德引用了留基伯关于产生和毁灭过程的感官概念的理论。他认为，人的感觉器官是不能被直接感知的，“但是，留基伯认为，他有那些认可所有与感觉具有一致性和不去否认产生、毁灭、运动和一系列事物的论据”。[3]在他批判留基伯的观点之中，亚里士多德也论说了恩培多克勒——他的“四根说”理论也掺杂其中（“一个通过另一个”）——为了回到留基伯，并且和他的瓦解毁灭观点，以及生长与扩展的观点相一致，当一个实体通过虚空穿进另一个实体，就发生了。[4]

按照三段论，亚里士多德指出，如果考虑进由变化了的实质获得的新的属性，再决定“简单生成”方面的困境。同时，亚里士多德还表达了他在产生的永恒性上关于诗歌性原因的基本观点：一种本质的毁灭等同于另一种的产生，反之亦然。换句话说，受“产生—毁灭”法则支配的物质，是以多样的物质形式结束的。

亚里士多德不但审视了早期的爱奥尼亚哲学家的理论，而且还有柏拉图的观点。其中，爱奥尼亚哲学家的宇宙学理论是以诗歌形式表述的，有时候不是很清楚，也不太好理解。【154】亚里士多德主要批评了《蒂迈欧篇》中的理论：“柏拉图在《蒂迈欧篇》中的理论并不能给我们带来任何帮助，因为柏拉图没有澄清‘所有事物’（πανδεχές）与其组成元素的差别，因为他说，作为第一原则，

① Kalfas, Phthoras
② Simpl., Phys., 24, 17
③ GC, I 8, 325a 2
④ K. R. S., Presocr., 402-433

它包含着四种基本元素，正如金子的基本元素构成了金子一样，为什么他不包含‘所有事物’？”[①] 亚里士多德对其导师柏拉图的不精确性感到非常失望，尽管他知道柏拉图有时候是有意不想表达清楚自己的观点（μὴ δι’ ἀκριβείας）。[②]

最后，亚里士多德简单清晰地阐述了自己的观点：“相反，我认为，有一种自然实体的‘物质’，它从来不会独立存在，永远和其对立面联系在一起，从这个联合体中，产生了四种基本的元素”。

土 = 干——冷

水 = 冷——湿

气 = 热——湿

火 = 热——干【155】

在最后一章中，亚里士多德主要论述了上面的世界和下面世界现象的差异，最后论述了绝对必然性和条件必然性。[③]

《天象学》

亚里士多德将这部著作的主题命名为“整个宇宙围绕地球转”[④]，在他之前的思想家那里，并没有类似的观点，并且，在此之前只有一些关于自然现象的经验观察存在，此外，还有一些关于宇宙学、天文学和地理学主题的个体性研究。亚里士多德在这部《天象学》的前言中指出，他的这个研究的基本框架，主要是与在他之前那些思想家们称之为“天象学”的主题相关的领域[⑤]，也就是，

① Timaeus50ab
② Theaetetus184c
③ Verdenius -Waszink, Coming
④ 339a 19
⑤ Düring, Chemical

“那些在高处的现象的思想”。[1] 亚里士多德的意思是，那些在天空中的现象，这些现象主要出现在天体之下的自然现象，但是，这些自然现象是没有规则的，它不同于由第一元素构成的实体的运动。亚里士多德引用银河、彗星、流星和陨石等作为这些现象的例证。[2] 这个评注是在亚里士多德从马其顿回到雅典之后所作的，而且他借鉴了别的观察者的一些经验观察数据和他本人自己的一些观察。比如，他曾经提到去过以弗所的寺庙，到这里的目的是想自己亲自看一下被火毁坏之后的这座寺庙的废墟。[3]【156】

这部著作主要有以下内容和问题：关于风的理论，大气中的光学现象，水文问题，天气变化，地震和地理问题。亚里士多德的目的是想结合之前描述自然现象和它们周期性变化的理论，与其本人从经验上观察到的自然环境问题结合起来。

早在阿那克西曼德的时代起，诸多哲学家就相信地球存在一个目的论的过程，他们断定，海洋会逐渐慢慢地缩小，直到最后干涸。这个理论大致上是与今天我们所谓的“温室效应”具有相关性的，这个理论大体可以追溯到阿波罗尼亚的第欧根尼的《论自然》。[4] 亚里士多德是拒绝上述这套观点的，尽管亚里士多德本人有关于“陆地蒸发”（ξηρᾶς ἀναθυμιάσεως）的理论——但却是另外一套语汇——且在关于“陆地蒸发”的理论基础之上[5]，他解释了一系列的与天体相关的现象：如关于新的星体和流星以及一些其他的现象。关于彗星和银河的理论，他主要是从埃斯库罗斯和欧多克索那里得来的，其中，埃斯库罗斯来自开俄斯，他是希波克拉底的学生。而欧多克索来自尼都斯，是亚里士多德在吕克昂学园中

① Düring, Arist., 349
② 338b 24
③ Gamma, 1, 371a 31
④ Diels, Anaxim.
⑤ Alex. Aphrod., Metaphysics, 1, 67

的学生。亚里士多德也用这种理论在挑战阿那克萨戈拉关于银河的理论。亚里士多德通过观察认为，银河一直延伸至热带地区，在这里，除了有璀璨的星体，“银河”（σάκκοι）也“停留”在这里。[①] 正如邦克（Böker）所指出的，亚里士多德基于天体模型所做的这些观察具有特别重要的意义。【157】这些观察是亚里士多德在学园中所作的，而且很可能这些模型包含了吕克昂学园博物馆中的很多教学工具和设备。

评论：我们发现，柏拉图和亚里士多德已经引用了不同学者的著作，他们也对这些著作有广泛的评注。或许，这是一个从伊奥尼亚哲学家时代就已经存在的著作者的传统。苏格拉底、柏拉图和亚里士多德继承延续了这种传统。当然，智者以及在他们的驳谤性著作中不是这样的，他们更多地批判、讽刺，甚至进行嘲讽。

柏拉图通常会让苏格拉底成为其对话中的主角，以此表明他传承了苏格拉底的思想。但是，亚里士多德却不是这样的，相反，他系统地反驳了其导师和他的理念论，甚至挑衅地忽视了其他导师！事实上，亚里士多德会非常简单轻蔑地讲：“某些人主张，有人认为……。”[②] 他在学园中的第一个老师，来自尼都斯的欧多克索就是这种情况。欧多克索在数学和天文学方面对亚里士多德影响非常深刻。尽管在《论天》和《天象学》中，欧多克索的理论对亚里士多德的影响是无处不在的，但是，亚里士多德连一次也没有提到过欧多克索。如果非要寻找一些语词的话，对欧多克索提到的唯一的模糊性的神秘短语就是：“正如他们提出的”（καθάπερ δείκνυνται νῦν）[③] 和“正如他们在课上提到的”（δεικνύμενα διὰ τῶν

① Winde

② Schadewaldt, Eudoxos

③ Met., 345b 1

μαθημάτων)。[1]【158】

这两位伟大的思想家对他们"前科学"阶段的过程和地位保持了沉默，柏拉图和亚里士多德剥夺了他们的学生和未来读者考察他们所引证信息的来源，同时，也使得去核查支撑这两位思想家观点的各种论据的合法性成为不可能。此外，因为对之前理论（γελοίως γράφουσιν νῦν）的嘲弄和讥讽，他们也就把前苏格拉底哲学作为一个整体逐渐推向了边缘，直至被人们所遗忘。[2]

关于风的理论

亚里士多德将水和空气的公共领域称之为大气，并且，在观察了各种现象之后，他还对发生在地表环境中的各种现象进行了评注：雾、冰、冰雹、旋风、降水、闪电和雷电等。关于各种风，按照亚里士多德和学园中相关学者的观点，他们将之视为是运动中的空气。早在阿那克西曼德时期，风就已经被看作是流动的空气（ἄνεμον εἶναι ῥύσιν ἀέρος）。[3]除了他关于北风来源的理论之外，亚里士多德还绘制了他的关于"论风、水和地区"的表格（anemologion），这扩充了他关于这方面的知识，同时，他还提到了南风。亚里士多德最初关于各种风流动的立场观点是模糊的，他也反对当时占主导地位的来自开俄斯的梅特罗多洛的理论。【159】

按照亚里士多德的观点，希腊最奇怪的一种风是季风，夏季的月份，强烈的北风吹到爱琴海中。它的来源就是横跨东西的北方的山脉高地玻瑞阿斯。

① Met., 339b 32
② Met., 362b 12
③ Met., X 2 A 24

大气的光学现象

亚里士多德关于光学现象的观点是建立在经验观察和欧多克索学派成员学说的基础之上的。比如，他认为光晕、彩虹和幻日（parhelia），都是阳光折射作用的结果。具体地讲，关于彩虹，他指出："它是由于细小的水滴造成的，当与太阳相对时，太阳照射着它们，另一部分在阴暗里。彩虹的颜色像船桨划水时细小水滴造成的颜色，或者当有人在屋子里对着太阳喷洒水时，在空中泛起的颜色。"[①]

水文问题

亚里士多德关于地表的理论是来源于柏拉图的——在《斐多篇》中已经阐释过。柏拉图从毕达哥拉斯学派和巴门尼德那里获得很多信息，比如，地球是一个"圆盘"。[②]柏拉图认为地表存在着各种洞穴，以及各种注满水和气（ὕδατος τε καὶ ἀέρος ἔκπλεα）的地下空间。[③]【160】相反地，亚里士多德坚持认为，水是作为永恒循环的地质过程的一个部分。海洋是一个储存水的蓄水池，但不是主要的源泉。

在这里，亚里士多德表达了他与德谟克利特和伊奥尼亚哲学家相反的观点，他们认为海洋是不断在缩小的，正如我们上面所提到过的，最后直至干涸："人们所说的，跟伊索寓言中所说的没有什么差别。"

① Met., 327a 7
② 111c-113c
③ Phaed., 110c

天气变化

亚里士多德对地中海不同地区气候变化，特定地区由极端现象造成的地球物理变化，如尼罗河的产生等，这些事物的参照点是荷马。亚里士多德还讨论了侵袭希腊摇篮古城多多纳的暴雨和洪水。这里曾是“希腊人”（Graeci，罗马人称其为“希腊人”）居住的地方，也就是今天我们所谓的“希腊人”。①

我认为，在这里我们应该注意亚里士多德在其早期著作《政治学》中的注解，他阐释了东西方不同地区的公民，以及与各个地区希腊人的比较（亚里士多德从《论风》《洪水》《地区》的作者那里获取了一些资料，这些作者阐释了环境对民族差异方面的影响）。“寒冷地区和欧洲民族的人比较活跃和果断，但是他们缺乏智慧和技巧。【161】这也是他们保持更长时间的自由，但是却没有建立城邦和没有能力统治他们邻邦的原因。亚洲人非常聪明和有技巧，但是他们却不好动，这也是他们一直受到压迫和统治的原因。希腊人，从空间性上来看，正好处在两个地区的中间地带，他们从前两者那里吸取了很多东西，他们既活跃，又聪慧。因为这个原因，希腊人一直保持着自由，并很好地按照政治的形式组织起来。”而且处于一个统治一切的位置，最终归入一个国家。②

地震

亚里士多德曾对地震的原因和地震的前兆做过很多恰切的观

① Met., 352b 1
② VIII 7, 1327b, 19-36

察。他认为，大多数地震都发生在地球表面疏松多孔且充满洞穴的地方。大多数地震发生在某些特定的季节和地点，比如在风平浪静的地方或者月蚀的时候，或者新水源出现的地方。①【162】

地理

亚里士多德关于地球最著名的理论和观点，来源于欧多克索“地球是球体”的观点。在人们所居住的世界的形式问题上，欧多克索并不认为伊奥尼亚人的观点是理所当然的。早先的伊奥尼亚人认为，人们居住的地方——地球是“圆盘状”的，此外，米利都的赫卡泰乌在《环游地球》中，也秉持这种观点。亚里士多德对伊奥尼亚人关于地球是“圆盘状”的描述不太认同（γελοίως γράφουσι νῦν τὰς περιόδους τῆς Γῆς），而伊奥尼亚人与赫卡泰乌关于地理的观点是一致的。②

从这件事情来看，我们可以推测，欧多克索的观点在当时并不是被普遍认同的，尽管他根据天空的区域划分，形成了关于把地球分成各个区域的重要理论。从地理层面上来讲，“人们居住地方”的区域划分包括伊比利亚半岛，欧洲东南方与亚洲的塞西亚（相当于如今的中亚地带），埃塞俄比亚和东印度群岛，以及欧洲大陆、亚洲大陆和利比亚，这些地区是通过陆路连接在一起的，一直从西延伸至热带地区。

亚里士多德对于西欧和中欧比中东知道得更多一些，包括关于德国中央山脉（海西造山期的）和比利牛斯山的最早的信息来源。【163】

① Met., 367b 8-16
② Met., 362b 12

生物学—心理学

在亚里士多德看来，生物学和心理学应该综合起来进行考察，因为它们并不是两门独立的科学。毫无疑问，亚里士多德是“生物科学”[①]的创始人，这里所谓的“生物科学”包括：生物学、比较解剖学、心理学和植物学。[②]尽管过去在这些领域有一些先驱者，但是，在亚里士多德之前，并没有人独立地和系统地研究过这些学科。

对亚里士多德而言，我们所生活的产生（γίγνεσθαι）和毁灭的世界，才是真实的世界。[③]亚里士多德探索和研究的方式，不是像柏拉图在《蒂迈欧篇》中所谓的“貌似带有合理性的诗歌”[④]的形式，而是采用自然科学的方式。考虑到事物的本然联系，以及以后必然会发展成独立的知识，他认为只有分门别类的研究才是正确的和合理的。【164】

亚里士多德最主要的生物学著作是《动物志》，这主要是一部记录动物生命主要特征的导论性作品，另外，还附有几部关于决定

① Louis, Génér.
② Louis, Animaux
③ Claghorn, Timaeus
④ 29b

生命有机体及其功能的作品：《论动物的结构》、《动物志》、《论动物的行进》、《论动物生成》、《自然诸短篇》和《动物之运动》。

生物学

亚里士多德的《动物志》是由安德罗尼柯出版的，共有十卷，其中，有三卷被认为是由罗得岛人写的，但这三卷中，也包含一部分真实的亚里士多德的材料。[①] 据古代注释者记载，安德罗尼柯共有两个"版本"，这两个版本都可以追溯到希腊化时期：其中，一个我们之前已经提到了，另一个的标题是《论动物的结构》，共有六卷（I–VI）。[②] 这里，亚里士多德主要是想展现各有机体之间的差异，比如，它们的生存方式、行为、个性和生命属性，以及它们的器官和机体的组织，首先按照类型特征进行分类，然后，再仔细探究每一种动物。亚里士多德列出了他的研究成果，首先从人类开始，紧接着，对大多数完美的生物进行描述，并以不完全卵的生物结束。[③]【165】同时，他还将动物区分为脊椎动物和无脊椎动物。

亚里士多德对500多种动物物种进行记录、分析和分类，这些动物几乎涵盖了当时他所了解的绝大多数，尽管他的有些描述是模糊的。另外，还有一些是由历史学家和地理学家旅行时带回来的观察记录的描述，甚至还有一些基于神话中描述的材料。[④]

亚里士多德"生命之梯"的分类如下：

① Tricot, Animaux
② Düring, Partibus
③ Lloyd, Classif.
④ Ross, Arist., 117

		有血动物
胎生动物		1. 人
		2. 多毛四足动物（陆生哺乳动物）
		3. 鲸（海生哺乳动物）
卵生动物	有全卵（4和5）	4. 鸟类
		5. 带鳞四足动物和无腿（爬行类和两栖类）
		6. 鱼类
		无血动物
卵生动物	不完全卵（6、7和9）	7. 无脊椎软体动物（头足细）
		8. 甲壳类
		环节动物
节肢动物		9. 昆虫类
		10. 甲壳类（除头足纲类的无脊椎软体动物）
		11. 植虫类

关于亚里士多德所记载的生物学材料的部分，我们将不再继续往下分析和评介，因为这些是生物学专家更为熟悉的领域，且已经超出了我们研究能力所及。我们仅在这里引用和勾勒描绘一些数据，也不会离现实太过遥远。

评论：亚里士多德的研究方法有两种：一种是经验观察的方法；另一种是文献资料的方法。

a）经验观察。在柏拉图去世之后，亚里士多德离开雅典，先后到过阿塔内斯、阿索斯和莱斯堡。【167】在爱琴海北部的岛屿上，亚里士多德也组织了一个研究小组，在这里，他与塞奥弗拉斯特展开合作，探究动植物的王国。他们的最终目的是，尽可能多地收集动物有机体，然后，根据它们的生物特征进行分类：脊椎动物、无脊椎动物，头足类动物、甲壳类动物，等等。正如上面已经列出的表格。

对亚里士多德而言，仅靠他自己的观察是远远不够的。他在农村里还有许许多多的“代理人”，比如，家禽养殖者、养鱼人、猎手、养猪的人、养蜂人，甚至还有一些江湖郎中（οὐθὲν τηρεῖ τοιοῦτον τοῦ γνῶναι χάριν）。[①] 亚里士多德先是将对这些动物个体习性的观察汇总起来，比如，它们的受孕和繁殖周期等，然后再将这些资料归档，做进一步的处理和分类。不过，他收集到的一些间接资料却总是不那么让人满意，特别是对像亚里士多德这样追求精确化的研究者而言更是如此。亚里士多德在他的笔记中也指出过这一点，他说，很多养鱼人的描述是不恰切的，因为他们缺少科学知识的基础。

让我们再回到亚里士多德建立的研究小组，说到这里，我们就不得不提一下大普林尼所提供的关于这个宏大的研究项目资金支持的信息。[②] 这项关于动物领域的研究，得到了亚历山大大帝的支持。亚历山大大帝派遣成百上千的人去为亚里士多德收集资料信息，这就为亚里士多德的创作提供了无与伦比的便利条件。【168】这是一条特别重要的信息，这条信息应该不是人们在希腊化时期编造的。

b）文献资料。我们认为，亚里士多德的“广博知识”的一个重要来源，很有可能是公元前六世纪的航海家和地理学家关于动物世界的著作。卡里安达的斯居拉克曾经写过很多作品（peripli），这些作品不但有关于民族志和人种学的，还有对其拜访过的每一个地区的动植物的观察和研究。对于赫卡泰乌和希罗多德而言，这些作

① GA, III 5, 767a 33
② Hist. Natur., vVIII, 16, 44

品都是非常有价值的参考资料。

赫卡泰乌，来自公元前六世纪的米利都，是一位非常著名的地理学家和民族志学者。他是最早运用科学方法的学者之一，他非常多产，并且有很多作品的摘录保存了下来。此外，他旅行时的观察描述，不仅有关于地理学和民族志的，而且他还将注意力转移到动物和植物领域。亚里士多德从赫卡泰乌作品中摘抄了很多，但是，他并没有提及赫卡泰乌的名字，仅仅是简单地将赫卡泰乌和其他人称呼为“医学家”。①

另一位让亚里士多德非常感兴趣的学者是克第西亚，亚里士多德的著作和分类表格，从克第西亚那里吸收了很多资料信息。②克第西亚出生于尼都斯，在公元前五世纪和公元前四世纪较为活跃。作为一名历史学家，克第西亚在某些领域可以与历史学之父希罗多德平分秋色。【169】他对尤克昔涅·本都的描述 [Periodos（Description of the Earth）or Periplus]，尽管不总是非常精确，但是对于我们了解遥远的各希腊城邦和地区具有重要的意义。克第西亚对希罗多德进行了严厉的批判，因为他对希腊没有的动物只进行了非常简单的描述，比如鳄鱼和河马。

亚里士多德从那些专注于研究地理学、民族学和人类学以及相关领域的学者那里“窃取”了大量资料和信息，亚里士多德只是笼统地将这些学者称为“自然博物学家”。另外，他还从其他人那里获取了很多资料，以扩充和丰富自己的研究。比如，从荷马和赫西俄德那里，获取了很多关于对动物的描述的信息。除此之外，他还引用了奥尔甫斯的诗歌，神秘诗人穆赛乌斯以及厄庇卡尔谟的戏剧作品，还包括《伊索寓言》中的大量资料。

① HA, III 4, 514b 2

② Bigwood, Ctesias

关于伊奥尼亚的自然哲学家，他提到名字的有阿克迈翁、阿那克萨戈拉、恩培多克勒、利奥法尼斯和德谟克利特，亚里士多德对这些人都赞扬备至。此外，他还提到过医生叙恩涅喜斯和波吕波斯，当然，还有阿波罗尼亚的第欧根尼。

阿克迈翁来自克罗通，是毕达哥拉斯的学生，也是毕达哥拉斯学说的支持者，他曾经创作过一部名为《论自然》的著作，在这部著作中，他特别提到了感觉器官的作用。① 他甚至提出了人脑是人体动力器官的理论。我们在此需要补充说明的是，阿克迈翁所呈现的所有信息，都是经过严格科学论证的结果。【170】

阿那克萨戈拉来自克拉佐门尼，约于公元前460年定居于雅典，他在不同领域的诸多理论都给人们留下了深刻印象，特别是众所周知的“努斯”（Nous）。对他而言，“努斯”（Nous）或者“心灵”（mind），是一种创造性的力量，他生发出整个组织体系：宇宙。“努斯”能够“支配一切事物”是因为它是万物中“最细的”，也是“最纯的”。在写作其生物学作品的时候，亚里士多德对阿那克萨戈拉最感兴趣的还是其物质运动因果律的哲学概念。

恩培多克勒可能并没有去过雅典，他主要在普洛康奈斯岛进行创作活动。从这位毕达哥拉斯学派哲学家的作品中，亚里士多德不但运用了其“四根说”，而且还从其《论自然》中吸收了不同的内容。亚里士多德引用了很多恩培多克勒关于生物学的基本原则，比如，不同生物的种类具有不同器官，但却起着相同功能和作用的理论。在其他方面，亚里士多德非常直接地证明其理论，他写道：“恩培多克勒说得很对，动物产卵，因为卵是一个胚胎，其中，一部分生出了动物，另一部分为它提供营养。”②

① Schumacher, Medizin
② Fragm. 79, GA, I 23, 731 a 4

利奥法尼斯或克利奥法尼斯，医生或自然博物学家。在亚里士多德开始研究生物学之前，就已经写作了多部著作，亚里士多德非常赞同他关于产卵前后代性别选择的理论。[①]【171】

德谟克利特有很多著作，但是，亚里士多德对他的《宇宙小系统》非常感兴趣，这部著作由多篇文章组成，其中，他不但探讨了宇宙现象（《论行星》），还有诸多关于人类学话题，比如《论人的本性》《论灵魂》《论感知》《论汁液》，等等。

阿波罗尼亚的第欧根尼在雅典居住了很长时间，也与亚里士多德认识。第欧根尼写过一本名为《论自然》的著作，这部著作在很多方面都影响到了亚里士多德，比如：解剖、繁殖，特别是关于人类静脉系统的理论。[②]

最后，亚里士多德非常熟悉波吕波斯的理论。波吕波斯是希波克拉底的女婿，他在《论人的本性》中，提出了人体“四体液”的理论。[③]关于叙恩涅喜斯，他是来自塞浦路斯的解剖学家，可能是希波克拉底的学生，在公元前五世纪中叶较为活跃。同时，亚里士多德指出，关于静脉系统的理论，叙恩涅喜斯与第欧根尼的观点是一致的。

心理学

按照今天的标准来看，亚里士多德关于心理学的理论似乎有些粗糙，但是，如果我们把亚里士多德的理论与其前人相比，以及与其同时代的自然哲学家和物理哲学家相比，包括柏拉图本人，其对于《论灵魂》这个主题的阐释，还是代表了当时同一时期最先进的

① Smith, Greek
② Fragm. 6, HA, III 2, 511b 31
③ Dambasis, Syennesis

科学方法论的。【172】亚里士多德用自己的方式，将心理学提升到了科学的水准，他是第一个从生物学视角审视这个主题的。亚里士多德的研究对象和研究目标是要弄清楚灵魂的本质和自然本性，以及它的属性。①

学园各成员对于灵魂的主流观点是“混乱的”，人们只是根据其定义进行评判，塞诺克拉底对此也持嘲讽态度。②正如英格马·迪兰所评述的：“在关于灵魂的所有表述中，最愚笨的观点是把灵魂看成一个数字，它会按照自己的意愿移动。”③

在他的文本《论灵魂》中，亚里士多德表述了自己的观点，他试图将每一个生命有机体的灵魂连接或者断开。无论是出生之前，还是死亡之后，他认为，灵魂是不朽的。亚里士多德将三部主要的著作划归为心理学：《欧德摩斯篇》、《论灵魂》和《自然诸短篇》。

总结

亚里士多德在其《论题篇》的末尾部分写道：应该有一门探索灵魂的科学，并且应该是一种高等科学，因为在评估所有的存在和生物体性质时，关于灵魂的知识看起来都是有帮助的。在一定意义上讲，灵魂是所有生物存在的根据。④【173】

亚里士多德认为在其两种能力方面已经足够成熟去探索关于灵魂的问题，即作为一个自然的探索者和作为一个辩证的哲学家。他的目标主要是从“纯粹自然——认识论”的视角探讨提出来的问题，但是，他又几乎完全忽视了古代的关于灵魂的轮回和不朽问题

① An., 402a 7
② Top., III 6, 120b 3
③ Arist., 571-572
④ Mansion, Âme

上的概念和理论。为了克服这个障碍，或者说绕开这个障碍，他设置了其研究的框架：博物自然学家的任务就是要阐释灵魂的功能，这些灵魂会伴有一些生理症状。同时，如果有一些可以与人体分离开的灵魂的功能的话，那么，那些研究这个领域的有较强能力的人，就是哲学家（ὁ πρῶτος φιλόσοφος）。在最后的分析中，我们从可见的物象之中推论出可见的原因："其所呈现出来的，提供了非显性事物的视角。"（ὄψις τῶν ἀδήλων τὰ φαινόμενα）①

对话

亚里士多德所著的这篇特殊的对话，仅有一些残篇保存下来，它是为了纪念其好友欧德摩斯所作的。欧德摩斯于公元前 354 年去世。同时，亚里士多德还阐述了一些关于形而上学的问题。哲学历史学家认为，在《欧德摩斯篇》中，亚里士多德所表达的关于灵魂的观点具有柏拉图式的风格，从中我们也可以推测出，直到柏拉图去世之前，亚里士多德一直是一个柏拉图主义者。【174】

《欧德摩斯篇》这篇对话是用文学体裁写作的。②西塞罗提供了一些关于其导论的介绍，其中，在暴君亚历山大时期，欧德摩斯旅行至费赖。此外，还论述了他糟糕的身体和其不祥的梦，最后导致了其身体而非灵魂的死亡。亚里士多德的原型是柏拉图《克里托篇》中苏格拉底的梦。③最后，这篇对话的主题是"灵魂会从一个地方离开，去到另一个地方"的观点（μετοίκησιν τὴν ἐνθένδε ἐκεῖσε）。④

---

① 403B 16
② Bernays, Eudemos
③ 44ab
④ Phaed., 117c

《论灵魂》

尽管这部著作有三卷，但是仅有一个扩展版保存下来。其中，我们可以区分开亚里士多德的文本和之后添加的文本。[①]亚里士多德认为，如果给一个灵魂下定义，而且这个关于灵魂的定义具有普遍权威性和力量，这种方法是有害的，因为他介定和所秉持的定义并不能评定对于灵魂可能的影响，特别是关于一些非生物的特征："因此，这是非常荒唐的……去提出一个绝对一般的定义，这个一般的定义将无法表达任何事物的独特性，或者忽略这种一般定义，去找寻相应每一种最低一级的物种的分别的定义。"[②]

这部著作是按照如下顺序排列的：在一个介绍性导论（A1）之后，有一个关于先前的哲学家论述集的评论和对他们观点（A 2—5）的文献评论。[③]【175】这部著作中提出了如下的话题：作为生物学现象的灵魂、心智能力、移动能力等。亚里士多德几乎没有给人们留下误解其意图的余地，他明确地指出，自然哲学家必须整体或部分地研究灵魂，才能说明生物的肌体。

关于亚里士多德之前的思想家，亚里士多德提到了泰勒斯、赫拉克利特、毕达哥拉斯学派、萨摩斯的希波——克拉提努将其污蔑为是一个无神论者、克里底亚、阿克迈翁和阿波罗尼亚的第欧根尼，当然还有留基伯和德谟克利特，阿那克萨戈拉——从身体中分离出来的灵魂——塞诺克拉底，还有柏拉图。关于毕达哥拉斯学派，亚里士多德认为，他们相信灵魂是一种悬浮在空气中的微小的粒子。最后，他引证了柏拉图在《蒂迈欧篇》中表达的观点，也就

① Gigon, Anima
② II 3, 414b 25
③ I 2-5

是，灵魂是由元素构成的。

《自然诸短篇》

我们通过拉丁文的题目《自然诸短篇》，得知这部由七个小短篇组成的关于心理物理过程的集子。① 在第一篇作品的导论中，亚里士多德提到了某些过程，他称之为“一般行动”(κοινὰς πράξεις)，也就是，动物的身体和灵魂的共同过程。这些短篇作品是：【176】

Ⅰ.《感觉与感觉客体》；

Ⅱ.《记忆，睡·醒，说梦，与梦占》；

Ⅲ.《长寿与短命》；

Ⅳ.《青年与老年》《生与死》《呼吸》。

这里我们将不再详述《自然诸短篇》中讨论的宽泛意义的各个题目，因为这将会超出我们的研究领域和范围。然而，我们应当指出，亚里士多德谈到了早期思想家的概念，例如，在《感觉与感觉客体》中，从阿克迈翁的时代起，爱奥尼亚的哲学家们已经将感觉器官以及它们的功能与四元素的理论联系起来，一方面，它们认为眼睛里包含着水，声音是通过空气达到耳朵之中的。我们不应该忘记，阿克迈翁是第一个尝试干预人的眼睛的！另一方面，恩培多克勒和原子论者认为，人们眼里的形象，是由具体的对象所发出来产生的。② 柏拉图在《美诺篇》中采纳了恩培多克勒的观点，但是，在《蒂迈欧篇》中，他融合了他的理论与阿克迈翁的理论，他认为，眼睛中的炽热元素发射出一个光学的图像，最后眼睛中的光束与物体释放出来的射线相遇。【177】

① Ross, Parva

② Erhard, Alkmaion

伦理学

亚里士多德研究伦理学和心理学。不仅如此，他还将之视为一门独立的学科，通过对问题领域的准确划界，对其进行进一步研究。他与柏拉图走的是不同的路子，柏拉图并没有区分科学知识和道德知识，并认为本体论与伦理学有着密不可分的联系。《劝勉篇》可以视为是亚里士多德伦理学研究的一个序幕。

对亚里士多德而言，伦理学是社会科学的一个分支，因为它在社会的框架中去评析人的活动和行为。[①] 也就是说，全面的政治学知识包括社会和政治伦理。一个国家的繁荣昌盛是以其市民的繁荣昌盛为基础的。

亚里士多德有三部著作涉及伦理学：《大伦理学》、《欧德摩斯伦理学》和《尼各马可伦理学》。在很多学者看来，《欧德摩斯伦理学》和《尼各马可伦理学》是亚里士多德在吕克昂学园中教学的讲义和演讲，这两部著作是由其后来的学生出版的。【178】《大伦理学》则是前两部伦理学的摘要。

事实上，从概念和方法论上来看，亚里士多德的伦理学是与其哲学和宗教思想完全不一样的，因为亚里士多德并没有谈及个人的

① Burnet, Ethics

道德和伦理的艺术，他更多的是在社会的大背景下谈论伦理学和在人类共存的前提下谈论哲学。个人的道德是以其对社会和族群的福祉贡献为衡量标准进行评价的。因此，人们只能在一个有组织的共同体的活动中，才能获得“善”（agathon）。亚里士多德从乌托邦社会的视角探讨伦理学，在他看来，没有哪个人可以单独的和以别人为代价来获得“善”。

亚里士多德并没有忽视诗人和哲学家们所表述的道德理论，并且还引证了他们的谚语和格言，比如，欧里庇得斯的悲剧《奥里斯的伊菲格涅亚》（*Iphigenia in Aulis*）：“人们的性格多变，习惯迥异，但是，真正的德性却总可以表露出来。正如来自教育的训练会大大有助于德性；它不仅是一种谦逊的智慧，而且也是更好地判断审视正确事情的方式；因为其名声，荣耀将被播撒在一生之中。最伟大的事情就是紧随着德性的脚步——通过不同的方式展现出来，女性在她们的私恋之中，而男性会有一种天生的秩序感，所有这些，都会增添一座城市的伟大和荣耀。”【179】

很大程度上讲，亚里士多德是支持和赞成柏拉图的伦理学思想的，包括柏拉图的概念和思考，以及某些表述方式和措辞。因此，在这一点上，我们可以说，尽管亚里士多德的伦理学依赖于其不同的哲学根基，甚至有三段论起点，但是，亚里士多德伦理学的“核心”就是柏拉图理论原则的变形和移植。

《大伦理学》

在介绍伦理学著作时，亚里士多德说，他将会使用一种理论方法，贯穿于其中的基本问题是：“什么是善?”为了获得善，人们必须使自己在社会领域非常优秀，必须获得德性，道德的德性。因此，最重要的是要确定道德德性的含义。亚里士多德丝毫也不怀疑先验的“善”的存在，但是，他认为，将一种未经证实的绝对的善作为伦理学研究的起点是十分荒唐的。

《大伦理学》的中心旨趣，是关于灵魂所包含内容的概念，一方面，包括非理性的情感和激情，另一方面，则是理性的元素和智慧。[①] 亚里士多德继续说，理性比激情要强大，它是以一种常态为前提的。【180】根据迪尔迈尔的评论，在亚里士多德关于伦理学的著作中，有柏拉图在其对话中“理念论”的影子，还有苏格拉底的相关思想，比如“美德即知识”。[②] 这里我们有代表性的引用一些迪尔迈尔的相关评论，这些评论的主要内容是亚里士多德伦理学著作中的“柏拉图因素”。感官观念是快乐和疼痛的观念，是柏拉图在其《法律篇》中提出来的。[③] 关于“谁树立了道德秩序范式”的问题，答案是“重要的人”（ὅ σπουδαῖος），类似的观点在《泰阿泰德篇》中也有记载。[④]

迪尔迈尔提出的另一个评论是，《大伦理学》不同于“亚里士多德全集”中其他著作的地方在于，贯穿于整部著作中的论述和行文方式。一些仔细的注释者认为：“在其所有的教学作品中，这一部可能是其仅有的真实著作，也就是说，可能是由亚里士多德本人所作的可靠的抄本。”（τοῦ εὐπαρακολουθήτου ἕνεκα）[⑤]

《欧德摩斯伦理学》

人们对这部著作标题中的名字欧德摩斯的身份有很多疑问。【181】可以确定的是，这个人并不是亚里士多德的学生，即来自罗德岛的

① II 7, 1206a 36- b29
② Moralia
③ 653ab
④ 178b
⑤ EN, II 7, 1108a 19

欧德摩斯。《欧德摩斯伦理学》这部著作共有七卷，但仅有五卷保存了下来。①

亚里士多德分析了三种不同类型的生活：政治领域的生活、哲学家沉思的生活和快乐的生活。在此，他提到了阿那克萨格拉的《论自然》，阿那克萨格拉认为，当一个人把目光转向思考神性和正义的时候，他就摆脱了苦痛，过上了幸福的生活。②正如亚里士多德在《劝勉篇》中所指出的，哲学、德性和快乐是幸福生活的基本前提，但是，哪一种是最重要的，他并没有具体讲。

在《欧德摩斯伦理学》导论的末尾部分，亚里士多德提到了他所遵循的方法，并且告诉读者在论述伦理学的问题时，要避免使用三段论的方法。他声称，我们应该从普遍公认的经验知识开始，并且要经过严格的科学论证。确实，根据艾伦的观点，亚里士多德是用严格的演绎法，建构他对"善"、"快乐"和"德性"的定义的。③

《欧德摩斯伦理学》的一个独特特点是，亚里士多德严格界定了伦理学的研究范围，【182】这是在另外两部伦理学著作中没有的："对我们人类而言，善的事情是与行为和变化联系在一起的；善是目标，人们的行为源于他的善。道德知识，审慎，可以帮助我们找寻到这个目标……所以很明显，明智和善是同在一起的，上述的那些状态属于另外的人，苏格拉底'无物胜过明智'的说法是正确的。④但是，当他把明智说成是知识时，就不正确了；因为明智是德性，不是知识，而是另一种类的认识。"⑤这部著作可以算得上是亚里士多德和柏拉图理论观点的一部公开性的对话，其中很多观点在"对话录"中都记载过。

---

① Gigon, Eudemus
② Prot., II 110
③ Method
④ Düring, Arist., 450
⑤ 1246b 36

《尼各马可伦理学》

根据安德罗尼柯掌握的信息，这部著作中“尼各马可”这个名字，可能是亚里士多德想要以这部著作纪念其父亲老尼各马可，或者是因为此书是经他的儿子小尼各马可之手编辑而成的。这部《尼各马可伦理学》并不是亚里士多德在吕克昂学园时期的教学性著作，而是一部计划之中的著作，它较为系统，思想较为成熟，论证较为清晰，目的是探索“善”。“至善”，也就是 πρακτὸν ἀγαθόν，我们可以通过行动获得，它是一种幸福的生活。[①]【183】

这部著作中提出了一些关于“善”的不同的观点，还有一些斯彪西波、欧多克索和柏拉图对快乐感觉的评价和认识：“当行动实现自身的时候，快乐就会到来，正如生命到达顶峰时，美就会出现一样。”[②]真正幸福的生活，是一种有道德优越性的生活，它并不是一场游戏，而是需要努力。最后，最高的幸福，是一种精神或者智慧的生活。

根据亚里士多德得出的结论，德性的生活是应该与一个人的生物本性一起来评价的，这些都是人类幸福明显的特征。根据亚里士多德的观点，他认为幸福的生活不仅是对真理的追寻，而且还是对已经获得的真理的一种反思。[③]【184】

① 1095a 16
② 1174b 31-33
③ 1178a 9-22

政治学

亚里士多德创作政治学著作和整理希腊各城邦的不同政治制度，很可能是出于两个主要的原因：一方面因为他对某些智者的观点提出质疑，比如，吕科佛隆和塞拉西马柯，他们宣称，城邦和法律只是常规规定的产物；另一方面，他还斥责了犬儒学派的观点，犬儒学派宣称，贤者是自给自足的，他不需要成为一个城邦的公民，而应该成为世界公民。在喀罗尼亚战斗溃败之后（公元前 338 年），这个观点对于雅典人和整个反马其顿的势力范围来讲，具有广泛的吸引力。

我们不排除亚里士多德居住在马其顿的时候，也就是在米耶萨教学的时候，他就已经有了要整理希腊各城邦政治制度的想法。【185】毕竟，我们应该考虑到亚历山大对各希腊城邦的政治制度表现出了很大的兴趣，他的目的是，在征讨东方的过程中，制定他将来要遵行的政策。[1]

跟亚里士多德所有的秘传性著作一样，他的《政治学》不是一个单一的整体，而主要是由四部分组成的。今天我们所看到的《政治学》的架构，可能是由亚里士多德本人拟定的，也可能是由塞

① Bielawski -Plezia, Lettre

奥弗拉斯特执掌学园时期，其成员所制定的，这些作品的标题是：Περὶ οἰκονομίας，Περὶ τῶν προτέρων ἀποφηναμένων περὶ τῆς πολιτείας τῆς ἀρίστης，Περὶ πολιτειῶν καὶ παρεκβάσεων...以及 Περὶ πολιτείας ἀρίστης.①

每一部分的开篇部分都有一个亚里士多德呈现其起点的总体性介绍，有时候，这个总体性介绍是关于他要遵循的方法和达到的目的。《政治学》是亚里士多德的一部晚期著作，尽管他在学园的时候已经写作了一部分内容。②

此外，在亚里士多德的政治学著作中，还有一部就是他的《158 个城邦的政治制度》，也就是 160 个希腊城邦的政治制度。这部著作是亚里士多德在吕克昂学园教学的时候，在他的监督之下，由一个他创建的研究团队编纂的。在亚里士多德去世后，这项编纂工作很可能还在继续进行。按照亚历山大里亚图书馆的目录，在亚里士多德的名下，有“158 个希腊城邦的政治制度”。③事实上，亚里士多德在其《尼各马可伦理学》的结尾一节，曾经提到过这些，他在这里提到，他希望去研究那些保存或者破坏一个城邦的政治制度中的元素。【186】

在有关政制论著的 158 部著作中，我们在这里将会评述《雅典政制》的某些方面。

《政治学》

如果有一部亚里士多德的著作可以证明在各知识领域其藏书范围，从而可以确证其作为一个作者的著述活动的话，那就是《政治

---

① Newman, Politics
② Aubonnet, Politique
③ Diog. Laert. V, 27

学》。正如我们在上面所指出的，这部著作包括几个写作于不同时期的作品，尽管它们上面标注的日期仍是一个假设。但可以肯定的是，第二部著作（*Περὶ τῶν προτέρων ἀποφηναμένων περὶ τῆς πολιτείας τῆς ἀρίστης*）写作于他在吕克昂学园教学时期，他也是在这一时期获得的其他希腊各城邦政治制度的相关资料。

因此，我们在这里将会涉及那些亚里士多德涉及的政治家和立法者，还会直接或间接提到这些线索背后的著作者和他们的作品。此外，我们还将会指出那些在亚里士多德之前，论述各城邦政治制度和法典的作品及其作者。【187】

第一卷

从一开始，我们需要澄清的是，《政治学》的基础就是柏拉图的《理想国》、《政治家》和《法律篇》，此外，还有《高尔吉亚篇》。在《政治学》的第一章，亚里士多德在广义上论述了家庭组织和家政学，目的是强调那些柏拉图的观点和驳斥那些不符合自己观点的观点。

从这本书的开头几行，他就摆出了政治家权威性的问题，这个问题也是柏拉图在其《政治家》中讨论的对象。[①]然后，他考察了家庭形成的起源和两性之间的劳动分工，他引用了赫西俄德关于第一个家庭的观点："首先，要有一个房子，一个女人和一头耕地的牛。"[②]每一个家庭成员都有不一样的名字：比如，卡隆达斯（西西里哈尔基斯各城市的立法者）将其成员称为"homositoi"（那些"在一起吃饭的人"）[③]，而克里特的厄庇美尼德（来自费斯托斯的哲人，而且可能是 Ἐν Κρήτῃ πολιτείᾳ 的作者）却将他们称为

① 1252b ff.
② Works and Days, 405
③ Mühl, Charondas

"homotrapezoi"（那些"在同一张桌子上吃饭的人"＝共餐者）。[1] 为了说明通常是由父亲来充当家庭中的权威，亚里士多德回忆了荷马："每个人给自己的儿女和妻子立法。"[2]

紧接着，亚里士多德谈到了理想的家庭，他指出，这个家庭应该包括自由人和奴隶，【188】而且谈到了这方面作为不同社会基础的法律："完整的家庭形式包括奴隶和自由民。"[3] 另外，在谁是贵族的问题上，他还强调了不同观点之间的差异性。也就是说，他问是不是只有自由民才能被指定为贵族或者奴隶。对此，他引用了塞奥德特在剧本《海伦》中的话语：

> "我的双亲皆出于神裔！
> 谁敢辱呼我为婢奴？"[4]

亚里士多德还论述了自然财富获得的问题，在他看来，这属于家政学的技艺，作为一个家主，他就应该熟悉并运用这些手段以取得家庭所必需的各种物品，不仅要有当时所需的足够数量，还有适量的积蓄，以备日后需要。这种致富方式和技术不但有益于家庭团体，也有益于城邦。真正的财富就是这些物品。虽然在梭伦的诗句中曾说过："谁也无法为人们的财富确立一个范围。"[5] 这类真正的财富就供应一家人的良好生活而言，实际上应该不是无限度的。亚里士多德还考察了物质财富的积累方式——套利交易、农业、家禽饲养和养鱼——同时他还提到了一些我们不知道的著作，这些著作是由帕罗斯的卡瑞斯和莱姆诺斯的阿波罗多洛所作。相关的话题，在

① Burkert, Schaman.
② Odyssey, ix 114
③ 1253b 4
④ 1255a 35
⑤ 1256b 30-35

这些著作中肯定已经讨论过。

类似的问题，主要是关于农业，他强调了知识在其中所起到的决定性作用。此外，亚里士多德还讲到了泰勒斯的故事。泰勒斯以哲学家著称，但却贫困得几乎难以自给，世人讥笑哲学并非救贫的学问。①【189】某年冬，泰勒斯凭借星象学预测（第二年夏）橄榄将获丰收，于是把自己所有的资金完全交给开俄斯岛和米利都城的各油坊做定金，租得了各油坊的榨油设备。这时谁都不去同他竞争，租金很低。收获季节来临时，需要榨油的人纷纷到各油坊，谁都愿意照他所要求的高额支付榨油设备的租金，他由此获得大量的财富，他向世人证明哲学家并不难致富，只是他的志趣却不在金钱上。

第一卷的末尾部分主要对农业、土地所有权和家务管理进行了评论，还讨论了贵族的着装习惯，旨在展示他们的职位和头衔。他还举了埃及国王阿玛西斯的例子，阿玛西斯是埃及人，本是贫民出身，后立为王。据说他有一只金脚盆，后熔铸为一尊神像，受到埃及人的顶礼膜拜，阿玛西斯有感于此，曾感叹说："朕本贱器，一旦登而成为偶像，遂受万民崇仰。"阿玛西斯的这个故事，希罗多德曾经提到过。②

第二卷

在这一卷中，亚里士多德呈现和分析了希腊世界最著名的政体。换句话说，他提到了各城邦的政体治理形式和阶级：城邦不仅仅是许多人的（数量的）组合；组织在它里面的许多人又分为不同的品类，完全类似的人们是组织不成一个城邦的。他还区分了城邦

① 1259a 5 ff.
② 1259b 9

和各城邦之间的联盟。他以阿卡狄亚人为例，评论说：如果一个民族不使它的族人散居在各村（κατὰ κώμας），而是像阿卡狄亚人那样结为联盟（Koinon），那就不会保持兴盛。[①]

在这里，亚里士多德提到了曼提尼亚的吕科墨得斯，他生活在公元前 371 年，在厄帕米浓达的胜利之后，【190】从阿卡狄亚来了许多代表，他们集结在留克特拉，目的是建立一个新的阿卡狄亚人联盟。[②]

亚里士多德继续论述了土地所有权和财产的话题，把他的观点与柏拉图在《法律篇》和《理想国》中的观点进行了对比，他指出，在这些著作中，经常提到各种立法行为和律令，但是对政体论述得却极少。[③] 在他看来，一个值得研究的主题是，城邦中各家庭的不平等问题，这经常会导致暴动和反抗。同时，亚里士多德还提到了最早的立法者，根据纪念碑铭文上的“帕罗斯年代记”，我们知道，他是菲多，来自科林斯，生活在公元前九世纪的巴齐亚达伊时期。菲多认为，家庭和市民的数目应当一致，尽管在最初他们所分配的财产份额并不相同。但是柏拉图的《法律篇》所倡导的观点正好与此相反。[④]

在此之后，亚里士多德提到了主要的政体：寡头制和民主制。他指出，那些由平民、哲学家和政治家组成的城邦，不应该根据它们的现状进行区分。经济上的不平等被理解为发动暴乱的根本原因，从这个角度来讲，迦勒底的法勒亚引进了一项制度，他认为“社会上所有财产应该按照平等份额进行分配”。[⑤]【191】另一些立法者也承认在每个城邦均等化分配财产的必要性（比如梭伦，他

① 1261a 29-30
② Beck, Lycomedes
③ 1264b 25 ff.
④ 1265b 16
⑤ Phlmann, Socialismus1266a 39-40

曾经通过了一个特别的法律）[①]，这与另外一些人形成鲜明对比，即那些禁止不受约束的获取财富和对转移财产给以障碍，像罗克里人的法典，他们只承认在不得已的情况之下所积累的财富的合法性。[②]他们是来自罗克里伊壁犀斐里的公民，聚居在“大希腊”的同名城市，它是由欧安忒所创建，他们的第一个立法者是扎留库斯，也是来自罗克里。[③]

亚里士多德主张，在平民之间应当平均分配财产，当然，这种平均分配财富的方式在贵族中是不合适的，因为这会引起社会内部的斗争，有的人认为，按照他们的能力，他们理应得到比平均额更多的财富。还有一个问题就是，工匠是否也可以归入公民之列？如果不担任官职的工匠也能归入公民之列，那么在这个城邦中将有某些公民不具有好公民的身份。反之，工匠如果不能称为公民，他们将怎么置身于城邦？他们既非外邦人（旅客），也不是侨居者（居留民），他们将属于哪一部分（阶级）？这确是个难题。[④]

亚里士多德还对一个理想城邦的空间组织很感兴趣，他认为，要依照城邦的人口、地域，以及其公共和私人的区域（广场、林荫道等）等标志标准进行城邦的划分。他的思想，受到一位著名的古代城市规划师的影响，这位规划师叫希波达姆斯，来自米利都。【192】此外，他还是比雷埃夫斯这座城市的设计者。在分析了如何区分一个“理想城邦”的最显著的特征（比如，它的人口）之后，他考察了斯巴达和克里特的政体，以及大多数城邦的政治制度。[⑤]关于斯巴达，他提到了莱喀古斯，根据希罗多德的观点，莱喀古斯是皇族的后裔，后来移居到了克里特岛。在这里，他同样因为其作为一个立法者的正

① 1266b 17
② 1266b 19
③ Mühl, Zaleukos
④ 1267b 17
⑤ Gehrke, Hippodamos1267b 22 ff

义和宽宏大量成为一个伟大的人。[①]

亚里士多德形成了其关于希腊各城邦立法发展过程中最清晰的观点，并且，他认为最近的一部法典是优于过去的法典的。此外，他又举了莱喀古斯的例子，在阐释吕克托城（一个拉哥尼亚的殖民地，在克里特）的政体时，他说，这里的政体据说是从远古的米诺斯王时代流传下来的。[②]在阐释完了斯巴达和克里特之后，亚里士多德非常奇怪地讨论了迦太基的政治制度，[③]他认为，迦太基实行的是混合类型的政治制度，类似于斯巴达和克里特，三者都较为特别。[④]

在第二卷的结尾部分，亚里士多德说，有些人从未参加过政治活动或担任公职，而是隐姓埋名终其一生。后面，亚里士多德谈到了立法者扎留库斯和卡隆达斯。【193】关于卡隆达斯，他补充说，他所采用的法律并没有什么创新性，除了伪证罪。[⑤]关于“伪证罪”，卡隆达斯是第一个将之视为罪行的人。[⑥]此外，他还谈到了罗克里的奥诺玛克利图，他在克里特学习，并且享有很好的声誉。[⑦]作为雅典的邻邦底比斯，他提到了来自科林斯的立法者菲罗劳斯，他是巴齐亚达伊氏族的一员。[⑧]关于德拉古，他也制定过一些法律，他使这些法律与现存的政体相吻合，但他制定的法律并没有任何特点，没有值得一提的东西，只是刑罚从重，以严峻见长。最后是安德罗达马斯，他来自瑞吉姆，曾为色雷斯地区的卡尔基斯人立法。

① 1269a 26
② 1271b 32
③ Panagopoulos, Crete
④ 1272b 24
⑤ 1274b 6-7
⑥ 1274a 26
⑦ 1274a 43 ff
⑧ 1274b 15

第三卷

从第三卷的开篇部分，亚里士多德就打算澄清“polis”这个词的含义，因为城邦是由一定数量的公民组成的。因此，他首先要考察的是“什么是公民”（τίς ὁ πολίτης）。[①] 从这个角度出发，他将公民分成三种类型：参与公民事务者、外邦人和奴隶。亚里士多德界定了每个人的权利，而且指出这种区分从古代就已经开始了，[②] 同时，他还引用了荷马的话：“假如我是外邦人，就会没有权利。”[③]

亚里士多德继续描述了各政体的特征，还区别了寡头制、民主制、僭主政体和君主政体，以及其他政体之间的差别。[④]【194】同时，亚里士多德说，不要徒有虚名，而真正无愧是一“城邦”者，必须以促进善德为目的。要不然的话，一个政治团体就无异于一个军事同盟，他们唯一的差别就只在空间上，一个“城邦”内的居民住在同一空间，而另一个“同盟”内的人民却住在互相隔离的两个地区。如果不是这样，法律也无异于一些临时的合同或引用智者吕科佛隆的话，法律只是“人们互不侵害对方权利的保证”而已，而法律的实际意义却该是促成全邦人民都能近于正义和善德的“永久”制度。[⑤] 关于君主政体，他区分了两种，世袭的和非世袭的，但是，他加了第三种，也就是僭主政体。

在第三卷的最后，亚里士多德是以谈到君主政体可能出现的问题结束的，也就是，皇家世袭的政体，他问道：“即使我们知道贵族政体是最适合城邦的形式，但是关于国王的孩子应该给予他什么样的职位？”[⑥]

① 1274b 41 ff
② 1278a 37-38
③ Iliad, Ⅸ 648
④ 1280a ff
⑤ 1280b 11
⑥ 1286b 23

第四卷

亚里士多德认为，一切的技术和科学，只要其研究不限于事物的部分，而是以某一终极的种为对象，那么隶属每一个种的事物，就应由单一的一门技术或科学来研究。之后，他又像在第三卷中那样，提到了政体的问题。爱奥尼亚和爱琴海诸城邦的政体有不同的特征，比如锡拉。【195】

在这一卷的末尾部分，亚里士多德问了如下的问题：究竟哪种政体和哪种生活方式最为优良？这里，我们所说的优良，不是一般人所不能实现的或必须具有特殊天赋并经过特殊教育才能达到的标准，也不是认为那些只有理想的政体才能达到的标准，我们是对于大多数人所能实践的生活以及大多数城邦所能接受的政体进行的研究。我们刚才讲过的所谓“贵族政体”，其向善的一端都非大多数城邦能及，而其趋向于另一端的，就同所谓共和政体密切相近，这在实际上只能作为共和政体而不应称之为贵族政体。①

为了对以上的问题进行回答，他提到了其在《伦理学》中坚持的观点：真正幸福的生活是免去烦累的善德善行。此外，他还谈到了组成中产阶级的那部分人，这部分人的“财富”既不会为富人觊觎，也不会为穷人所觊觎。对此，他引证了诗人福库利德的两句话：“无过不及，庸言致祥。生息斯邦，乐此中行。”②这一卷的最后，他提到了米利都的特勒克勒斯（Telecles）。③

第五卷

在第五卷，亚里士多德告诉他的读者，他想指明政治制度变化

① 1285a 30
② 1295b 33
③ 1298a 13-14

的原因，以及他们所经历的变化类型和对社会的影响。他并没有说明其信息的来源，只是提到了在政体变革过程中发挥了重要作用的政治家，还提到了那些被废黜的统治者和暴君等。我们猜想，关于这些介绍，他肯定是掌握了一些来自希腊各城邦中的信息资料，还有就是克里底亚的一些相关著作。不排除他从历史著作中获得了诸多相关信息的可能性。【196】在《政治学》中，亚里士多德提到的城邦，按照希腊字母顺序排列，有如下这些：

A. 阿卑都斯，雅典，伊齐那，（埃涅阿）色雷斯，阿拉伽斯，安拉契亚，安菲波利斯，安提莎，阿波罗尼亚，阿波罗尼亚·庞提库斯，阿耳戈斯；

B. 拜占庭；

Γ. 格隆；

Δ. 德尔斐；

E. 厄庇达谟诺斯，埃雷特里亚，赫斯提亚；

H. 埃利斯，伊庇鲁斯（多多纳地区），赫里亚，赫拉克利亚，赫拉克利亚·庞提库斯；

Θ. 底比斯，图里，色雷斯；

I. 伊斯特鲁斯；

K. 迦太基，克拉佐门尼，尼都斯，科罗封，科林斯，库米，塞浦路斯，科斯；

Λ. 拉里萨，西西里的林地尼，罗克里；

M. 马其顿，培拉，马塞利亚，麦加拉，米利都，提利尼；

N. 那克索斯；

Π. 比雷埃夫斯；

P. 瑞吉姆，罗得岛；

Σ. 萨拉米，萨摩斯，昔居翁，斯巴达，绪巴里斯，叙拉古；

T. 塔拉斯，特罗曾；

Φ. 法尔萨拉，福西斯；

X. 卡尔昔斯，开俄斯；

Ω. 俄瑞乌斯。

第六卷

这是一个短篇，主要是论述了前面我们所论述的政体的一些附属机构。亚里士多德考察了其所描述的各种政治制度的结合和背离。例如，在政治制度中，执政官可能是由一个被任命的个人或者许多人选出来的。[①]【197】

第七卷

在这一卷中，亚里士多德论述了“善”和“崇高生活”（ἄριστος βίος）的特征，他们是选择“善”和理想政体的前提条件。他说，人们如果对于这点还不清楚，则对于理想政体的性质也一定不能明了。通过分析这个主题和早期将公民分成不同阶级——农民阶级和战斗阶级——政治制度，他谈到了埃及和克里特的制度。他指出，他是从早期的居民那里获得这些资料信息的，但是并没有提到是谁。[②]

第八卷

在《政治学》的最后一卷，亚里士多德探讨了城邦中年轻人的教育问题。他并没有提及具体的教育培训体制，但是，他认为，音乐应该在教育中占着重要的地位。最后，他得出，柏拉图的《理想国》中，苏格拉底关于多利亚调和的观点是荒谬的！[③]

① 1316b ff.

② 1329b 8

③ 1342a 30 ff.

评论：亚里士多德对不同城邦统治阶级关于历史和宗谱的不同介绍，自然让我们提出其引用这些资料的信息来源问题，这些是他没有提及的，我们之前也提到过这一点。他经常引用希罗多德，偶尔也会顺带提到某些史诗诗人，对此，我们将会在下面看到。因此，问题就是：在亚里士多德的图书馆中，有哪些历史政治学著作？【198】

在《政治学》第一卷的开头部分，亚里士多德提到了荷马、赫西俄德，厄庇美尼德和卡隆达斯创作的史诗著作，他说他会论述那些主导社会的事件、知识和观点，以及它们的出发点，从而建立一所从过去很长时间开始的“政治历史图书馆”。① 公元前八世纪的诗人和历史学家，他们在其作品中叙述了远古的，甚至是神话的故事，以及他们出生地居民的来源。他们将一些城邦的建立及其统治者家族的世系与传说中的英雄联结起来，如《科林斯阿卡》、《弗罗尼斯》和《阿里马斯佩亚》等。

在这些构成“史诗集成”的著作中，我们还应该记住克塞诺芬尼关于希腊神话中万神殿的人神同形论的观点。来自米利都的人种学家和地理学家赫卡泰乌创作了“现代历史”，此外，他诸多著作的标题都是在谈论地理学内容的。② 他的四卷本著作《家谱》（*Genealogies*）是论述“希腊历史”的，书中记录的都是真实事件，剥去了史诗中神话的外壳。在这里，我们需要补充的是，赫卡泰乌并没有用诗句写作，而是选择了散文。或许，这种做法是延续了米利都过去的历史传统。

希罗多德同时代的人，来自兰萨库斯的卡隆和米利都的狄奥尼索斯（《波斯志》）也论述过希腊历史的主要事件。【199】他们的很

① 1252b 10 ff.

② Diels, Hekataios

多作品都是论述希腊和波斯的敌对关系的，还有一些是呈现东方各民族的历史的，比如《埃修匹加》等，这样，这些著作就给希腊人提供了一个了解东方民族的知识的契机，希腊人是与这些民族有商贸往来的。生活在希罗多德时期的另外两位历史学家也曾写过一部非常有价值的作品，这两位历史学家是：来自叙拉古的安提奥库斯和来自萨尔迪斯的克珊托斯。

安提奥库斯在其著作《西西里岛史》中，给出了南意大利（大希腊地区）和西西里岛各希腊城邦创建的时间轴。他在这部著作中叙述的事件和证言，很可能是建构在本土希腊历史学家的历史著作和编年史的基础之上的。不管情况是怎样的，直到狄奥多洛·西库卢斯时期，安提奥库斯的著作仍然被修昔底德和其他历史学家广泛使用。

克珊托斯在《利底亚卡》中，描述了吕底亚民族的开始到克娄苏国王被击败的那段时期。哈利卡尔纳苏斯的狄奥尼索斯证明，这些作品在他那个时期依然存在，而且是用碑文的形式书写而成的。

最后，在历史学层面上，一项重要的工作是由米提利尼的赫拉尼库斯来做的。与希罗多德相比，赫拉尼库斯从来没有旅行过，也从来没有获得第一手的材料，或是也没有从具备历史知识的人那里获得信息，但是，他从诸多历史和人种学的著作中获得了很大的帮助，也就是说，他后面有一个图书馆。【200】这种说法和假设很可能是事实。赫拉尼库斯在其工作的地方，即莱斯堡创建了一个非常重要的收藏书籍的图书馆。此外，还有一个在莱斯堡非常活跃的人是达玛斯特，他是赫拉尼库斯学生。达玛斯特的兴趣是那些与人种学有关的材料。从他著名的著作 *List of Nations and Cities* 中，我们可以看到有对这些材料的表述。很可能赫拉尼库斯的图书馆在亚里士多德做研究的年代依然是存在着的。

我们再回到赫拉尼库斯，他的目的是在执政官的帮助下，传给其同代人和未来的后代一部完整的“希腊历史编年史”。赫拉尼库斯的另一部重要的历史学著作是《阿提卡志》，主要讲述了阿提卡早期到伯罗奔尼撒战争晚期的历史。在探索的框架中，他写了一个关于野蛮民族和部落风俗习惯的作品“*Nomima Barbarica*”，这个作品在海西吉乌斯的著作《辞典》中也有记载。[①]

《论政体》

在亚里士多德系统地记录希腊各城邦政治制度的独特特征之前，并没有更早之前的历史学家曾尝试做这种类似的工作。因此，那些希望获得希腊各城邦知识和比较各城邦之间异同的研究者，抑或是在何种程度上寡头政体建构在先前的立法基础之上，或者执政官是否恣意地玩弄政治，他们都不得不通过不同的方式查阅不同的“著作”，也就是关于人种学、地理学和历史学内容的著作，还有就是执政官的年代学著作和文章，这些论著是与各城邦的建立及其取得的文化成就具有相关性的。【201】

《雅典政治》

这部《雅典政治》很可能是亚里士多德在涉足关于政治制度的著作后所作的，在此之前，他已经完成了其《政治学》的大部分内容，而且已经了解获得了希腊各城邦政治制度的一些基本特征。[②]关于这部著作的写作时间，依然有很多争论，有些学者认为，亚里士多德是在公元前336年前完成了《政治学》后开始写作这部著作

① no. 187
② Gigon, Staat

的，而另外一些人则将之追溯到公元前 329/328 年和公元前 324 年。《雅典政治》第五十四章第七节提到科斐梭芬担任执政官，这一年是公元前 329/328 年。然而，这并不是我们关心的，我们想要知道的是，这部著作究竟是亚里士多德的一部公开性著作，还是仅仅是吕克昂学园时期的秘传性著作，而后来由漫步学派的塞奥弗拉斯特将其出版。【204】可以确定的是，安德罗尼柯并没有将《雅典政治》与其他秘传性著作一同出版。

亚里士多德所收集的关于政治制度的材料，在塞奥弗拉斯特及其继承者时期，已经成为其学园写作同类著作的一个参考标准。比如，归属在塞奥弗拉斯特名下的五篇内容相关的作品“Περὶ τῆς ἀρίστης πολιτείας α”，还有德美特利·法勒鲁斯的两部同类著作 Περὶ τῆς Ἀθήνησι νομοθεσίας 和 Περὶ τῶν Ἀθήνησι πολιτειῶν，这两部著作分别有五卷和两卷。

在这里，我们的目标是指出那些在亚里士多德之前曾论述过雅典政治制度的著作者，以及亚里士多德究竟从哪些人和哪些作品那里搜集过材料，但他并没有注明是谁。

亚里士多德很可能阅读过一部《雅典政治》，这部著作是在伯罗奔尼撒战争（公元前 431 年到公元前 424 年）最初的几年和雅典海上力量处于全盛时期所作。① 无论如何，这是世界历史上第一部用朴实的散文形式写作的关于公共法和宪法的政治学著作。这部著作的作者，是一个寡头政治狂热的拥护者。他把雅典政治视为是下层阶级对上层阶级的一种统治模式。这种统治模式，是通过任何民主程序都不可能将其推翻的。

关于由历史学家所提出的反对雅典的殖民政策的批判，我们在这里应该记住斯特西洛图，【205】他是一位公元前五世纪的学者，

① Gigante, Costituzione

来自萨索斯，在雅典较为活跃，写过《论塞米司托克勒、修昔底德和伯利克里》，这是一篇述写一个臣属城市对雅典帝国主义态度的政治檄文。

斐瑞居德是一位公元前五世纪的历史学家，可能来自雅典。他用伊奥尼亚方言记载过从伯罗奔尼撒战争开始时期的历史事件。[①]事实上，斐瑞居德已经作为一个“系谱学家”家喻户晓，因为他曾收集整理过大量的关于阿提卡的系谱资料信息。[②]作为第一个关于阿提卡历史的著作者，他为后人提供了大量的独一无二的信息和证言。

公元前四世纪的两位历史学家：克莱德穆斯和安德罗提翁，他们也曾写过关于阿提卡的著作[③]，并且亚里士多德在写《雅典政治》时，曾经查阅过这些著作。克莱德穆斯写过一部四卷本的《阿提卡志》(也称为 *Protogonia*)。[④]这部著作，亚里士多德和塞奥弗拉斯特都曾提到过。而安德罗提翁是一位政治家和历史学家，于公元前343年被流放至麦加拉。他写过一部八卷本的名为《阿提卡志》的著作，其中记录了公元前344年前的历史。《阿提卡志》是亚里士多德写作《雅典政治》的主要文献来源之一。【206】

评论：在《雅典政治》的结论部分，我们需要指出的是，事实上，亚里士多德忽视了伯利克里对雅典文化贡献的历史维度，这个历史维度修昔底德是格外细致地强调过的。这里我们最感兴趣的是，这位雅典历史学家的作品“Xyngraphe”的出版过程问题，还有亚里士多德是否拥有这个“报告”的复制本。

修昔底德在序言中讲，他一直把其《历史》当作一生的遗产。

---

① Uhl, Pherek.
② Jacoby, Atthis
③ Habicht, Athens
④ Jacoby, Atthis

因此，很明显，他将不会听天由命，而是想让更多的雅典公民接触这部作品。最“经典”的传递财产的方式是遗嘱，早在公元前六世纪，就有关于出版物知识产权分配的规定条款，正如斐瑞居德的情况就是这样。[1]

修昔底德将其著作托付给了他的儿子美勒西亚，后来美勒西亚又将这些著作交给了雅典的出版商。无论情况如何，我们可以通过一些方式了解与修昔底德相关的事件及其著作情况。我们可以确定的是，在其流放之后，当其从马其顿行至西西里的时候，为了能够了解雅典人在西西里远征时一些重大史实的情况，修昔底德与很多人交谈过，这些人中有其同行历史学家腓力司图，他来自叙拉古，是 *Sicelica* 这部著作的作者。【207】文献学家和历史学家们注意到，在这次相遇之后，腓力司图就改变了其著作的风格，越来越接近修昔底德的《历史》。我们发现，在修昔底德拜访叙拉古的时候，他已经定了《历史》的第一部分的终稿（公元前 424 年），这一部分他也可能向腓力司图展示过。

为了寻找对《历史》的相关问题进行解答，我们必须跳过因为缺乏历史证据所造成的障碍。最早“提及”修昔底德的《历史》这部出版物存在的是阿里斯塔库，他来自萨莫色雷斯（公元前 217—公元前 144 年）。[2] 阿里斯塔库可能也是最早写过对修昔底德《历史》评注的人。狄狄姆斯使用过阿里斯塔库的这个“评注”。狄狄姆斯的绰号叫 bibliolathas，意为“书籍健忘者”[3]，公元前一世纪，他在埃及各大城市较为活跃，而且写过关于修昔底德的其他相关的评注。

这里有一个问题，那就是亚里士多德是否拥有修昔底德的《历

① Staikos, History I, 81, 140
② Pfeiffer, Geschichte, 275
③ Luschnat, Thucyd.

史》的抄本和希腊各城市政治制度的相关材料，这个问题的答案可能在亚里士多德的日常工作理念中有过。既然明白亚里士多德的工作方法，推测他很可能采取了各种办法获得了整部《历史》或者至少是其中的一部分，尽管作为一个寡头主义者，他对伯利克里时期雅典民主政治所取得的成就持有不同的观点。【208】

修辞学—诗学

当还在马其顿国王的宫廷和米耶萨教学的时候，亚里士多德就已经涉及关于修辞学技艺的话题。

亚里士多德还在柏拉图学园学习期间，就了解到流通传播的不同著作，这些著作有一个大标题——修辞学的技艺。然而，他的目的是要标注和区分法庭上修辞学和政治演说中修辞学的特征。[①]亚里士多德之所以对当时流通传播的修辞学作品持反对态度，主要是因为他们几乎不注意论证的因素，而把注意力都放到了如何提高吸引观众情绪的策略和方法上。的确，对亚里士多德而言，这些作品的缺点在于，它只是去论说法庭上的修辞学，并不涉及政治话语框架下的修辞学技艺。

这一单元包括三卷关于修辞学的著作，此外，我们也应该加上《亚历山大的修辞学》，但是，没有几个学者承认这篇著作是亚里士多德所作，而把它归于兰萨库斯的阿那克西美尼。【209】

在他的《诗学》中，亚里士多德试图按照风格将诗歌艺术进行区别和分类，除此之外，依照的标准还有语言语法的差异，还有创作这些作品的目的。根据亚里士多德的观点，诗歌这个语词有很多

① Hinman, Rhetoric

种含义，从最宽泛的意义上来讲，它甚至还包括艺术实践和艺术，这就与生活的艺术和科学思想形成鲜明的对比。在《诗学》中，他缩小了追问“模仿”（mimesis）的领域，这是一种与艺术重叠的属性；然而，他并没有分析其整体表现，而主要是关注其戏剧性的维度。

“模仿”这个词是亚里士多德从柏拉图那里借来的，柏拉图将它理解为文艺批评中的一个概念武器，但是他并没有回答其自己提出来的问题：什么是“模仿”？

修辞学

构成《修辞学》的三部著作是亚里士多德在不同时期写作而成的。其中，前两部主要涉及“修辞学的技艺”，而在第三部《论措辞》中，他主要论说的则是概念的语言表述问题。关于它们的写作时间，前两部著作最终成书于柏拉图出版其《斐德罗篇》和亚里士多德本人的《前分析篇》之后，也就是说，在公元前 360 年——公元前 355 年后期，这一时期，亚里士多德还是学园中的一位学生。【210】

关于《修辞学》早期日期的一则比较有意思的信息，是在一些章节中（I 2 和 II 4）标注出来的，在这里，使用了卡里亚和苏格拉底作为例子，他们提到了亚里士多德在学园装配有“黑板”的教室中的课程。①

《修辞学》的第一部是以对论说事物的两种不同方式的定义开篇的，这两种方式分别是修辞的和辩证的，它们的共同特征是：从一般的讨论开始，但是不用科学的方式辩论。修辞学是一种“技

① Jackson, Lecture

艺”，它旨在使演说家具备语言的技巧，这种语言技巧可以使他达到预期的结果。亚里士多德承认，在他之前有很多人写作关于修辞学的著作，但是，他指出，这些人忽略了与之相关的一个最重要的话题：对盖然性辩论的引用。换句话讲，也就是包含在他们对话交流中的暗示性的图片、类比和比喻，可以使演说者以一种更加有说服力的方式呈现出他们的观点。我们可能会问到这个问题：亚里士多德在这里提到的，在他之前的那些写作修辞学著作的人究竟是谁？具体在哪些方面，亚里士多德不同意他们的观点？[①]

评论：修辞学，作为一门交流的艺术，是在叙拉古形成的。【211】公元前 470 年至公元前 460 年，修辞学的基本规则被界定下来，这一时期，正好存在着推翻暴政的政治动荡的局面。这项新的技艺的发明人是科拉克斯，他的著作没有保存下来，但是我们可以通过一篇名为《修辞艺术》的作品了解到他的一些观点和理论。这篇作品是他的学生和伙伴叙拉古人提西亚斯所著。这是第一部可能是由导师和学生合作所著的修辞学艺术的。不管怎样，它的内容是关于教谕性的对话的。[②]

公元前 427 年，提西亚斯与高尔吉亚一同来到雅典。同时，他们两人一起开设了一所学校，教授和传播修辞学的技艺，他们的学生中有吕西亚斯，可能还有伊索克拉底。亚里士多德在其《修辞学》中并没有提到吕西亚斯，但是，他在另一部作品中，表扬了吕西亚斯的风格。这一点，在柏拉图的《斐德罗篇》中也被引证过。[③]

当亚里士多德于公元前 367 年来到雅典的时候，伊索克拉底的

① II 23-26
② Hamberger, Disposition
③ 228a ff.

修辞学校已经运行了 20 多年了。因此，亚里士多德对于其学校的教学和方向是比较熟悉的。后来，如我们之前已经提到过的，亚里士多德被学园指派去揭露和批判伊索克拉底的思想。这件事记录在《劝勉篇》中。《劝勉篇》是以这句话结束的："或者我们必须学习哲学，或者我们必须离开这里，因为这里所有的一切都毫无意义可言，并且充斥着如此之多的毫无根据的谎言。"[①] 亚里士多德对伊索克拉底的修辞学校教学实践的反对，并不意味着他不尊敬伊索克拉底本人或者他的修辞风格，这一点我们将会在下面看到。【212】亚里士多德和伊索克拉底的摩擦与不和主要是关于柏拉图学园和伊索克拉底学校的教学方式上的差异。伊索克拉底想给学生们提供一些合适的工具，利用这些工具，学生们可以在短时间内成为积极活跃的公民。

那时候，雅典的大多数演说家都是伊索克拉底的学生，其中有来自卡尔昔斯的伊塞优斯（亚历山大里亚的狄狄姆斯曾写过一篇关于他的著作的评注，现在已经失传），他是德谟斯提尼的导师。人们认为伊塞优斯曾参加过伊索克拉底学校的课程。亚里士多德没有提及这些人，也没有提到过伊索克拉底之后的修辞学技艺发展情况。

亚里士多德继续在《修辞学》中论述了一些与修辞学相关的话题，比如修辞的技巧和伦理议题，其中，在"修辞的技巧"部分，他提到了理论范式和省略推理的问题，还综述了关于谚语的角色问题，同时，他还引证了欧里庇得斯在《美迪亚》中的例子：

No man who is sensible ought ever to have his children educated beyond the common run. [②]For apart from the charge of idleness they

① II 108-110

② Medea294-296

incur, they earn hostility and ill-will from their fellow-citizens. [1]

《论言辞》(《修辞学》第三部)：亚里士多德与柏拉图是在完全相同的意义上，也就是在相同词语表达含义上使用“词汇”这个词语的。[2]【213】然而，不同于以后的著作，他并没有论述语言风格的类型（言辞），只是从他自己的角度对这种风格做了区分，也就是其所传达的“艺术”的类型和进行知识论标准的区分，比如，诗体语言、修辞学语言和文学语言。

尽管亚里士多德去雅典时已经十八岁了，但是他认为其在语言方面还是非常严谨的，在不改变句子的含义的情况之下，他更加关注语言的正确使用和准确表达。他特别强调散文写作的规则和称颂创造隐喻式的短语，这些可以揭示两件事物潜在的相似性。亚里士多德指出，一个语词，不管是漂亮的还是丑陋的，都可以在语义学的标准上意指同一件事物，但是从语境的背景来讲，它就有了完全不同的含义。在这里，亚里士多德评判了赫拉克利亚的布律松（他是神话讲述者希罗多洛斯的儿子），布律松使用诡辩术和数学的技艺，而且他的著作柏拉图也是知道的。布律松极端的诡辩诙谐，亚里士多德斩钉截铁地宣称，在现实之中，没有人是可以随时使用他想要的所有语词的。

尽管亚里士多德借到了爱利亚的阿基达玛演说集的所有样例，意欲以此来呈现高尔吉亚式言辞的特征，但是这位修辞学家导师并不是无可非议的。[3]亚里士多德指责了其将《奥德赛》描述为是一面人生的镜子的说法。[4]【214】

从一开始，亚里士多德就介绍了智者的观点，比如普罗泰戈拉

① II 21, 1394a30-35
② Poet., 1450b 13
③ On Sophists, 32
④ Solmsen, Rhetorik

以及他把语词分成不同"词性"的尝试:"第四个规则是将词性分清楚,即阳性、阴性和中性,这是普罗泰戈拉所主张的;这些必须用正确的方式介绍。"(其中,"中性"这个术语是语法学家后来的一个创造,亚里士多德使用的词语是"τὸ μεταξύ")[①] 亚里士多德对于普罗泰戈拉的某些观点是不赞同的,并且他更是反对和憎恶那些借助修辞学计谋的知识分子(比如,他们会把最弱的论点说成是最强的),亚里士多德把这些技艺视为是一种谎言,它们不应该出现在修辞学和争论术之中。

亚里士多德经常提到高尔吉亚的诡辩术,他对话交流时的唐突和冷漠,还有他的自我吹嘘和自认为无所不知的说话方式。[②] 亚里士多德通过观察认为,高尔吉亚针对个人所做的热情洋溢的演讲,基本都处在一种类似的感情状态之中,然而,这种风格更适合于诗歌。[③] 我们发现,其中有一段高尔吉亚演讲的摘录是包含在《斐德罗篇》中的。[④] 在其他地方,亚里士多德讲,尽管诗歌表达了一些琐碎的事情,但是因为它们的独特风格,因此获得了很好的名声。这样,人们就创造了对话的诗体风格,比如像高尔吉亚的风格那样。[⑤]

在他的作品《反对塞诺芬尼、芝诺和高尔吉亚的教条》中,【215】亚里士多德呈现了之前哲学家和智者的各种观点。[⑥] 在亚里士多德看来,这些观点是互相矛盾的。此外,他还引用了高尔吉亚例证中的一个观点:如果一个事物存在,那么它必然既不是一个,也不是多个,即不是未生,又生。这样,它就是无。亚里士多德批判了高

① III 5, 1407b 6
② III 3, 1405b 34
③ III 7, 1408b 17-20
④ 238d καὶ 241e
⑤ III 1, 1404a 24-27
⑥ 979a 12 ff.

尔吉亚在《论自然》中的观点，也抨击了他在其中的论证。最后，关于高尔吉亚的作品 *art*，亚里士多德对其见解采取了宽容的态度，也就是我们应该用诡辩和诙谐解构对手的严肃，用严肃解构对手的诡辩和严肃。

根据亚里士多德的观点，冷漠超然的风格是用多种方式实现的：首先，要使用两个复合词组成的词，这是吕科佛隆的习惯，他曾这样论述过“the many-visaged sky of the mighty-peaked earth”；其次，是用一些奇怪的表述，比如吕科佛隆把泽西斯描述为是一个“怪物般的人”。[①]

亚里士多德在他的《修辞学》中并没有提到普罗狄科和希庇亚，但是通过引证一个在《伟大的艺术》中给出的不可宽恕的形象为例，批评了塞拉西马柯的坏心恶意。[②]在这部著作中，被打败的诗人尼刻拉图（可能是尼昔亚斯将军的儿子）有着一副邋遢的外貌，他称菲罗克忒斯像是被普拉特斯咬伤了一样。然而，在其他地方，亚里士多德将塞拉西马柯称颂为第一个对修辞学的情感方面关注的智者。此外，在由其创作的一部著作中，可能是塞拉西马柯《伟大的艺术》的某一个章节中，还谈到了关于“宽容”的问题。[③]【216】

此外，他还提到了另外两个智者的名字，即克里底亚和尤西德姆斯。[④]尽管雅典人将克里底亚斥责为最残暴嗜血的暴君，但是，亚里士多德非常钦佩克里底亚（克莱俄丰称他的家庭成员是放荡的）的聪明才智。在谈到克里底亚的时候，亚里士多德指出，在大多数演说中，都没有必要讲清楚各事项，比如，你想赞美阿喀琉斯——因为他的功绩都是众人皆知的。然而，在谈到克里底亚的时

① III 3, 1405b 34
② III 11, 1413a 7
③ III 1, 1404a 13
④ I 15, 1375b 32

候，就非常有必要把他的功绩说清楚，因为几乎没有人听说过他。[1]

来自开俄斯的尤西德姆斯，柏拉图在一篇同名的对话录中曾经嘲笑过他，亚里士多德引用了其错误的观点："另一种诡辩术，是把不同的事物结合在一起，或者把完全属于一个整体的事物分开。"[2]

在《论言辞》的第五章，亚里士多德提出"一个人怎么样写好希腊语"的主题[3]，同时，他还强调了保护好希腊语纯洁性的重要性。他提出并强调，演说家通过表达力来提升自己的风格，他还从伊索克拉底《颂词》中选取了最后的两段来论证。此外，他还提到了并列结构句式和主从结构句式之间存在的差异：散文的语言必须是自由奔放的，他的所有部分不是有别的，而是由连接词结合在一起，像是酒神的赞美歌中的序曲；或者必须是简明和对偶的，像是古希腊歌队唱的歌。自由奔放的风格是古代的一种，【217】例如，"这里提出了图里安人希罗多德的探究"。同时，他还提到了希罗多德的《历史》，它是一种并列结构句式典型的范例。[4]

在接下来八个章节中，亚里士多德做了非常细致入微的语言学评述，这些评述可能是他课程的一个指南或者辅助性的备忘录。在这里，他强调了生动的口语和书面语之间的具体差异。在亚里士多德写作《修辞学》时期，已经有很多关于演讲艺术的介绍性的文章在修辞学学校和哲学学校中流通，正如我们之前提到的兰萨库斯的阿那克西美尼。当阿那克西美尼也在马其顿的宫廷教育培养亚历山大的时候，他与亚里士多德结识了。我们还应该记住的是，阿那克西美尼是佐伊鲁斯的学生。佐伊鲁斯的绰号是"荷马之鞭"，他来自安菲波利斯，曾写过反驳柏拉图的修辞学公式。[5]

---

① III 16, 1416b 26
② II 24, 1401a 26
③ 1407b 11
④ 1409a 24
⑤ Friedländer, Zoilo

在亚里士多德时期，有拜占庭的塞奥多洛写作的关于修辞学的作品。塞奥多洛在雅典较为活跃，他是吕西亚斯的竞争对手。亚里士多德彻底反对这些作品所倡导的典型分类——事实上，这种结构在亚里士多德看来都是可笑的——他认为，在每一种分类中，其属性必须准确地界定，否则，我们就是在论说暗语，比如在《技艺》中所包含的内容，这是一部关于修辞学的作品，由开俄斯的利库尼乌所作。[①] 利库尼乌是高尔吉亚的学生，也是他的支持者。[②]【218】

对于雅典公民来讲，亚里士多德关于修辞学的观点不怎么具有吸引力，即使在他去世之后，甚至到了罗马时代晚期也一直是如此。对他们来讲，真正具有吸引力的是利库尼乌、阿那克西美尼和其他人的观点，比如米利都的欧布利达，他是麦加拉哲学学派的重要代表，他提出了一些诙谐的悖论，比如："你没有丢掉的东西，你拥有它。你没有丢失羊角，因此，你拥有羊角！"[③]

《诗学》

当亚里士多德还在柏拉图学园学习的时候，他可能就已经开始创作关于诗学的作品。从其介绍性的信息中，我们知道，他并没有接触任何先前的关于这门艺术的全面研究。当然，他也没有提及任何与古风诗歌和后期诗歌这个主题相关的任何文章。公元前五世纪，历史学家达玛斯特曾经写过一部名为《论诗人和智者》的作品。正如我们之前所说的，这部现在已经失传的著作代表了希腊文学的第一个历史，尽管其具体内容我们是不得而知的。

《诗学》(*Ars Poetica*) 包括两卷：第一卷的主题是悲剧、喜剧

① 1414a 36
② Maas, Hymnen
③ Döring, Megariker

和史诗，而第二卷已经失传，主要是论述“抑扬格”和喜剧的起源和特征。从十九世纪上半叶开始，学者们已经开始系统地研究《诗学》，特别是关于悲剧的起源问题，【219】同时，这也就导致了两大对立阵营的形成[①]：有一派认为，亚里士多德埋头于其经院的方式，收集其所引证的信息，最终目的是想编纂一部为其个人使用的“辞典”；另一派认为，亚里士多德只是在任意的收集信息条目和别人的观点，并没有核实它们的可靠性。[②]

很可能，让亚里士多德引起关注的是在阅读完《会饮篇》以后的争论，其中，苏格拉底让阿伽松和阿里斯托芬接受他的观点，即悲剧诗人必须也要有能力写喜剧。然而，我们也不排除亚里士多德的目的是对之前关于诗歌和哲学的争论中表明自己立场的可能性。这个争论在《理想国》中被再一次提了出来。[③]

当亚里士多德在马其顿工作和在米耶萨教学期间，他写了《论诗人》，是以对话体的形式写作的，共有三卷。[④]根据保存下来的残篇和罗斯塔尼的观点[⑤]，这是一部教学性的著作，在这部著作中，亚里士多德认为，诗歌不是对事物形象的模仿，而是它们的一种表征！关于诗歌技艺的话题，可能还在两卷本的著作 *A Collection of Arts*（*Τεχνῶν συναγωγή*）中讨论过[⑥]，但这部著作中主要关注的是修辞的艺术。此外，亚里士多德的“荷马诺问题”和对荷马史诗诗歌的重要评注，应该被视为是其诗学研究的重要基础。[⑦]【220】

不能忽略的事实是，亚里士多德的《诗学》并不是一部具有内

① Montmollin, Poétique
② Solmsen, Methods
③ 607b
④ Diog. Laert. V, 22
⑤ Dialogo
⑥ Diog. Laert. V, 24 (no. 77)
⑦ Diog. Laert. V, 24 (no. 118)

在聚合性的作品，他也没有按年代顺序或其他顺序，对其收集的材料进行排列。他的这些笔记注释具有百科全书式的性质，他将其以档案的形式保存起来。今天我们看到的《诗学》这部作品的形式，究竟是亚里士多德本人拟定的，还是由塞奥弗拉斯特圈子里的人，亦或在塞奥弗拉斯特去世以后，由其漫步学派中的学生拟定的，我们不得而知。

亚里士多德对诗歌技艺的评价是与柏拉图不同的，这也反映了历史哲学和诗学的关系。在亚里士多德看来，历史学家只是在论述发生在现实中的事情，它们是唯一的。不同于历史学家，诗人在论述可能发生的事情，因此，它具有普世性。从这个角度来讲，诗学比历史编纂学更哲学思辨化，因为，诗人的诗歌是来源于他对人生重大问题的思考的，而历史编纂学家只是在简单地描述历史事件。

亚里士多德的《诗学》是以这样一段话开篇的："关于诗艺本身和诗的类型，每种类型的潜力，应如何组织情节才能写出优秀的诗作，诗的组成部分的数量和性质，这些，以及属于同一范畴的其他问题，都是我们要在此讨论的，让我们循着自然的顺序，先从本质的问题谈起。"[①]【221】

《诗学》的结构安排是非常简单的。它共有五个介绍性的章节，紧随其后的是第6—22章，主要是关于悲剧的对话，之后的两章（第23章和第24章）主要论述史诗叙事诗，最后两章（第25章和第26章）主要论述诗歌的形式。

在第一章中，亚里士多德分析和界定了"模仿"这个词的意思。换句话讲，他回答了如下这个问题："什么是诗学？"之后，他继续介绍概述了诗歌从开始到他那一时期的发展。在这里，他还提到了索弗隆和其儿子塞那库斯的拟剧（Mimes），柏拉图在叙拉古期

① 1447a

间，获得了这些拟剧书籍。[①] 他继续指出，拟剧创作者和其他诗人是没有区别的，因此，那些写作三音步短长格、对句格或者其他作品的人，也应算作是诗人。[②] 但是，他问：荷马和恩培多克勒有何相似之处？仅仅是格律而已！[③] 因此，我们应该称荷马为诗人，称呼恩培多克勒为自然哲学家更为合适。[④] 此外，亚里士多德认为，如果有人在模仿中用了所有的诗格——就像凯瑞蒙在他的叙事诗《马人》中混用了所有的诗格一样——我们仍然应该把他看作是一位诗人。[⑤]

评论：正如我们指出的，亚里士多德通常是不指出其引证的来源的，即使是在他的教学讲义中，自然哲学家和前苏格拉底的哲学家都是无处不在的。然而，当亚里士多德开始为诗歌的技艺做笔记和总体评价的时候，也就是在《诗学》中，他手里并没有由之前较早思想家创作的类似的著作，或者他可能忘记了提到他们。【222】

亚里士多德将荷马作为典范，表达其对荷马的无限钦佩之情，而且不断提及荷马的史诗，即《伊利亚特》和《奥德赛》。我们也不应该忘记亚里士多德家族与阿斯克勒庇俄斯和马卡昂崇拜的传统关系，阿斯克勒庇俄斯的手术技术在《伊利亚特》中也被提到了，对此，我们之前已经做过阐释。[⑥]

《诗学》给人们留下的一个特殊印象是古风诗词（Archaic poetry）重要代表的缺席：短长格、挽歌、抒情诗和合唱曲。除了赫西俄德和荷马的诗歌之外，还有很多史诗在希腊传播，但是只有一些零星的残篇保存了下来。

---

① 1447b 11
② Staikos, Plato, 89
③ 1447b 18
④ Snell, Dramen
⑤ 1447b 22
⑥ 1449a

在所有的史诗作品中，我们最了解的是那些属于特洛伊的诗歌，也就是，来自公元前七世纪和公元前六世纪的史诗据此，我们猜测，在亚里士多德的年代，所有这些史诗诗歌作品都是可以阅读的。[①]

《赫拉克勒斯的十二伟业》这部史诗，是于公元前六世纪。由罗得岛卡米鲁斯的庇桑德和哈利卡尔纳苏斯的巴尼亚西斯写作完成的。[②]最后，我们还应该提一下来自萨摩斯的史诗诗人科里洛斯，他是第一个写作历史和非神话主题的诗人。[③]【223】

关于史诗的发展，亚里士多德在荷马之后，立刻提到了一位不太知名的喜剧诗人马吉特斯，他来自爱奥尼亚，他的名字与其作品的名字是一样的，也叫《马吉特斯》。[④]这部著作是一个短长格的六步格诗和三音格诗的混合体，像是克塞诺芬尼创作的《希利》。另外，还有另外一些体裁的诗歌也存在着，也就是 Paroemiac，这种诗歌体裁在米利都的福库利德时期就已经非常繁荣，这种史诗是以赫西俄德教谕性的诗歌为起点的。

在公元前七世纪，除了史诗，人们还在爱奥尼亚创造了另外两种著名的诗歌形式，那就是短长格和挽歌。其中，创作这种作品比较优秀的有阿基洛库斯，他来自帕罗斯，人们认为，他的很多作品是可以与荷马齐名的。[⑤]人们的一致观点是，阿基洛库斯是短长格诗歌之父，在他那里，三音步的短长格获得了完美体现。此外，在同一世纪，来自开奥斯的西摩尼得比较出名，他是赞美歌、哀歌的创始人。[⑥]

---

① Bury, Historians, 6 ff.
② Schweitzer, Herakles
③ McLeod, Panyassis
④ Forderer, Margites
⑤ Kambylis, Archilochos
⑥ Christ, Simon.

挽歌诗人用人们生活中的不同经历取代了以神话为主题的剧目，在此之前，这种以神话为主题的诗歌是占主流地位的。其中，最早的一首挽歌诗是由以弗所的卡里尼科斯创作的，在这部诗歌中，他鼓励同胞们要英勇地守卫他们的祖国。与卡里尼科斯同时代的堤泰乌斯，来自米利都，只在斯巴达生活工作过。[①]【224】还有弥涅墨斯，他创作了情爱的挽歌，并且被西方学者视为欧洲文学中的第一个享乐主义者和情爱诗歌之父。[②]

关于抒情诗，莱斯堡岛上安提莎的特尔潘德比较出名，两位卓越的莱斯堡女抒情诗人阿凯乌斯和萨福，被认为是这种诗歌体裁的“发明者”。[③]阿凯乌斯是用伊奥利亚方言写作的，她在其诗歌创作中涉及很多领域：政治的，情色的，专题讨论的，等等。[④]在其政治诗歌中，比较值得注意的是，她说暴君在统治一座城市的时候，这座城市就像一艘遭受风暴袭击的船。萨福的诗歌主要是来源于其生活经历和社会环境关系和问题沉思的结果。在保留下来的残篇中，她的作品有合唱《新婚颂诗》(*Epithalamia*)(婚礼和闹洞房的歌曲)，还有唯一一部保存完整的诗歌，《阿芙罗狄特颂》(*Prayer to Aphrodite*)。[⑤]

合唱诗于公元前七世纪在斯巴达出现，随着萨尔迪斯的阿克曼一起到来，阿克曼的作品包括赞美诗，男女合唱的诗歌作品和音乐作品。[⑥]关于这种体裁的诗歌，我们还要提一下西西里岛希墨腊的斯特昔科鲁，他是受到当地神话的启发才去创作诗歌的，比如，《卡吕刻和达夫尼斯》(一个不幸的爱情传说)。[⑦]

---

① Bowra, ElegistsPapadopoulos, Tyrtaeus
② Jacoby, Elegikern
③ Jüthner, Terpanders
④ Gallavotti, Alceo
⑤ Kakridis, Sappho
⑥ Tsantsanoglou, Alcman
⑦ Tsisibakou -Vasalos, Stesichorus

我们的意图不是要指出从古风时期开始诗歌发展所必需的基本元素，其实，这些基本元素亚里士多德在其《诗学》中也没有提到，而是为了再一次强调塞奥弗拉斯特的圈子,【225】或者甚至在塞奥弗拉斯特去世之后，漫步学派的哲学家出版的亚里士多德的“笔记本”，也就是他的杂记。

在第二章中，亚里士多德考察了诗歌的起源和“行动中的人所表现”的艺术。[①] 他用三个画家来论证自己的观点：来自萨索斯的波吕格诺图，他主要画与神话主题相关的画；泡宋，主要画卡通画；科罗封的狄奥尼索斯，则是一个肖像画画家。[②] 通过与诗歌的比较，亚里士多德指出，他们描述的人物要么比我们好，要么比我们差，要么是等同于我们这样的人。

例如，荷马描述的人物比一般人好，克莱俄丰描写的人物如同我们这样的一般人，而最先写作滑稽诗的萨索斯人赫革蒙和《得利亚特》(*Deliad*)的作者尼科卡瑞斯笔下的人物却比一般人差。[③] 这些差别同样可以出现在狄苏朗勃斯和诺摩斯里（nomoi），因为正如提摩瑟俄斯和斐洛森努都塑造过圆目巨人的形象一样，诗人可以以不同的方式表现人物。这三位诗人都曾经以《库克罗普斯》创作过作品。[④]

《诗学》的第三章仍旧是关于模仿的。在列出模仿的不同方式和指出荷马和索福克勒斯以及与阿里斯托芬的相似之处之后，亚里士多德转向了关于“戏剧”起源的话题。[⑤] 他提到了悲剧和喜剧的起源，具体地讲，多里斯人声称他们是悲剧和喜剧的首创者，而麦加拉人则认为他们是悲剧的首创者。【226】

① 1448a ff.
② 1448a 6
③ 1448a 13 ff.
④ Timotheus, Persians
⑤ 1448a 26-28

有一些麦加拉人迁徙到了西西里[①]，在这里有些人为自己取了一名字，比如叫作厄庇卡尔谟。厄庇卡尔谟在公元前460年之前较为活跃，柏拉图把他当作喜剧诗人的代表，与荷马不相伯仲。[②]此外，亚里士多德还提到了两位喜剧诗人，玛格奈斯和基奥尼德斯，他们俩都是雅典人，也是阿提克喜剧的最早的代表人物。

在第四章中，亚里士多德认为，作为一个整体，诗艺的产生似乎有两个原因，他们都与人的天性有关系。[③]他从中区别了两类诗人，较稳重者模仿高尚的行动，即好人的行动，而较浅俗者则模仿低劣小人的行动，前者起始于颂神诗和赞美诗，后者起始于谩骂式的讽刺诗。同时，亚里士多德还在这里再次重复说，他并不知道荷马之前的别的诗人。[④]

亚里士多德继续说，他将会审查悲剧的出现和“成长”，另外，他还提到了喜剧的起源。关于悲剧，他认为，经过许多演变，在具备了它的自然属性以后便停止了发展。之后，亚里士多德开始讨论它们在舞台上的表演：埃斯库洛斯最早把演员由一名增加到两名，并且削减了歌队的合唱，从而使话语成为戏剧的骨干成分。索福克勒斯则启用了三名演员，并率先使用画景。[⑤]

在第五章，主要致力于研究喜剧。悲剧的演变，以及促成其演变的人们，我们是知道的。但是，喜剧的鲜明特征是没有得到其应受到的重视的。比如，早先的歌队由自愿参加者组成，而执政官指派歌队给诗人已是相当后来的事情。【227】我们并不知道喜剧中演员的数量，我们也不知道在喜剧中谁最先使用了面具。尽管这样，人们在西西里开始涉及与神话主题相关的剧作，比如，厄庇卡尔谟

---

① 1448a 34
② Berk, Epicharmus
③ 1448b ff.
④ 1448b 30
⑤ 1449a 17

的作品《布西利斯》和来自叙拉古的福耳弥斯及其著作《阿塔兰忒》。[①] 在雅典的诗人中，克拉底首先摒弃讽刺形式，编制出能反映普遍性的剧情，即情节。克拉底在成为剧作家之前已经是一位演员了，曾创作过六部作品，比如，《野兽》等。[②]

第六章，主要讨论的是悲剧。[③] 在第六章开篇，亚里士多德写道：悲剧是对一个严肃、完整、有一定长度的行动的模仿，它没有经过“装饰”的语言，它以不同的形式分别被用于剧的不同部分，它的模仿方式是借助人物的行动，而不是叙述，通过引发怜悯和恐惧使这些情感得到疏泄。

第七章，主要探讨的是事件情节的特征。亚里士多德认为，悲剧中情节是第一，也是最重要的部分。

到了第八章，他开始谈论事件的整一性问题，并且引证了《赫拉克雷特》和《瑟塞伊特》的例子，其中，在所罗列出的十二件极难、极危险的事情之间，并没有内在统一性。

在第九章中，亚里士多德继续讨论事件的内在凝聚力和人物的历史维度问题，换句话说，也就是在什么程度上它们是现实的或者虚构的问题，同时，他举了阿伽松的《安修斯》的例子进行了论证说明。他认为，该剧的事件和人名都出自虚构，但仍然使人喜爱。[④]

第十章和第十一章，亚里士多德考察了行动的种类（简单的行动和复杂的行动），同时，评论了它们情节的变化和对观众情绪状态的影响，并举了塞奥德特《林扣斯》的例子。【228】同时，还论说了悲剧情节中的“突转”现象。[⑤]

第十二章，主要论述了悲剧的组成部分：开场白、场、退场和

① 1449b 6 ff.
② Zielinski, Athen
③ 1449b 25 ff.
④ 1451b 22
⑤ 1452a 10 ff.

合唱。而在第十三章，亚里士多德主要讨论了在组织情节时，诗人应该追求什么和回避什么的问题。①

在第十四章，亚里士多德主要讨论了悲剧中主人公的选择问题，他认为应该选择那些代表知名家族的个人，比如，梅利埃格、俄瑞斯忒斯和堤厄斯忒斯等。同时，他还考察了什么样的戏景和在何种程度上，可以激起人们的恐惧和怜悯。他最后得出结果说，我们不应该从悲剧中寻找所有的快乐，只能去寻找属于它的那份快乐。②

关于悲剧中角色的行为，以及在什么程度之上他们有意识地（即在人物知晓和了解情势的情况下作出的事情）在表演，亚里士多德用了欧里庇得斯举例（与埃斯库洛斯和索福克勒斯截然不同），特别是他笔下美狄亚的角色，美狄亚在完全有意识的情况下杀了自己的孩子。同时，亚里士多德又指出，人物亦可作出行动，但在作出可怕之事时，尚不知对方的真实身份，以后才发现与受害者之间的亲属关系，如索福克勒斯笔下的俄狄浦斯所做的那样。悲剧本身亦可包容流血事件，如阿斯图达玛斯笔下的阿尔克迈恩或《俄底修斯负伤》一剧里忒勒戈诺斯的行为。③

在第十五章，亚里士多德主要讨论了角色的性格，他指出：最重要的一点是，性格应该好。言论或行动若能显示出人的抉择（无论何种），即能表现性格。【229】所以，抉择是好的，也就表明性格亦是好的。同时，亚里士多德举出了一些例子，不相宜和不合适的性格，可举《斯库拉》中通过俄底修斯的恸哭以及美拉尼帕的言论所表现的性格为例。④

---

① 1452b 13 ff.
② 1453a 20
③ 1453b 34
④ 1454a 32

在下面的章节（第十六章、第十七章、第十八章）中，亚里士多德对诗人应该如何工作给予了说明。①首先，他讨论了发现的种类。还有就是由于诗人缺少才智，由标记所引起的发现。标记可以分类为：天生的、后天的（包括身上的，如伤疤）和身外的，比如，项链和船只。②还有一种是通过回忆引起的发现，其出发因素是所见到的事物，例如，狄开俄革奈斯和他的悲剧《库普利亚人》。③亚里士多德认为，还有一种发现是源于逻辑论证的。对此，他提到了索福克勒斯《厄勒克特拉》中的场景，在这个场景中，她去拜访了其父亲的坟墓。此外，他还提到了埃斯库洛斯的《祭奠者》。在第十七章，亚里士多德讨论了诗人是如何工作的④，他认为，诗歌是天资聪颖者和狂迷者的艺术，因为前者适应性强，后者能忘却自我。诗人首先要有创造想象力，其次，必须处于心醉神迷的状态。他认为，诗人要先立下一个一般性的大纲，然后再加入穿插，以扩充篇幅。对此，他举了欧里庇得斯《伊菲革涅娅》的例子，还有波吕伊都斯所创作的同名剧作。⑤【230】

在第十八章中，亚里士多德认为悲剧有两个部分：结（desis）和解（lysis），其中，关于“结”，他举了塞奥德特《林扣斯》的例子。⑥

在对悲剧的两个组成部分进行界定之后，他又把它们区分为四种类型：即复杂剧；苦难剧，像索福克勒斯的《埃阿斯》和欧里庇得斯的《伊克西恩》；性格剧，像索福克勒斯的《弗西亚妇女》；第四种是情景剧，像《福耳库斯的女儿们》（*Phorcides*）。这一章的最后，亚里士多德总结性地指出，应该把歌队看作是演员的一分子，

① 1454b
② 1455a
③ 1455a 1
④ 1455a ff.
⑤ 1455b 10
⑥ 1455b 30

歌队应是整体的一部分，并在演出中发挥建设性的作用。①

在第十九章和第二十章，亚里士多德提到了悲剧的另外一些元素，即言语和思想（λέξεως καὶ διανοίας）。②关于思想，他说，《修辞学》中已经有过论述，因为这个成分主要是修辞学的研究对象。思想包括一切必须通过话语产生的效果，其种类包括求证和反驳，情感的激发（如怜悯、恐惧、愤怒）以及说明事物的重要或不重要。同时，他还问了将来要成为诗人的人一个问题：普罗泰格拉批评荷马的“女神、歌唱愤怒”一语用得不妥，因为荷马自以为在祈求，其实却发出了命令，但谁会觉得这里面有什么错误呢？（根据普罗泰格拉所说，叫人做或不做某事是一个命令。）所以，我们不打算多谈这个问题，因为它属于别的艺术，而不是诗艺的研究范畴。③

在第二十一章和第二十二章中，亚里士多德主要考察了词的分类，即单项词、双合词和复合词。【231】他说，言语的美在于明晰而不至于流于平庸。用普通语词组成的言语最明晰，但却显得平淡无奇。克莱俄丰和斯塞尼拉（他是公元前五世纪的悲剧诗人，阿里斯托芬曾在《黄蜂》中提到过他）的诗可以证明这一点。④同时，他还斥责了那些嘲讽荷马所用语词的人，比如欧几里得。欧几里得试图证明诗歌中的短元音变成长元音是简单容易的。也就是：“我曾见厄庇卡瑞斯走向马拉松”（Ἠπίχαρην εἶδον Μαραθῶναδε βαδίζοντα）。在这个诗行里，要把两个短元音拉长，方能凑齐六个音步。⑤

在第二十三章，主要讨论了史诗的独特特征，同时，和悲剧一

① 1456a 1
② 1456a 34
③ 1456b 15
④ 1458a 20-21
⑤ 1458b 10

样，史诗诗人也应该编制戏剧化的情节。[①] 亚里士多德认为荷马是诗人中出类拔萃的。荷马并没有连续地呈现出整个事件和全过程，但是荷马是无与伦比的：他得到了神灵的启发。[②] 亚里士多德发现，其他诗人或写一个人，或写一个时期，或描写一个由许多部分组成的行动，如《库普利亚》和《小伊利亚特》的作者所做的那样。其中，《库普利亚》是对特洛伊战争起因的描述。[③]

在第二十四章，亚里士多德认为史诗的种类也应该和悲剧的相同，他对史诗的种类进行了区分。【232】史诗中也应有突转、发现和苦难等。荷马最先使用这些成分，而且是用得最好的。史诗和悲剧在结构方面长短不同，所用的格律也不同。在亚里士多德看来，不应该混用这些格律，像我们之前提到的凯瑞蒙的《马人》就是这样的。[④] 此外，他赞扬了荷马，理由有很多。特别应该指出的是，在史诗诗人中，唯有他才意识到诗人应该怎么做。诗人应尽量少以自己的身份讲话，因为这不是模仿者的行为。其他史诗诗人始终以自己的身份表演。最后，亚里士多德论述了适合于这种诗歌体裁的特征，也就是史诗的特征，比如，不可思议和令人费解的，错误的论证，可能与不可能和言辞。

在第二十五章和第二十六章，亚里士多德把诗人的抉择总结如下：既然诗人和画家或其他形象的制作者一样，是个模仿者，那么，在任何时候，他都必须从如下三者中选取模仿对象：一是过去或当今的事。二是传说或设想中的事。三是这样或那样的事。诗人通过言语表达上述内容，所用的词汇包括外来词、隐喻词和言语中其他许多不寻常的词语。我们同意诗人在这方面拥有的特权。[⑤]

① 1459a 16 ff.
② 1459a 31
③ Wilamowitz-Moellendorff, Ilias
④ 24, 1460a 1
⑤ 25, 1460b 8

亚里士多德在这部《诗学》著作的总结中认为，浏览了所有章节的内容，有一个问题：究竟是史诗的模仿形式更好，还是悲剧的模仿形式更好？[①] 对此，他继续说道："关于悲剧和史诗本身，它们的种类和部分，部分的数量和区别，决定其效果之好坏的原因以及关于提出的问题和对问题的解答。"[②]【233】后面，没有连接词，也没有开头，他继续写道："关于短长格和喜剧……"这一部分意味着结束对一个问题的讨论并转入另一个问题。此段文字表明，对悲剧和史诗的讨论已告结束。《诗学》的第二卷，已经失传。[③]

评论：在《诗学》的第一卷中，亚里士多德提到了三十六位史诗、悲剧和喜剧的作者。另外，还提到了一些吟诵史诗的人，还有一些没有给出名字的古希腊编年史诗作者，比如伊利亚斯 · 帕瓦。

这些提到的作者按字母顺序排列如下：埃斯库罗斯，阿伽松，阿加斯，亚利福拉特司，阿里斯托芬，阿斯图达玛斯，卡尔基努斯（A+B），凯瑞蒙，基奥尼德斯，克莱俄丰，克拉底，狄开俄革奈斯，恩培多克勒，厄庇卡尔谟，欧几里得，欧里庇得斯，赫革蒙，赫格西亚，荷马，玛格奈昔，马吉特斯，纳西拉图，尼科卡瑞斯，斐洛森努，福耳弥斯，品达，波吕伊都斯，索福克勒斯，索弗隆，索西斯特拉托斯，斯塔昔努，斯塞尼拉，塞奥德特，提摩修，塞那库斯。【234】

① 26, 1461b 25 ff.
② 26, 1462b 17-21
③ 26, 1462b 22

形而上学

尽管亚里士多德没有写过一部关于形而上学的教学性著作，但是，研究亚里士多德的杰出学者，如耶格尔、芒雄和罗斯都没有放弃亚里士多德曾创建过“形而上学”哲学体系的观点，换句话说，“形而上学的基本原理”。[①] 不言而喻，亚里士多德没有忽略早前的思想家，特别是从爱奥尼亚到西西里的思想家，他们都论述过关于“第一原理”的理论，比如泰勒斯和赫拉克利特，但是亚里士多德很明白，这些思想家所谈论的是不同的事情。当然，在据称是亚里士多德的著作《形而上学》中，很大程度上（与《亚里士多德全集》的其他著作相比）阐释了诸多与形而上学相关的问题。

“形而上学”这个标题，是安德罗尼柯提出来的。安德罗尼柯将亚里士多德的著作、讲义和演讲集中起来，进行分类，但是，他找不到一个合适的题目去给这一部分命名，于是，他就采取了一个权宜之计，把这一部分放在了“物理学”的后面，在“物理学”前面加了一个“meta”（后），于是就产生了这个词语：形而上学。【235】第一个提到亚里士多德这部著作的是尼古拉斯，他来自大马色公元前一世纪时，在亚历山大里亚较为活跃，后来到

① StudienSuprêmeMetaphysics

了罗马，这一时期，也是安德罗尼柯生活的时期。

《形而上学》

《形而上学》这部著作一共有十四卷，可以称得上是一部关于语言学和哲学问题的著作，也是他书写成文作品和口述讲义的背景材料。

亚里士多德清晰地意识到，并没有一种决定每门知识界限范围的哲学历史学研究，同时，也缺少按照主题将各个分散研究领域归类的相关术语。最使他感兴趣的是对某些思想家具体理论的评读，并最终从中得出一个可靠性的结论。

当亚里士多德写作他的《论第一哲学》的时候，他已经涉及了哲学的基本问题。因此，他考察了诸多关于“基本问题”的理论和观点。① 在最后的分析中，亚里士多德试图根据作为一个整体的类型和功能对 being 进行定义。也就是说，主要是根据存在着的事物的本质，而不是它们的结果进行理解和给出一个令人信服的解释。【236】比如，在关于 being 概念的注释中，他并没有问这样的问题，即“什么是 [X] ?”（What is[X]?）而是问的“什么是‘是’?”（What is ‘is’?）（τίἔστιν，ἀλλὰτίἔστιτὸἔστιν）。②

在这里，我们将会按照希腊字母的顺序，列出《形而上学》（实际上，它们之间是没有内部联系的）十四卷，并就其内容给出简单的评析：

① Reale, Prima

② Arpe, Εἶναι

第一卷

第一卷的主题是关于哲学的研究，在亚里士多德看来，它是代表着第一神圣原则的知识。亚里士多德曾在之前的两部著作中研究过类似的主题，即《劝勉篇》和《论哲学》。[①]

正如我们之前所讲的，亚里士多德首先是要呈现出早先的哲学的观点，然后对它们进行系统的批判，在第一篇作品的末尾部分，包括以下章节："导论"，主要讨论"智慧"的定义问题；希腊哲学汇编者关于前苏格拉底哲学"物质"和"四因说"的观点；毕达哥拉斯学派和爱利亚学派的观点，以及柏拉图"理念论"的相关观点。[②]

小一卷，只有一个残篇保存下来，这个残篇的主题是宏观地介绍哲学研究，探索事物的结构，产生某种结果的原因，也就是第一原则。[③]【237】

第二卷

这一部分主要是以问题的形式写作而成的，共包含与"第一哲学"基本问题相关的十四个问题。这一卷的内容主要是一系列的问题备录，是亚里士多德提出的基本的哲学问题。这里，我们可以想象，亚里士多德处在平静的研究环境中，回想他在柏拉图学园的那些岁月，在朗读完柏拉图的对话之后，人们开始彼此交换意见，并展开激烈的讨论。

他提问的这些问题表明，他本人仍旧在思考对本体论问题的解释。但是，他说当时在学园里学习的同代人的观点都是错误的："原因是他们所接受的所有问题和他们的出发点都是错误的。因为

① Jaeger, Evidence
② Düring, Arist., 260-270
③ Jaeger, Metaphysica, 114

对我们来说，是很难从错误的起点达到正确的结果，正如厄庇卡尔谟所言，刚刚说出一件事情，立马就会产生错误。”① 同样卓越的问题还有：什么样的知识才最能称得上“哲学”的名号？什么样的人才可以被称为“哲学家”？②

第三卷

在这里，亚里士多德以普罗泰戈拉和极端的感官主义者为例，他斥责他们否定矛盾原则的观点。③ 根据恩培多克勒、巴门尼德和阿那克萨戈拉作品的摘录，亚里士多德认为，他们将理性知识等同于感官印象，并且将其视为是一种质的变化，因此，必然会得出“现象是真实的”结论。【238】亚里士多德说，我们不得不承认，认识他们观点的时候，将他们描述为感官主义者是完全错误的。④

他继续批判了爱奥尼亚哲学家的观点，从赫拉克利特到阿那克萨戈拉和德谟克利特，他说道：“概念来自论据，比如：万物混同在一起（阿那克萨戈拉的观点），从一定角度来讲，它是正确的，但是，从另一个角度来讲，它又是不恰当的。”而对德谟克利特的理论，亚里士多德则写道：“或者没有真实的事物存在，或者它对我们隐藏了起来。”⑤

第四卷

这是一部关于哲学术语的辞典，对这部辞典，亚里士多德从来没有停止过更新。πολλαχῶς λεγόμενον（同形异义词）辞典用的是同

① Düring, Arist., 270-277
② Mu 9, 1086a 16
③ Düring, Arist., 587
④ 1009 B 12
⑤ 68 A 112 = 68 B 7

样的名称，但是却被赋予了不同的含义（见 281 ff. ）。[①]

第五卷

这一部分是由安德罗尼柯根据保存下来的亚里士多德的残篇创作而成的，其中，它包括四个章节，主要讨论了关于“存在”（ὄντος ιἧ ὄν）的相关问题。

第一章，是一个关于第三卷所探讨问题的评论，它问了一些基本的问题：什么是第一哲学的研究对象？【239】第二章的主题是，“通常，当我们谈到存在的时候，我们是否在意指它的不同含义”；第三章，亚里士多德谈到生成（γίγνεσθαι）的自然状态作为一个整体是否已经注定？他得出的结论是否定的；最后，第四章，他考察了作为虚假的“不存在”和作为真实的“存在”，对此，他的观点在《解释篇》中已经涉及：“在结合中得到肯定，在分离中得到否定，则和这种安排相反。”[②]

第六卷、第七卷和第八卷

这一部分的主题是，我们理解可感事物的方式，用亚里士多德的话来说就是：περὶ οὐσιῶν αἰσθητῶν。[③] 按照亚里士多德的观点，我们凭借感觉理解的事物是自然哲学的任务，在一定程度上讲，他将之命名为“第二哲学，因为自然科学家不但应该知道事物本身，还应该知道解释事物存在的组成元素”。[④]

① Top., I 15
② Jaeger, Studien, 21-28
③ Düring, Arist., 589-590
④ Zeta 11, 1037a 10-17

第九卷

这一部分代表了一个完整的课程，其中亚里士多德探索了“一”（hen）和与之相近的概念，如“相同”、“不同”、“相似性”和“对比”等概念。[①] 这一卷与第二卷和第四卷有很大相关性，亚里士多德经常提及在第四卷中的定义，而且有时候会引用这部著作中的一整段内容。[②]【240】

第十卷

这是一部第二卷、第三卷和第五卷的摘录提纲，此外，还包括《物理学》的第三卷和第五卷。这很可能是一个用来作为教学工具教授“第一哲学”的笔记。[③]

从第一章、第二章中的诸多自相矛盾，以及紧随其后的两章（第三章和第四章），通过其保留下来的形式来看，不太像是亚里士多德所作的。然而，撇开其不一致性来讲，编纂者很可能在亚里士多德附录相关材料中发现了一些我们不知道的信息。根据耶格尔的观点，一般地讲，我们应该将这部作品视为是亚里士多德思想的浓缩和精华。也有人认为，它是一部以纲要的形式，用来教授从塞奥弗拉斯特开始的“第一哲学”的讲义。[④]

第十一卷

这是一个用来教授“第一性事物”的一系列笔记，它的内容是互相独立的，为了个人使用而作。实际上，没有其他《形而上学》的文本提到过第十一卷。在《物理学》中的四段提到了第十一卷，

① Düring, Arist., 279-291
② Elders, Theory
③ Düring, Arist., 278-279
④ Studien, 86

它是作为“第一哲学”而被阐释的。这部著作的目的就是“关于本质的理论”的。[①] 亚里士多德可能在较早之前就已经论述过关于本质的概念，据推测应该是在“序言”中：“过去摆在我们面前的问题，今天又摆在我们面前，并且将来也会总是横亘在我们面前，它对我们而言，将一直是一个很难逾越的问题，那就是，什么是‘存在’(being)？——最后一个问题是，本质是什么？”[②]【241】

第十二卷（1–9a）

这一部分主要探讨和研究是否存在一个超越可感事物之外的另一个永恒不变的“存在”(being)？在做了一番论述后，亚里士多德特别提到了数学上的数字，还有柏拉图的“理念”。[③] 最后，他总结了自己的观点，得出：在这些事物上，其他哲学家的理论都是错误的，因为他们的前提条件就是错误的。[④]

第十三卷（9b）——第十四卷

这个部分并不是前面章节的延续，它是一个独立的部分（很可能是在公元前355年发表的）。这一部分的主题是学园中关于“第一性原理”的思想，特别是柏拉图关于作为事物存在原因的“一”“大”和“小”，以及关于虚数的思想。[⑤] 在辩驳术的中心部分，是柏拉图关于“形式”和“数字”之间联系的理论，对此，他总是用斯彪西波和塞诺克拉底相似的理论，以及学园中其他成员的理论进行比较。在这里，亚里士多德对柏拉图的理论有一个最终的结论，他写道：“这种批判主义表明，柏拉图第一原则的理论是完全

① Düring, Arist., 189 ff.
② 1, 1028b 2
③ Jaeger, Aristoteles, 185
④ Düring, Arist., 281-290
⑤ Ivánka, Polemik

错误的。数和理念的价值也不是脱离开可感事物独立存在的，它们也并不是存在的第一原则。”[①]【242】

概而言之，在《形而上学》的诸多部分之中，除了别人所编纂的内容，以及第四卷代表了亚里士多德自己个人所使用的哲学辞典之外，这完全是一部关于哲学概念的著作，比如，决定智慧的“第一性原则”“第一哲学”“四因说”，当然，还有柏拉图的“理念论”。然而，亚里士多德在这里的主要目标是对“存在”这个概念的宇宙学探索，也就是作为“存在”的存在。简单地讲，当我们说到某物存在的时候，我们的意思是某物现在存在，也就是说，此时和此地。从这个角度讲，它代表了一种特殊的属性：本质。这种没有经过修改的本质是有很多表征的，这种表征依赖于这一类事物特殊的形状、颜色和独有的特征，但是，所有这些都改变不了其本质。

① Saffrey, Nombres

重构亚里士多德的图书馆

从学术生涯的开始阶段，亚里士多德就意识到，为了贯彻实行其多方面的探究，他就首先必须去查阅早先全部的希腊文献典籍。带着这种想法，他一边进行创作活动，一边着手创建自己的图书馆。根据古籍，特别是根据阿塞奈乌斯记载，亚里士多德积累了大量的书籍。这就使他成为古希腊世界最重要的图书馆所有者。

亚里士多德的哲学工作主要是建构在两个基础之上的：第一，理论的，即成文知识传统的全部典籍；第二，经验的和传统的，即自然环境中不同物种的观察分类。[①] 然而，之前哲学家的理论和观点，从表面上来看，他似乎不接受。为了能够构建他的驳谤和论著，他博览了早前学者的著作。【244】

《苏达辞书》中关于“苏格拉底”的条目，说亚里士多德是一位来自斯塔吉拉的哲学家，他是“大自然的代理人”（τῆς φύσεως γραμματεύς），这个绰号是由他的一个不知名的追随者给他起的，这个名字由来自该撒利亚的欧西庇乌在其著作《福音的预备》中第一次提到。但是，在这里我们会继续往前迈一步，我们认为亚里士多

① Düring, Method

德不仅是“自然的代理人”，而且是“大自然的探索者和解释者”。[1]

从阿塔内斯到雅典

亚里士多德是从什么时候开始收藏图书，并且形成了他的私人图书馆的？有一点我们是确定的，那就是当他旅行到雅典，并且决定加入柏拉图学园的时候，在他的行李中就有很多书。我们之前也讲过，他从其父亲尼各马科那里继承了很多书籍，同时，他在刚开始接受教育的阶段，也获得了很多书籍，但这一时期我们并不清楚他的老师是谁。此外，他肯定也阅读了一些柏拉图的对话。亚里士多德的监护人普罗克森努斯拥有柏拉图的这些著作，具体地讲，就是那些在公元前367年前出版的著作，比如，在《智者篇》之前的《拉凯斯篇》、《卡尔米德篇》、《大希比阿篇》和《小希比阿篇》、《高尔吉亚篇》、《美诺篇》、《申辩篇》，另外，还有一些其他的。[2]【245】

学园中的亚里士多德

公元前367年，亚里士多德加入柏拉图学园。在此，我们提出一个与今天的研究相关的问题，那就是，这一时期，学园中有哪些书籍？今天存留下来的证据告诉我们，学园的图书馆是从柏拉图的家庭图书馆开始形成的，其中，图书馆中有由麦加拉的欧几里得誊抄的柏拉图多个版本的对话，还有柏拉图通过与叙拉古的政治家、哲学家和文人长期接触后从那里购买的书籍。这些书籍中有毕达哥

① XV 809 c
② Usaibia, Biog., 3

拉斯的著作，由其学生菲罗劳斯出版，还有索弗隆的《滑稽剧》，以及阿尔基塔的著作。特别有意思的是，柏拉图对安提玛库斯诗歌著作的追寻，安提玛库斯是以一种学术的标准接触到诗歌的。[①]

评论： 第欧根尼·拉尔修证明，柏拉图给他的学生赫拉克利德布置了一项任务，那就是设法去获得安提玛库斯的诗歌作品。[②] 安提玛库斯来自科罗封，作为一个现代主义诗人，他的声誉已经超出了他所在城市的地理疆域，柏拉图对他早有耳闻。安提玛库斯与苏格拉底生活在一个年代，于公元前 348 年去世，安提玛库斯曾特意给一些受过良好教育的公众写过一些史诗和挽歌诗。安提玛库斯代表了一种新的风格，这种风格在之后的时代，也就是在亚历山大里亚时期被称为“学者型的诗人”(όγιος ποιητής)。【 246 】安提玛库斯并没有继承前人的工作，但是，却试图通过从语言学上评估《伊利亚特》和《奥德赛》两部史诗，从而对荷马的艺术进行学术改良和更新。

学园的时期

亚里士多德在学园中的研究是一场在知识和思想传统中，特别是在哲学领域的探索旅行。比如，他阅读爱奥尼亚学派的著作，还有希腊的毕达哥拉斯学派的著作。亚里士多德听过智者的课程，并且做过笔记，同时，获得了他们很多著名的驳谤性书籍。亚里士多德还参加过智者们探讨柏拉图的课程，他不留情面地指出过智者们学说中的矛盾和悖论，同时，还抨击了他们的自我吹嘘，即通过简洁的方式就可以提供所有的知识。[③] 最后，亚里士多德还非常幸运

① Staikos, Plato, 15, 26 ff.
② Diog. Laert. VIII, 79-81
③ Puelma, Kallim.

地在学园聆听了柏拉图的课程，柏拉图的课程是通过重提和折回苏格拉底思想的哲学方式，即辩证法，以此来追逐真理和探求“善”的。亚里士多德敏锐的思想，使柏拉图以有这位年轻和有才华的学生为殊荣：很多人认为，在将来某个时期，柏拉图肯定会把园长的职位托付给他；指定亚里士多德做“读书人”的角色，这一点我们之前早就讲过。【247】另外，柏拉图和学园中的其他人，让亚里士多德用出版物作品的形式，保卫学园的学术观点，回击伊索克拉底和他的追随者的攻击：这个作品就是《劝勉篇》。

当亚里士多德还在柏拉图学园的时候，他著作的纲要就已经公开了，同时，他也开始了对哲学相关问题初步的专题性研究，其目的是形成自己的教学方式。考虑到他在学园时期的许多理论探索就已经开始分类研究了，因此，我们将会按照字母顺序，以主题单元的形式划分亚里士多德提及引用的著作者及其作品。

——哲学

亚里士多德拥有很多柏拉图的对话，还有他所作的关于其导师课程的笔记，这些笔记从来没有出版，如《论良善》。另外，除了这些对话和笔记之外，亚里士多德还收集了一个藏书丰富的“哲学图书馆”。从其教学著作中引用的名字来看，他似乎知道以下这些思想家的理论观点：阿克迈翁，关于身体的快乐；阿那克萨戈拉，他的理论与“冷”和“热”有关（On Nature）；阿那克西曼德，他的理论是把神学视为最高的准则（On Nature）；安提司泰尼，他的观点是，我们没有能力知道第一准则（The Meaning of Words）；德谟克利特，他的理论是关于可感知事物的概念（Of the Senses），亚里士多德对他的理论不太满意；【248】第欧根尼（阿波罗尼亚的），涉及他的神学理论（On Nature）；恩培多克勒，关于他“产生原则”

的理论（On Nature），亚里士多德指责这种观点；赫拉克利特，亚里士多德认为，他是“理念论”产生的源泉（On Nature）；留基伯，他的理论中有一句话“没有什么事情是不按计划发生的，一切都有其逻辑和需要”（On the Mind）；麦里梭，他的理论是，上帝是宇宙中的第一原则（On Nature or On the Being）；巴门尼德，关于其“存在”的理论（On Nature）；斯彪西波，关于其宇宙结构理论的设想（来自间接源泉）；腓力司逊，关于其“四元素”的理论（通过其著作的残篇）；菲罗劳斯，在关于“神是第一原则”的方面，他吸取了毕达哥拉斯的很多学说；毕达哥拉斯，关于“上帝为什么创造我们”的问题（通过菲罗劳斯的作品所知）；塞诺克拉底，关于他对科学思想前提条件的循环论证的支持（在他的关于哲学三分法的著作中）。

——诡辩论

有三个方面的因素使得亚里士多德去考察智者的思想和评价他们的驳谤性著作：第一，主要是为了驳斥如安提丰和阿基达玛等人所主张的观点，即社会政治教育系统的改革应该归功于智者们观点的需要——这些发生在柏拉图学园和伊索克拉底学派的创办之前；【249】第二，作为苏格拉底的“另一半”，柏拉图持续不断地努力，旨在展现他们学说的新颖性；第三，智者们所传播的书籍和教授课程中的戏谑语言和矛盾悖论，已经败坏了所有知识领域的探索方法。

亚里士多德创作《辩谬篇》的目的就是界定“the assertion of the opposite in relation to one and the same not name but thing”，换句话说，就是关于论证结论与出发点相矛盾的三段论。亚里士多德提到了下面的智者及其驳谤著作：阿基达玛，他利用吸收其材料的原因，是为了描写“高尔吉亚风格”的特征（On those who write written speeches or On Sophists）；雅典的安提丰，关于其“化圆成方”的论述（On Truth）；克里底亚，关于其在“血液中发现灵魂”的观点（On the Nature of Love or Virtues?）；高尔吉亚，关于其“非存在”的观点（On the Non-Being or On Nature）；希庇亚，亚里士多德引用其关于泰勒斯的观点（来自一部不知名的著作）；吕科佛隆，关于 μέθεξις 的含义问题（来自一部不知名的著作）；普罗狄科，关于三种类型的人生享受（On the Nature of Man）；普罗泰戈拉，关于“人是万物尺度”的观点（Truth or Refutations）；还有就是塞拉西马柯，亚里士多德积极评价他的著作（可能在《伟大的艺术》中）。[①]【250】

——政治学

亚里士多德的《政治学》是以一个“旨在保卫城邦，免遭智者观点影响”的章节开篇的，我们可以确定的是，这篇著作是他在学园学习研究时期完成的。我们之前说过，如吕科佛隆和塞拉西马柯这样的智者认为，城邦以及城邦的法律是传统规定的结果。与智者们的观点相反的是，亚里士多德不但反驳了克里底亚的观点（《论政体》），而且也反驳了柏拉图的观点，其中，柏拉图的这些观点是在《理想国》、《政治家》和《法律篇》中提出来的。亚里士多德还从历史学家、立法者和哲学家的对话中收集了很多关于政体的材料。这些历史学家、立法者和哲学家，经常受到许多希腊城邦的邀请，来帮助他们制定法律，或者记载他们创建和发展的编年史。

① Skouteropoulos, Sophistic

——政治学著作

为了写作《政治学》，亚里士多德很可能从以下思想家那里获取了诸多资料：瑞吉乌姆的安德罗达马斯，关于色雷斯卡尔基斯人的立法（来自一部不知名的著作）；叙拉古的安提奥库斯，关于希腊的历史；莱姆诺斯的阿波罗多洛，关于牲畜和鱼的饲养（来自一部不知名的著作）；帕罗斯的卡瑞斯，《论农业》（来自一部不知名的著作）；【251】兰萨库斯的卡隆，东方各民族和希腊世界的历史；卡塔尼亚的卡隆达斯，他在西西里岛各希腊城市的立法（来自一部不知名的著作）；卡尔米德，西西里岛哈尔基斯城的立法者，为家庭成员的命名；克里底亚，关于他的著作《政治体制：塞萨利的政治体制，古斯巴达的政治体制和雅典的政治体制》；米利都的狄奥尼修斯；雅典的德拉古，关于他的法律的性质；克里特的厄庇美尼德，关于为家庭成员的命名（homositoi = 那些一起用餐的人）《论克里特的政治体制》；科林斯的欧美卢斯，关于其谱系列表《科林斯阿卡》；米利都的赫卡泰乌，关于希腊历史的政治事件《谱系学》；米提利尼的赫拉尼库斯，关于雅典的执政官列表《阿提卡志》；希罗多德，从他那里，亚里士多德获得了关于立法者的信息和管理体系《历史》；赫西俄德，关于神谱的《工作与时日》；米利都的希波达姆斯，关于他"理想城邦"的规划；吕科墨得斯，关于在农村居住的问题（来自一部不知名的著作）；吕科佛隆，关于交易的商业性质（来自一部不知名的著作）；莱喀古斯，关于莱卡的管理体系（来自一部不知名的著作）；卡尔凯顿的法勒亚，属性的等同（来自一部不知名的著作）；科林斯的菲多，每个城市有限的家庭（来自一部不知名的著作）；【252】庇塔库斯，关于法律的严格性问题（来自一部不知名的著作）；柏拉图（《理想国》《政治家》

《法律篇》)；梭伦，关于他管理的政治和经济规划（在他的《法律篇》中）；米利都的铁列克莱司，关于民主的政治体制；米利都的泰勒斯，关于宇宙学知识准则的培育；克珊托斯（吕底亚人），关于吕底亚人的历史和管理体系；罗克里的扎留库斯，关于法律的编纂（来自一部不知名的著作）。

——修辞学

在亚里士多德来到雅典的柏拉图学园学习研究之前，在希腊世界，就已经有相关的修辞学作品写作和传播。然而，在这个领域，亚里士多德也对其提出不同的观点，因为他认为，之前关于修辞学研究忽视了一个基本技艺：论证。他认为，演说家的最终目的是想搅乱听众，这样就可以通过控制他们的情绪，达到他们公开的目的。亚里士多德一针见血地指出，原来的修辞学的弱点是缺少论证，他们只是通过用情绪打动观众的方式来掩盖这个缺点，不给怀疑者留有任何余地。

亚里士多德修辞学的概念可以归功于柏拉图在《斐德罗篇》中的定义。也就是说，这是一个与辩证法有着千丝万缕关系的哲学知识，而不能用科学方法论证。【253】从这个角度来讲，应该取代严格的科学三段论，演说者应该使用这样一种三段论，亚里士多德称之为“盖然性辩论”，这种“盖然性辩论”是把逻辑的关联和心理学结合在一起的。亚里士多德关于修辞学的技艺，源于他在学园从事研究，但是，这里最使我们感兴趣的是弄清楚，他指的是哪位演说家，以及他的哪一部著作存在的缺点。

——修辞学著作

我们之前讲过，从公元前五世纪早期开始，具体地讲，是由科拉克斯在西西里岛第一次运用修辞学技艺的。亚里士多德主要提到以下的代表人物：兰萨库斯的阿那克西美尼，关于其《亚历山大的修辞学》；布律松，关于词语的使用（来自一部他创作的不知名的著作）；叙拉古的科拉克斯，亚里士多德将其称为是修辞学的“创造者”（《修辞学的艺术》）；克里底亚，关于其文体风格（κριτιάζειν）；高尔吉亚，关于其浮躁和超然的风格（《技艺》）；欧绪德谟，关于其诡辩的观点（来自一部他创作的不知名的著作）；伊索克拉底，关于其对学园的评价（《交换法》）；利库尼乌，关于其对语词的总体分类（《技艺》）；【254】吕西亚斯，在《斐德罗篇》中提到了其中一句摘录（Speech on Love）；阿拉伽斯的波卢斯（《技艺》）；塞拉西马柯，他作品中占支配地位的恶意（《伟大的艺术》）；叙拉古的提西亚斯，关于其修辞学艺术的规范（《修辞学的艺术》）。

亚里士多德在阿塔内斯和阿索斯的自我放逐

亚里士多德不得不把他收藏的所有书籍都转移到他新的环境当中：柏拉图课程的文章和笔记，从书籍市场上购买的著作，当然，还有他的导师各种版本的对话录。从那以后，环境的改变对他所研究的方向必然产生影响。对柏拉图理念论的无休止地争论，以及学园中相关类似的问题，比如，整个学园成员共同努力去驳斥智者的谩骂诡辩，这些现在都已经成为过往。柏拉图学园关闭之后，亚里士多德又开设了吕克昂学园，学园中有他最亲密的同伴塞奥弗拉斯特，后来证明，他是亚里士多德最有价值的合作伙伴和终身挚友。

从这一时期开始，亚里士多德的研究旨趣转向了自然，他彻底改变了研究方法，不再只是单纯地依靠理论方式，而是更多地建构在经验基础之上。这些经验知识都是来源于人们在陆上和海上长时间久经考验的实践，以及他自己对自然现象的经验及其影响和结果的观察。【255】亚里士多德将自己的研究领域分成三个类别或者单元——动物的历史、植物的历史和宇宙学，他按照子门类继续将它们分组，分类的标准是它们共同的基本特征，比如有血的动物和无血的动物，脊椎动物和无脊椎动物，等等。他开始收集各种资料，一直没有停止过扩充和整理这些资料，他所收集的这些材料在他之后的每一次辗转行动中都没有离开过他：无论是去莱斯堡，去马其顿的宫廷，去米耶萨，以及后来去雅典，还是他在吕克昂学园的教学期间，甚至他在卡尔昔斯第二次放逐时，也都带着这些书。他按照主题研究探索的著作有：《动物志》《物理学》《论植物》（现在已经失传），还有《天象学》《论天》等。

在腓力二世的宫廷和米耶萨

人们已经知道，关于亚里士多德建构在理论和经验基础之上研究方法的重要性，现在开始着手以著作的方式传播他的理论观点。在马其顿国王腓力二世的宫廷，亚里士多德不但教授亚历山大王子，而且还指导在其周围形成的圈子。这里，我们也会提到这位伟大征服者的志趣相投的同伴，即“伙友”，其中，亚里士多德还与他们其中的一些人通过信：安蒂帕特、赫费斯提翁、斐洛森努、塞米斯塔戈拉，还有其他人。【256】

以其藏书丰厚的图书馆为起点，亚里士多德以书籍的形式，编纂了很多主题单元不同的著作。这些著作也代表了他在米耶萨“学校”中的口头陈述。我们不应该忘记，他的第一批出版物是以对话体的形式写作完成的，大约有十九部。也就是说，这些著作是与他在学园中的教学相一致的。的确，如果只是从某些著作的题目所呈现出来的内容来看，这些著作是特意写给亚历山大的，比如《论王政》和《论殖民地》。然而，在什么程度上，他的作品，尤其是他的公开性著作是在他回到雅典的吕克昂学园教学期间出版的？事实上，这已经是另外一件事了。

另一个没有回答的问题是，在马其顿，存在着一个出版机制吗？同时，在培拉腓力的统治时期，“出版物”或者书籍意味着什么？我们不排除这种可能性，那就是雅典的书籍交易也包括马其顿和色雷斯的一些地方和区域。然而，出版机制和复制书籍的中心，从欧里庇得斯还在阿凯劳斯宫廷居住的时候，也就是在公元前408年就已经成立了。【257】

亚里士多德教学著作的曲折过程

公元前 323 年或公元前 322 年，62 岁的亚里士多德离开雅典，开始了自己的第二次自我放逐。他在卡尔昔斯的母亲家中找到了一个安全的避难所。亚里士多德是否还打算返回雅典，我们不得而知，他也并没有展露出任何可能返回与否的迹象。当然，亚里士多德已经立下遗嘱，在遗嘱中，他指认安蒂帕特为他遗嘱的监护人，掌管一切事务。遗嘱中还包括对其家人的一些安排事宜，但是并没有提及其个人藏书或吕克昂学园的未来，包括园长继承人等问题。因此，在这种情况下，人们自然会提出这样的问题：亚里士多德在其自我放逐过程中，究竟携带了哪些抄本和书籍？这个问题是无法回答的。[①] 我们可以假定他身上只携带了其未出版的教学性作品，在放逐的地方，他并没有停止工作，正如我们之前已经评注的，根据亚里士多德全集，这些莎草纸作品已经达到 106 卷。假定每一个莎草纸卷包含一册的话，那就有 85000 行，这就等于有 875000 个语词。[②]【258】实际上，这种计算方法并没有将其他相关思想家的理论和观念的评注考虑进去，也不包括亚里士多德本人的评注。我

① Diog. Laert. V, 12-16
② Moraux, Listes, 192

们在这里指的主要是，按照主题单元分类的逻辑学、诗学和修辞学、政治学和组成其物理学和生物学的诸本著作，此外，还有包含在形而上学中的册子。在亚里士多德离开之后所留下的那些书籍材料，在一定程度上保证了其学园的正常运转。另外，我们在这里需要再一次指出的是，在亚里士多德去世之后，这些资料都被收入了吕克昂学园的图书馆中，这就使其成为希腊化世界中收藏亚里士多德书籍著作最丰厚的图书馆。

塞奥弗拉斯特和欧德摩斯是亚里士多德在学园中最要好的朋友和最亲密的合作者，他们俩也是在亚里士多德自我放逐期间仅有的去拜访过他的人。亚里士多德是欧德摩斯的导师，在其离开雅典之后，欧德摩斯拜访了亚里士多德，顺道回到了自己的家乡创办了一所哲学学校，根据其著作讲授相关的专业知识：分析学、修辞学、物理学、分类法、措辞用字等。[①]《欧德摩斯伦理学》在多大程度上是欧德摩斯所作，或者这部著作有多大程度是建构在亚里士多德观点基础之上的，这些话题我们已经在本书第 182 页展开具体讨论。[②]

至于塞奥弗拉斯特，可能他没有定期地拜访亚里士多德，但至少有一次，他们肯定单独讨论过学校未来的运转，还有亚里士多德未发表的一系列作品的命运，以及吕克昂学园图书馆的情况。【259】其中，吕克昂学园中的大部分著作是否是亚里士多德自己花钱购买的，对于这些事情，我们不得而知。我们只知道，亚里士多德的私人藏书最后落在了塞奥弗拉斯特的手里，他有权利自由处置安排这些藏书的命运。[③]

人们得知和关注亚里士多德的藏书及其抄本的曲折过程，也就是，吕克昂学园的图书馆作为一个卓越的宝贵财富这件事是从公

① Wehrli, Schule, VIII
② Düring, Gnomon 33, 1961
③ Staikos, History I, 108

元前 287 年人们开始阅读塞奥弗拉斯特的遗嘱开始得知的。[1] 在这份遗嘱中，塞奥弗拉斯特首先提到的是完善和修整吕克昂学园应该做的一系列工作，还有学园的房屋周围的花园和漫步的游廊、遗嘱人，此外，还有吕克昂学园丰富的藏书——亚里士多德的作品和他拥有的藏书。塞奥弗拉斯特明确指出：我的所有书籍都交给涅琉斯。但是，紧接着我们可能会问：谁又是涅琉斯呢？[2]

涅琉斯

亚里士多德的学生涅琉斯出生于特洛阿德（小亚细亚北部地区）的司凯昔斯，他是柏拉图的学生科里司库的儿子。[3] 像厄拉斯托一样，柏拉图曾给涅琉斯写了《六封书信》。《大伦理学》是写给一群年轻学生的，在这部著作中，涅琉斯和兰普鲁斯“明白写作的技术”，他们在这部著作中被提及过。[4]【260】

涅琉斯的父亲科里司库是亚里士多德和塞奥弗拉斯特时期在吕克昂学园里的朋友。科里司库曾经追随亚里士多德的放逐到过阿塔内斯和阿索斯，在那里，他大概进入了赫尔米亚的团体。在继承了亚里士多德和塞奥弗拉斯特的藏书之后，涅琉斯认为，他会理所当然地被选为学园的园长。但是，“选举团”却选择了来自兰萨库斯的斯特拉托（逍遥学派哲学家），从公元前 287 年到公元前 269 年，斯特拉托管理学园工作长达 19 年。[5] 涅琉斯对学园的这个选择进行了报复性的回应，他带着亚里士多德的未发表的著作，也就是其口述的秘传性著作还有一部分他从塞奥弗拉斯特那里继承来的著作，

① Diog. Laert. V, 51-52
② Diog. Laert. V, 52
③ Armin, Neleus
④ II 7, 1205A, 19-23
⑤ Wehrli, Schule, V

回到了他的出生地。据此，在一定意义上，涅琉斯的这个报复性的回应，就剥夺了逍遥学派（吕克昂学园）对关于亚里士多德和塞奥弗拉斯特著作的占有，事实上，他们两个人的著作代表了学园里的主要教学资料。[1] 我们上面提到过的塞奥弗拉斯特的继承人，也就是斯特拉托开始将其教学领域更多地转向了自然主义的学科，开启了新的研究领域，这些研究领域包括机械学和医学科学。对此，来自亚历山大里亚的希罗在他的著作《力学》中有过记载。[2]

第一个谈及关于亚里士多德著作和抄本坎坷命运的是历史学家斯特拉托，他介绍过涅琉斯的故乡司凯昔斯，传统上这是“埃涅阿斯的皇家寓所”。[3] 斯特拉托告诉我们：【261】

从司凯昔斯走出了厄拉斯托和科里司库，以及科里司库的儿子涅琉斯。涅琉斯不仅是亚里士多德和塞奥弗拉斯特的学生，而且还继承了塞奥弗拉斯特的图书馆，其图书馆中有很多亚里士多德的著作。亚里士多德将自己的图书馆传给塞奥弗拉斯特，同时，还将学园传给他；据我所知，他是第一个收集书籍和教授埃及国王们如何安置图书馆等相关内容的人。塞奥弗拉斯特又将之传给了涅琉斯；涅琉斯将这些书籍带到了司凯昔斯，之后把它们传给了后人，“普通人”……

很明显，关于传承亚里士多德教学著作的信息，斯特拉托有更早的来源。但是，这个信息来源他并没有说是谁，因为没有更早的历史学家和古希腊哲学家论述的汇编者提到过这个事件。我们不得不根据诸多历史事件去“核实”斯特拉托信息的可靠性。当然，我

① Strabo, XIII I. 54
② Diels, Technik
③ XIII, I 54

们应该记住，他所讨论的是发生在他之前两百年的事情，也就是公元前三世纪！

第欧根尼·拉尔修曾经在其《名哲言行录》中提到过塞奥弗拉斯特的遗嘱。但是，他并没有留意斯特拉托的叙述，因此，也就没有提及这个事件。只有普鲁塔克和阿塞奈乌斯记载过相关的事，而他们只是活跃于公元二世纪的学者。①【262】

评论：关于第欧根尼·拉尔修所提供的信息，也就是亚里士多德运用托勒密王朝的方法对其图书馆进行分类，这明显是错误和疏忽大意的。亚里士多德是在埃及建立托勒密王朝之前去世的，但是，塞奥弗拉斯特也拒绝了托勒密一世给他的邀请，即在亚里山大里亚教学，他为建立一个世界图书馆做基础性工作并将吕克昂学园的氛围带到这里的博物馆中来。② 这项工作后来被法勒隆的德美特利承担下来，他是吕克昂学园的学生，在亚历山大里亚自我放逐。③

斯特拉托继续讨论了关于亚里士多德的教学性著作和塞奥弗拉斯特的论著，这些著作被涅琉斯“继承”下来，后来留传给了“普通人”④：

他们将这些著作锁起来，甚至没有认真地保存。但是，当他们听说阿塔利王朝的国王们在积极寻找这些书籍，意欲在帕伽玛建立图书馆时，他们将这些书籍藏到了地下的一个深沟里。

在希腊世界建立一个馆藏最丰富的图书馆，曾经有一段时间，在托勒密王朝和阿塔利王朝之间确实有过激烈的竞争。⑤【263】关

① V, 51
② Staikos, History I, 166
③ Wehrli, Schule, IV
④ XIII, I 54
⑤ Staikos, History I, 252-256

于这场竞赛的发展时间表，我们可以回想一下公元前二世纪的最初10年，那个时期，欧迈尼斯二世（Eumenes II）和托勒密五世（Ptolemy V Epiphanes）分别统治着帕伽玛和亚历山大里亚。我们在这里需要补充的是，即使在今天，有人依然主张在这种激烈竞争的背景之下，具有土地统治者的托勒密王朝，对古代世界莎草纸书卷的生产和供应商具有实质性的控制权。他们禁止将这些莎草纸出口到帕伽玛，因此，在这种情况下，帕伽玛人就只能用处理过的动物皮作为莎草纸的代替品，那就是羊皮纸或牛皮纸。[①]

宙斯神庙废墟遗址，在司凯昔斯地区，Kursunlu Tepe 山脚下，这里的山洞很有可能就是涅琉斯继承人藏匿亚里士多德手稿的地方。【264】

阿塞奈乌斯在第欧根尼·拉尔修之前就记载过诸多史事。在将书籍交到继承人手中之前，关于涅琉斯的行动，阿塞奈乌斯在他的《智者之宴》中给出了另外一个版本："托勒密，姓菲勒迪法，购买

① Staikos, History I, 254

了亚里士多德的教谕性著作和塞奥弗拉斯特的作品，还有所有的从雅典市场和罗得岛获得的藏书，这大大丰富了亚历山大里亚皇家图书馆的藏书。”

这个版本是站不住脚的，因为亚历山大里亚博物馆的文献学家，如阿里斯塔库、厄拉托斯塞尼、卡利玛库斯和其他人还没有获得亚里士多德的教谕性著作。亚里士多德的这些作品，是后来安德罗尼柯从司凯昔斯获得的诸多材料基础之上在罗马出版的，我们将会在下面看到。这个传说中有一些真实的东西，那就是涅琉斯将塞奥弗拉斯特的一部分作品藏书出售给了托勒密，并且允许对亚里士多德教谕性著作的抄本进行复印，比如《论题篇》。斯特拉托继续对这些事件进行论述，他论证道[①]：

很久之后，当这些藏书因为潮湿的环境和飞蛾的蚕食而遭到大量毁坏，他们的后代将这些书籍（既包括亚里士多德的藏书，也包括塞奥弗拉斯特的藏书）出售给了来自忒奥斯的亚贝里康，并获得了一大笔钱。

关于亚里士多德著作抄本的这段曲折历史，是在帕伽玛王朝的动乱时期发生的，那时阿塔路斯二世（Attalus II Philadelphos）费拉铁非和厄威革特统治着王朝。【265】很明显，涅琉斯的继承人在那段时期因为感到非常不安全或者决定搬家到别的地方，所以决定变卖他们的部分家产，这些家产中就有亚里士多德抄本的剩余部分。就是在这个时候，亚贝里康出现在了雅典的政治和知识分子的舞台上。

① XIII, I 54

亚贝里康

来自阿马西亚的历史学家，也就是斯特拉托，将亚贝里康称为一个“爱书的人”，而不是一个哲学家。[①] 这样，也就创造了一个新的术语，后来演化成“爱藏书的人”（bibliophile）。在欧洲的语言当中，这个词代表着那些爱书的人，同时，他们也对那些手工制作的书籍的珍稀版本，尤其是经过特别的装订和编码的版本，特别感兴趣。[②]

亚贝里康出生于忒奥斯的城市伊奥尼亚，之后，他搬到了雅典，并且与暴君阿泰尼奥培养了亲密的友谊。[③] 他鼓励雅典人与米特拉达铁斯联盟对抗罗马人。这个行为最终以苏拉对雅典的侵略而告终。尽管是一个外邦人，但是通过利用不同的政治环境，亚贝里康成功地变成了一个雅典公民。[④] 除了他的其他缺点之外，根据斯特拉托的记载，当吕克昂学园已经关闭了的时候，他还习惯把自己幻想和装扮成是一个逍遥学派的哲学家。[⑤] 然而，在获得了大量的财富之后，这段时期大概是他与亚里士多德（与亚里士多德同名）在雅典做执政官期间，【266】他喜欢冒充文人的赞助人，逐渐形成了一个重要的图书馆，还可能收藏了很多艺术品。我们不清楚他是怎么了解到涅琉斯的后人想要出售亚里士多德的誊本的，但是，他立即就把它们购买了下来，也确实花了一笔数目不菲的金钱。

斯特拉托继续他的记叙，并且对于亚贝里康的相关的事件和笔

① XIII, I 54
② Stahr, Aristotelia
③ Dziatzko, Apellikon
④ Goulet, Athenion
⑤ Düring, Biog. Trad., 382-395

记，他还有诸多证言[①]：

因此，他将部分由于潮湿和飞蛾的蚕食而破损的著作进行了修复，他对这些文本做了新的复印本，用不准确的方式填充了文本中的空白部分，最后出版了这些满是错误的书籍。

不管情况是什么样的，根据斯特拉托的看法，亚贝里康将亚里士多德的著作誊本带回国内，并且还采取措施对这些誊本进行了复印，这件事对他来讲是非常值得骄傲的。[②]但是，无论如何，他并没有表示出要试图出版这些作品的想法。在他的妄想自大中，亚贝里康窃取了雅典国家档案馆中的旧法令，当他的这件让人憎恶的事情败露之后，为了躲避众怒，他被无限期地驱逐出了雅典。让人感到非常奇怪的是，在亚贝里康从司凯昔斯购得的这些书籍之中，他发现了很多证据，他也由此写了一篇关于亚里士多德和赫尔米亚之间关系的文章，我们知道赫尔米亚是阿塔内斯的暴君。他所写的这篇文章给我们提供了一个关于他们之间友谊的不同的观点：【267】περὶ μὲν οὖν Ἑρμίου καὶ τῆς Ἀριστοτέλους πρὸς αὐτὸν φιλίας ἄλλοι τε πολλοὶ συγγεγράφασι。[③]

最后，亚贝里康在雅典做执政官期间，我们不清楚是凑巧还是故意的，他铸造了一种风格新颖的银币，银币上印有他自己的名字，还有那个时期执政官的名字，执政官的名字叫亚里士多德！[④]

① XIII, I 54
② Goulet, Apellicon
③ Aristocles, On Philosophy, XV 2, 13:793b
④ Thompson, Coinages

雅典新式德拉克马银币（汤普森，1263a and 1263c），银币的背面写着执政官的名字：亚贝里康和亚里士多德。（阿什莫尔艺术和考古博物馆的助理总监 Volker Heuchert 提供，牛津大学）【268】

可能是在雅典被苏拉军队占领前后，亚贝里康在米特拉达梯战争结束的时候被杀害。在诸多苏拉将军带回到罗马的珍贵艺术作品中，就有亚里士多德的图书馆的藏书。

苏拉的图书馆

亚里士多德的著作从公元前 85 年被保藏在苏拉的别墅中，这个别墅是一个真正的艺术和智慧成果的殿堂。图书馆和各宴会厅，并不是一个内部隐秘的场所，而是对贵族和文人开放的，苏拉秉承着由卢·艾米留斯·保卢斯开创的传统，那时候活跃于罗马的知识分子，可以免费进入贵族的图书馆，还可以从这些图书馆中借阅到珍贵的图书。这里我们应当指出，在罗马并没有公共的图书馆，这个社会机构是在公元前39年开创的。[①]

斯特拉波根据他所获得的第一手资料，对这些事件进行阐述，[②]关于提兰尼奥，他说：

文法学家提兰尼奥对亚里士多德非常钟情，后来，亚里士多德的著作落到了提兰尼奥手中，准备编辑抄传。但经历两个多世纪的腐蚀，这批稿子已经面目全非，又加上誊抄手文化不高，也不会去校对抄写的文字，所以，讹误百出。另外，还有在亚历山大里亚，很多其他为了抄写来出售的著作的命运也是如此。然而，这样做，对于他们来说，已经足够了。【269】

斯特拉波对罗马书商的评价绝对不是任意专断的，他从小提兰尼奥那里直接获得的信息，小提兰尼奥曾经进入过那里的圈子。[③]

大提兰尼奥

提兰尼奥来自尤克昔涅·本都的阿米苏，曾经与来自罗得岛的狄奥尼修斯·特拉克思一道学习和研究，他主要在公元前一世纪期间的罗马比较活跃。[④]他真正的名字叫塞奥弗拉斯特，曾经在第三次米特拉达梯战争中战斗过，后来被卢库鲁斯俘获，这也是他离开罗马的原因。卢库鲁斯亲希腊的情感和态度，首先使他变成了一个

---

① Staikos, History II, 5, 47
② XIII, I 54
③ Planer, Tyrannione
④ Düring, Biog. Trad., 412-415

自由人，另外，他与罗马的贵族圈和文人的亲密关系，又给他提供了一个展现其博学的机会，并使他成为在希腊文献学方面的权威。在厄拉托斯塞尼的基础之上，他还给了西塞罗很多关于地理学著作方面的建议。[①] 作为亚里士多德的信徒，他还对书籍有着无限的热情，提兰尼奥成功地创建了一个让人羡慕的图书馆，其中有莎草纸藏书 30000 多卷。[②] 苏拉非常认可提兰尼奥鲜有的聪颖和资质，他不仅允许提兰尼奥拜访他的图书馆，而且还可以从里面借阅书籍，包括亚里士多德本人的誊本。[③]

刚开始时，提兰尼奥可能试图要将亚里士多德的作品分类，并出版《亚里士多德全集》，后来很快他发现，这件事情已经超出了他的能力范围，于是，他把这件事情委托给了安德罗尼柯，我们将会在下面看到。【270】

苏拉于公元前 78 年去世，他把所有的财产都传给了他的儿子福斯图斯，其中，包括亚里士多德著作的誊本。[④] 从此之后，图书馆就不再出借图书了，如果有人想要查阅这些图书的话，必须在图书馆工作。

这一新的现实并没有阻止福斯图斯的住所成为罗马知识分子的中心，这一点可以从西塞罗的情况中看出来。西塞罗在那里访问，使他第一时间就接触到了亚里士多德手稿的真作。[⑤] 当然，在卢库鲁斯的别墅中，西塞罗也有阅读亚里士多德作品的机会，也正是在这里，西塞罗可能发现了《论题篇》的手稿[⑥]，这个手稿可能是被处理过的比较好的阶段："commentarios quosdam，inquam，

① Gigon, Cic. -Arist.
② Suda, "Τυραννίων"
③ Strabo, XIII I. 54
④ Plutarch, Sulla, 26
⑤ Gigon, Cic. -Arist.
⑥ Plutarch, Lucullus, 42

Aristotelios, quos hic sciebam esse, veni ut auferrem quos legerem, dum essem otiosus”。[①] 公元前 55 年，西塞罗写信给阿提库斯，介绍其访问福斯图斯图书馆一事（ego hic pascor bibliotheca Fausti），并且还提到使阿提库斯图书馆中亚里士多德熠熠生辉的半身塑像。[②] 十年之后，也就是在公元前 45 年，他在《霍腾修斯》中再次提到了亚里士多德，“当阅读和解读亚里士多德的时候，人们需有一个非常敏捷的头脑”，这里可能主要是指的亚里士多德的教谕性著作。[③]

福斯图斯在罗马做财务官，后来，他将其财产挥霍一空。于是，他不得不借了很大一笔钱偿还债务，最后，他的财产都被拍卖掉。福斯图斯在法萨罗和塔普苏斯参加过贵族反抗凯撒的战斗，后来，他被俘，之后在凯撒本人的命令之下于公元前 46 年被处死。【271】

我们不知道福斯图斯的财产是在他被处决之前还是之后被拍卖的，但是，根据普鲁塔克的观点，亚里士多德的誊本著作最终落到了大提兰尼奥的手中，他可能是在拍卖中购得的这些著作。无论如何，大提兰尼奥是用经济的方式获得的这批珍宝，也是可以体会和欣赏这批珍宝的唯一的人。【272】

① De fin. III, 7
② adAtticum, IV, 10
③ Nonius

《亚里士多德全集》的出版：安德罗尼柯

关于《亚里士多德全集》怎么到了安德罗尼柯手中，以及后来他是如何编辑和出版的，具体情况我们不得而知。在我们对这件事情发表观点之前发现，安德罗尼柯经营着一个巨大的出版企业，这是史无前例的。

安德罗尼柯大约于公元前 70 年出生在罗得岛，他在出生地罗得岛的逍遥学派学校学习研究，这个学校是由他的同乡欧德摩斯创建。[①] 他在公元前 50 年到公元前 40 年的一段时间游历到罗马，在罗马他跟斯特拉波和他未来的学生和合作者，即来自西顿的波埃修斯，一起参加小提兰尼奥的课程和演讲。[②] 安德罗尼柯很可能于公元前 40 年就已经开始着手出版亚里士多德的秘传性著作。当然，西塞罗（于公元前 43 年去世）并没有留意到他的这个行动。[③]【273】

按照斯特拉波的观点，大提兰尼奥将亚里士多德和塞奥弗拉斯特的著作还有另外一些他财产中的相关资料，都委托给了安德罗尼柯，目的是打算将来有机会出版。在这里，就自然会出现很多问题，比如，关于出版的财政支持和出版的具体操作问题：因为安德

① Plezia, Andronici
② CIAG VIII
③ Littig, Andronikos

罗尼柯和他的合作伙伴需要一个合适的空间，究竟是谁给予了这个持续了多年的事业以财政上的支持？因为实现这项工程需要很广泛的书籍，比如柏拉图的对话录，前苏格拉底时期的著作和资料，达玛斯特的《论诗人》和《智者》，还有一些不同内容的辞典编纂的著作，究竟是谁的图书馆可以支撑起这项工程？谁是《亚里士多德全集》的发行人，谁把这些多种多样的著作归类并且组织出版的？最后，谁在罗马的市场上负责这些著作的销售？除此之外，还有别的相关问题。我们应该记住，那个时期，业务涉猎最广的出版社是索西乌斯公司，他们的业务范围非常广，有一家在亚历山大里亚的分公司。不管怎样，第一个提到安德罗尼柯版本的是来自哈利卡尔纳苏斯的狄奥尼修斯，他在其《语词的排列》或《论文学创作》（更多人知道其拉丁文标题 De compositione verborum）中提到了这个版本。[①]

究竟是谁资助安德罗尼柯的工作？对此，我们没有一点证据，甚至没有任何提示性信息。但是，所有的信息都表明是大提兰尼奥资助了安德罗尼柯。【274】因为，一方面，大提兰尼奥有经济手段供养一个这样庞大的企业，另一方面，他拥有当时罗马希腊语藏书最为丰厚的图书馆，有 30000 多卷莎草纸著作，我们之前已经讲过。除此之外，大提兰尼奥还掌握着惊人的希腊文学著作的知识，同时，他还有一个私人的喜好，那就是资助吕克昂学园的创始人和第一任园长，即亚里士多德出版其未出版的著作。[②]

① 24, II 189
② Plezia, Andronici

出版之前和出版

安德罗尼柯最关注的事情就是写一个导论性的说明，去解释他即将出版的《亚里士多德全集》所要遵循的路径和方法。显然，这个导论性的说明是写给文学和哲学领域的人的，因为他们会对获得亚里士多德的全部作品比较感兴趣。① 这个“册子”必须还要能够保证或者争取到订阅者，要有像公告一样的优点。关于这个公告的标题，我们是不得而知的。波菲里乌斯称之为“亚里士多德作品的分类”，而辛普里丘却称之为“（论）亚里士多德的著作”。② 我们可以从托勒密的介绍中得知，这个导论还是一个亚里士多德作品的表格目录：ἐν πέμπτῳ Ἀνδρονίκου [Περὶ] πίνακος τῶν Ἀριστοτέλους συγγραμμάτων。③ 此外，通过这个介绍中的信息，我们还可以假定安德罗尼柯的这个导论的标题是“论亚里士多德的作品”，或许整个全集有五卷之多。通过现存的残篇，我们知道全集还包括亚里士多德最后的遗嘱，然而，我们并不能肯定其包含亚里士多德的传记。【275】

关于作品的分类

在西塞罗之前，没有任何一个作者或者亚里士多德的注解者，会将其著作分为公开性著作和秘传性著作。公元前54年，在给阿提库斯的一封信中，西塞罗提到了公开性著作（*Aristoteles in iis quos ἐξωτερικοὺς vocat*），从其在雅典的导师，即阿斯卡隆的安提奥

① Düring, Biog. Trad., 423-425

② Lifeof Plotinus, 24

③ Phys., CIAG X, 923, 7

库斯那里获取了一些相关的信息。事实上，按照安提奥库斯的观点，公开性著作和秘传性著作的分类与亚里士多德早上和晚上的研讨有关系，早上的是秘传性著作，而晚上的研讨则是公开性著作[①]。

然而，直到那时，还没有逍遥学派的成员或亚里士多德著作的注解者谈到过这种区分，在保存下来的所谓的公开性著作的残篇中，也并没有提到过这种相关的区分。亚里士多德涉及这个问题仅有的一部著作是《欧德摩斯伦理学》，其中有一句话："在公开性著作和其中按照哲学……"但是，这种区分究竟是亚里士多德作出的，还是出版《欧德摩斯伦理学》的安德罗尼柯作出的，这仍旧是一个争论的问题。[②]具体地说，在第八章中，讨论了"至善"的问题，很有可能 ἐξωτερικοῖς 谈到了亚里士多德已经出版的作品《论善》(三卷)，这部著作很可能是亚里士多德在离开柏拉图学园之后写的。当然，还有一些别的"资料来源"提到关于亚里士多德作品的秘传性著作和其他著作的分类，这个所谓的"资料来源"可能在亚里士多德和亚历山大的通信之中，【276】其中提到了这个具体的话题："你就'秘传性'著作写信给我，考虑到我应该对之保密，因此，我只出版了其中一部分，而另一部分我并没有出版。"

在我们之前讨论的确证的事情之中，有一个关于亚里士多德公开性著作和秘传性著作的说明，它是由阿弗罗戴西亚斯的亚历山大作出的[③]："亚历山大说，这些作品(即《欧德摩斯伦理学》)被命名为对话体和公开性的，因为在这些作品中，亚里士多德并没有展现他自己的思想，而是以对话的形式在讨论一些事情。"[④]

在对亚里士多德的作品分类时，安德罗尼柯所遵循的分类方

① ad Atticum, IV, 16, 2
② Düring, Biog. Trad., 432-434
③ Cat., CIAG IV, 4, 18
④ B oer, Alexandri

式受到了希腊化时期“时代思潮”的影响，这一时期，哲学团体主张亚里士多德的秘传性著作是具体的哲学体系的一部分，因此，安德罗尼柯努力按照这条思想主线将它们分类。将亚里士多德的公开性著作视为在广大公众中最受欢迎的，而将其秘传性著作视为更重要的，因此，也真正表达了他本人的哲学思想。这种著作的分组分类，很可能非常贴近亚里士多德本人所遵循的方法。换句话说，安德罗尼柯秉持着这种观点，他认为，逻辑学和辩证法代表了哲学最卓越的工具，因此，他将所有类似的作品放在了一起，并将它们命名为“工具论”。【277】之后，他又按照亚里士多德的知识领域，继续将他的著作分成了不同的类别，我们会在适当的地方看到这种分类。

安德罗尼柯对这项工程非常骄傲，并且深信他和他合作的同伴正在做一项支持亚里士多德研究再一次复兴的事情。从这个角度讲，安德罗尼柯觉得，他已经到了塞奥弗拉斯特和欧德摩斯的水平，他认为自己是漫步学派传统的一个直接延续。如果我们考虑到将他早在公元前一世纪就已经为亚里士多德的评论和注释创建了一个体系的话，那么，安德罗尼柯的贡献甚至就是更加重要的。这些亚里士多德的评注者中比较卓越的有：来自亚历山大里亚的阿里斯托；来自西顿的波埃修斯；来自塞琉西亚的塞那库斯——他可能在罗马的那段时期就已经开始用哲学的方式思考问题；来自大数的雅典诺多洛——他在公元前 70 年与（乌蒂卡城的）加图一起在罗马，还有最重要的，大马色的尼古拉斯，他是《论亚里士多德哲学》的著作者，也是罗马国王希律一世的外交使节，这段时期是在奥古斯都的统治时期，我们上面已经标注过。[1]

对于安德罗尼柯和他的合作伙伴来讲，另一个他要面对的障碍

① Drossaart-Lulofs, Damasc.

完全是语言学方面的。亚里士多德作品写作的语言风格已经完全不同于这一时期——公元前一世纪。毕竟，安德罗尼柯的出版是面向大众的，而且从公元前一世纪开始，出版商——书商会强加给罗马出版一些特征性的东西。[①]【278】对于亚里士多德来讲，“pragmateia”（论著）意味着知识的一个具体主题领域，同时，还包括涉及这个领域的相关知识分子。然而，在斯特拉波和安德罗尼柯时期，它主要指的是大量的综合全面的书籍，也就是“出版物”。亚里士多德终其一生的创作生涯，都是一个在努力寻找合适的方法将这些作品体系化以此达到探索真理的目的。对于亚里士多德来说，他的所谓的秘传性著作是供他自用的一系列百科全书式的著作和作品，此外，还有一些他在吕克昂学园的教学讲义。

为了“亚里士多德全集”能够更容易地为当时的公众所接受，安德罗尼柯不得不真正地介入亚里士多德的作品，并且给予其哲学一个系统化的阐释形式。我们不应该忘记，当时的东西方的哲学学派和学者，无论是亚里士多德还是柏拉图学派，亦或者其他的学派，他们对亚里士多德的思想内容更感兴趣，而不是亚里士多德所用的标准和方法。因此，要按照亚里士多德研究的主题单元内容进行清晰的区分和划界。

亚里士多德手里的材料包括一些手写的教学笔记，还有一些各著作的章节，这些内容之间时常是没有连贯性和联系的，甚至也没有标题。【279】波菲里乌斯在《普罗提诺的一生》指出了安德罗尼柯所面临的困境：“逍遥派学者安德罗尼柯按照主题将亚里士多德和塞奥弗拉斯特的著作进行分类，将相关内容的主题讨论放在一起……”[②]

① Düring, Leibniz
② Kalligas, Porphyrius24, 6-11

安德罗尼柯的《亚里士多德全集》顺序如下：

A. 逻辑学：1.《范畴篇》2.《解释篇》3.《分析篇》4.《逻辑学》5.《论题篇》6.《辩谬篇》7.《修辞学》8.《诗学》；

B. 物理学：9.《物理学》10.《论天》11.《论产生与毁灭》12.《天象学》13.《论金属》14.《论植物》；

C. 心理学：15.《论灵魂》16.《论感觉及其对象》；

D. 形而上学：17.《论神学》18.《论单元》；

E. 伦理学：19.《伦理学》。【280】

一部亚里士多德未出版的词源学辞典

着手编纂一部关于新的哲学术语和词汇的辞典，准确地表达其思想，这项工作对于亚里士多德已经势在必行。因为早在亚里士多德还在柏拉图学园学习的时候，他就已经发现现存的词源编纂传统以及早前思想家，甚至柏拉图本人的某些语汇措辞都已经无法满足他的需求了。

当他开始写作《论题篇》的时候，亚里士多德就已经阐明了界定的方法和其确证性之间的区别：辩证学家的任务就是，去挑选那些可以与其思考的内容绝对符合一致的具体语词（ennoia = 概念，见解，意思）。显然，亚里士多德去精选和使用恰当的语词表达思想，这是一件非常重要的事情。【281】因此，为了形成正确的概念和定义，我们必须选择能够准确传达其论点的语词，不至于让人们产生不同的解读，从而产生错误的结论和模糊的观点。

亚里士多德认为，词语，或者组成词语的字母，都是一些表意的符号——它们是事物形象的标志和在我们心中建构起来的概念。用正确的方式使用这些语词，选择合适的语词表达每一个意思，这对于那些参与对话的人来说，都是必要的前提："只有那些会运用精准的词汇技艺的人，才真正地接近真理。"亚里士多德说，当用相同的方式或者用一种不同的方式表达出来的时候，对于我们来说，真理是不容易被识别和认识的，也就是说，它隐藏了欺骗性。

早在公元前五世纪，学者们就已经有选择恰当的语汇形成和表达正确的命题的想法。具体地讲，这些学者有我们之前提到的普罗泰戈拉和普罗狄科。然而，据我所知，无论从词源学，还是从同义词方面更广阔的领域，既包括阿提卡，也包括爱奥尼亚式的措辞，还没有一个人从事过编纂一部这样的历史哲学词典的工作。因此，很自然地就会有像亚里士多德这样一位思想家，致力于编纂一部语词目录的想法，这样的语词将会使他的思想更加明晰。亚里士多德发现了现存希腊词汇在描述和指称其科学研究方面的不足，于是，他就创造了一些新词，代替了过去的同义词变化，于是产生了一批新的哲学术语的语汇。【282】

当亚里士多德还在柏拉图学园学习的时候，他就开始着手创造新的语汇。因为他发现许多词语和短语是模棱两可的，因此并不能用来准确定义具体概念。事实上，很可能从他还在吕克昂学园教学的时候起，他就在这方面做了很多笔记，创作了一部“辞典－标准”，下面我们会具体讲到这些。

“辞典”可以被视为是一些存留下来的“亚里士多德全集”中第四部分著作里的摘录，它包含在《形而上学》中，它是一些关于“哲学术语的语汇”，我们上面已经指出过。

编纂这部“辞典”的基本准则是，阐释每一个语词的意思，将其与在通常对话中所使用的同义词的含义相区别，以便能够完全表达思想的意思。事实上，这些同义词是没有任何科学价值的。同形异义词（πολλαχῶς λεγόμενον），它们有同一个名字，但是却由不同的原因和理由来界定。从其在柏拉图学园开始，一直到他去世为止，亚里士多德都在不断地修改和添加这个语料库辞典。

这些记录在第四部分中的辞典编纂的条目，在结构上是与后来的辞典有本质性差异的。后来的辞典只是给出一个词的词源和它的使用实例，但是，并不会说明它作为一个自然世界中处理和转换的解释工具的具体“运作功能”。【283】例如，语词“原因”（cause）表达了我们关于“因果关系”的概念。但是，对于亚里士多德而言，他提出“四因说”的理论（质料因、形式因、动力因和目的因），因果关系就被简化为关于结果的知识：“原因”的意思是，质料因、形式因、目的因、动力因，其中，目的因是引导过程的目标或目的；目的因是制作事物的目的。在雕塑中，目的因是充分实现雕塑家目的的完整雕像。然而，这“四因”都可以归结为形式因，形式因是最根本的，尽管任何事物都是由形式和质料组成，但是形式是事物的根本，是使一事物成为其自身的原因，即是其所是的原因。

作为一个其经常用来查阅的手册，我们应该从语言学和语义学概念的水平上去理解亚里士多德的哲学“辞典”。有一个没有包含在第四卷的摘录里，但是经常被各哲学团体用不同的方式进行评注的语词就是“隐德来希”（ἐντελέχεια）。“隐德来希”这个被亚里士多德发明创造的词汇，是用来表达“最后的思想”的意思，它准确地表示最后所达到的阶段。因此，这个词语是用来指称生物高潮的时刻。

在这里，我们将不再进一步讨论这个概念，因为它已经超出了我们的研究范围和专业知识。然而，我们需要指出的是，“辞典－标准”对亚里士多德是非常有用的，它一定有一个特定具体的安排。【284】它所涉猎的广度完全是一个假设，需要人们去准确地计算确证亚里士多德在其作品中所使用的语词和术语，这对于还原重构这部作品来讲是一个必要前提。

然而，他的结构肯定是按照字母顺序排列的，尽管这种排列也不是非常严格（ἀρχὴ 后面紧接着就是 αἰτία），否则如果不按这个顺序排列的话，亚里士多德和他的合作者使用起来就会非常困难或者不可能。

最后，我们在这里需要补充的是，如果它真的包含他所有的多个主题研究领域的哲学术语的话，亚里士多德的“辞典－标准”就成为他对可感事物和不可感事物，以及对自然现象的哲学批判的缩影。【285】

阅读产生重写

“阅读产生重写”，这句话是塞奥弗拉斯特在逍遥学派教授其学生伊里西安人费尼阿斯时写给他的话。这句话可以有很多种解读。[①]首先，我们自然会问：这究竟是塞奥弗拉斯特的观点，还是亚里士多德本人的观点？是从在学园中他作为“读书人”的身份时候开始的，还是从公元前365年开始的？如果我们还记得亚里士多德从来没有想过自己会传播他的教学性作品，甚至也没有想法要公开它们的话，他认为，这些作品是需要修订和改正的，那么，这句传说中的格言就准确表达了其著作者的哲学。

然而，在这里，让我们看一下是什么样的思想使他形成了这样的观点。当然，这句格言与他以书籍的形式所写的和用来传播的著作是不相干的，这些用来传播的著作是为了娱乐大众用的，但是，只有他的哲学著作，是写来用作知识论性说明的。【286】“阅读产生重写”这个观点，开始形成于人们在学园中大声朗读和公开讨论柏拉图的对话。柏拉图不希望人们教条地接受他的观点和理念，相反，可能故意地，他要求圈子内的成员能够坦率地表达他们的反对意见，甚至摒弃他的观点和理论，正如亚里士多德对他的“理念

① Wehrli, Schule, IX

论”的反对一样。

之前我们已经讨论过这种在学园中对话录出版之前的程序，而且从某个时期开始，这种程序已经升级为要设置“读书人”（读经员）的角色，据我所知，这个角色最初是由亚里士多德来担任的。紧随阅读其后的，还有一个自由辩论的环节。在这个环节中，亚里士多德也会接触到不同的言论和解读，其中有一些言论和解读，他可能是记在心里的。像亚里士多德这么一个智商超高的人，肯定很快就认识到，为了占有尽可能充分的信息，他不得不把三种主要的文法传统合并到一起：一是来自前苏格拉底和智者文本中的理论和概念，二是柏拉图对他们已经表达的观点的批判和从他的对话录中产生的新方法，三是紧随他课程之后，从公开辩证讨论中产生出他的新发现。

亚里士多德并不依赖柏拉图对自然哲学家世界观的判断，他们的尝试是抽象的和带有含沙射影的意味的，【287】相反，亚里士多德会亲自阅读他们的整部作品，然后在他们的理论和观点上，做一些笔记。至于柏拉图的理论，已经在其对话录和未出版的作品中表述过，比如《论善》。可以肯定的是，在很大程度上，亚里士多德是与其导师的理论相一致的。然而，同样可以肯定的是，很多相左的观点是在哲学和语言学的层次上产生出来的。所有的这些工作都是亚里士多德科学研究的准备材料，同时，也加强巩固了他对必然性方法，即科学思想的融合。

至于亚里士多德的著作，主要是他写于不同时期的秘传性著作，他从来没有停止过改进和用旁注的形式将其充实丰富。很明显，每一次修改都会提出新的问题，因此，也是对之前已经写过内容的一种新的表述。如果我们根据用已经指明的自相矛盾加以分析判断，或者沉浸在其关于哲学的著作之中，那时我们就会很明晰地发现，再也没有一句话比“阅读产生重写”这句格言对亚里士多德更加适合贴切。【288】

古代作者摘录表

Aetius, Opin. = Aetius, Opinions of the Philosophers (Placita Philosophorum)

Alcidamas, On Sophists = Alcidamas, On Sophists

Alex. Aphrod., Metaphysics = Alexander of Aphrodisias, Commentary onAristotle 's Metaphysics

Alex. Aphrod., Cat. = Alexander of Aphrodisias, Commentary on Aristotles' Categories Aristocles, On Philosophy = Aristocles, On Philosophy (= Eusebius of Caesarea, Preparations for the Gospel, XIV, 17)

Arrian, Anab. Alex. = Arrian, Anabasis of Alexander

Cicero, ad Atticum = Cicero, Epistolae ad Atticum

Cicero, De fin. = Cicero, De finibus

Diod. Sic., Bibl. = Diodorus Siculus, Bibliotheca or Library

Diog. Laer. = Diogenes Laertius, Lives and Opinions of Emi- nent Philosophers, BOOKS I-X, commentary-translation into Modern Greek by Theodoros G. Mavropoulos, 2 vols, Thessaloniki, Zitros Publications, 2012

Hermias, Com. Phaedrus = Hermias, Commentary on Plato 's

Phaedrus

Hesiod, Works and Days = Hesiod, Works and Days Hippocrates, Epidemics = Hippocrates, Epidemics

Isocrates, Paneg. = Isocrates, Panegyricus

Livy, Urbe = Titus Livy, Ab Urbe Condita

Origen, Cels. = Origen, Against Celsus

Philochorus = Philochorus, Atthis (?)

Philodemus, Philos. synt. = Philodemus, History of the Philosophers

Pindar, Pyth. = Pindar, Pythian Odes Plato, Apolog. = Plato, Apology (Apologia Socratis)

Plato, Menexenus = Plato, Menexenus Plato, Phaed. = Plato, Phaedo

Plato, Rep. = Plato, Republic Plato, Timaeus = Plato, Timaeus

Plato, Theaetetus = Plato, Theaetetus

Pliny, Hist. Natur. = Pliny, Natural History (Historia Naturalis)

Plut., Alex. = Plutarch, Parallel Lives. Alexander and Caesar

Plut., Alex. Fort. = Plutarch, On the Fortune or Virtue of Alexander

Plut., de Herod. = Plutarch, On the Malice of Herodotus

Porphyrius, Life of Plotinus = Porphyrius Life of Plotinus

Porphyrius, Life of Pythagoras = Porphyrius, Life of Pythagoras

Simpl., de Cael. = Simplicius, In de Caelo(CIAG, VII, 379. 16)

Simpl., Phys. = Simplicius, Commentary in Physicae Ausculationes

Stobaeus, Eclogues = Ioannes Stobaeus, Eclogues

Strabo = Strabo, Geography

参 考 书 目

Allan，Method = Allan, D. J., “Quasi-mathematical method in the Eudemian Ethics”, in Mansion, S. (ed.), Aristote et les problemes de méthode, Louvain, Publications Universitaires, 1961, 303-318.

Alline, Texte = Alline, H., Histoire du texte de Platon, Paris, E. Champion, 1915.

Aravantinos, Asklepieia = Aravantinos, A. P., Ἀσκληπιὸς καὶ Ἀσκληπιεῖα, Leipzig, V. Drougoulinos Printing House, 1907.

Armin, Neleus = Armin, H. von, “Neleus von Skepsis”, Hermes62 (1928), 101-107. Arpe, Εἶναι = Arpe, C., Das τί ἦν εἶναι bei Aristoteles, Hamburg,Friederichen, 1938.

Aubonnet, Politique = Aubonnet, Éd. J., Politique, 2 vols, Paris,Les Belles Lettres, 1960.

Baader-Winau,Epidemien=Baader,G. -Winau,R. (ed.),Die hippocratischen Epidemien. Theorie-Praxis-Tradition, Stuttgart 1989.

Beck, Lycomedes = Beck, H., “Das Attentat auf Lycomedes von Mantineia”, Τεκμήρια 3 (1997), 1-6.

Benakis,Anonymous =Benakis,L.,Ἰαμβλίχου Χαλκιδέωςἐκτῆς Κοίλης Συρίας. Προτρεπτικὸς ἐπὶ Φιλοσοφίαν, ὅπου καὶ ὁ Προτρεπτικὸς τοῦ Ἀριστοτέλους, τὰ Πυθαγορικὰ Συμβολικὰ Παραγγέλματα καὶ ὁ Ἀνώνυμος Σοφιστὴς τοῦ 5ου αἰῶνος, translation, commentary, L. G. Benakis, Athens, Academy of Athens, Research Centre for Greek Philosophy, 2012.

Berk, Epicharmus = Berk, L., Epicharmus, Gröningen 1964.

Bernays, Eudemos = Bernays, J., “Aus dem aristotelischen Dialog Eudemos”,Rheinisches Museumfür Philologie16,1861, 236-246.

Bernays, Dialoge = Bernays, J., Die Dialoge des Aristoteles in Ihrem Verhältniszuseinenübrigen Werken, Berlin1863.

Bickermann, E. - Sykutris, J., Speusippus Brief an König Phillip, Leipzig, S. Hirzel, 1928.

Bidez, Soleil = Bidez, J., La cité du monde et la cité du soleil chezles Stoïciens, Paris, Les Belles Lettres, 1932.

—, Singulier = Bidez, J., Un singulier naufrage littéraire dans l’antiquité, Brussels, Office de Publicité, 1943.

Bielawski - Plezia, Lettre = Bielawski, J. - Plezia, M. (eds), Lettre d’Aristote à Alexandre sur la politique envers les cités, Wroclaw, Warsaw/Cracow 1970.

Bignone, Perduto = Bignone, E., L ’Aristotele perduto e la formazione filosofica di Epicuro, 2 vols, Firenze 1936.

Bigwood, Ctesias = Bigwood, M. J., Ctesias of Cnidos, Harvard 1970.

Blakesley, Life of Arist. = Blakesley, W. J., A Life of Aristotle: Including a Critical Discussion of Some Questions of Literary History Connected with his Works, Cambridge, J. & J. J. Deighton, 1839.

Blass, Attische = Blass, Fr., Attische Beredsamkeit: vol. I, Von Gorgias bis zu Lysias, vol. II, Isokrates und Isaios, Leipzig, Druck und

Verlag von B. G. Tenblner, 1868-1874.

Bloch,Epitome =Bloch,H.,"Herakleides Lembosandhis Epitome of Aristotle's Politeiai", Transactions and Proceedings of the American Philological Association 71 (1940), 27-39.

Boer, Alexandri = Boer, W. W. (ed.), Epistula Alexandri ad Aristotelem, Meisenheim a/G 1973.

Böker, Winde = Böker, R., "Winde", RE VIII A2 (1958), cols 2215-2265 and 2268-2381, 2346.

Bonitz, Metaphysica = Bonitz, H., Aristotelis Metaphysica, 2 vols, Bonn, A. Marcus, 1848-1849.

—, Index = Bonitz, H., Index Aristotelicus, Typis et Impensis Georgii, Berlin, Reimer, 1870.

Bowra, Hymn = Bowra, C. M., "Aristotle's Hymn to Virtue", Classical Quarterly 32 (1938), 182-189.

—, Elegists = Bowra, C. M., Early Greek Elegists, Cambridge1938.

Brandis, Aristoteles = Brandis, Chr. Aug., Aristoteles, vol. 2, 2,Berlin 1853-1857.

Brink, Peripatos = Brink, K. O., "Peripatos", RE Suppl. VII(1940), cols 914-923, 926-949.

Bruns, Testament = Bruns, G. B., "Die Testamente der griechischen Philosophen", Zeitschrift der Savigny-Stiftung für Rechtsgeschichte, Rö manistischeAbteilungI,1(1880),1-52.

Brunschwig, Topiques = Brunschwig, J. (ed. -transl.), Les Topiques, vol. 1, Paris, Les Belles Lettres, 1967.

Burkert, Schaman. = Burkert, W., "Goes. zum griechischen Schamanismus", Rheinisches Museum für Philologie, 105 (1962), 35-65.

Burnet, Ethics = Burnet, J., The Ethics of Aristotle, London,

Methuen, 1900.

Bury, Historians = Bury, J. B., The Ancient Greek Historians, (Harvard lectures), Macmillan, London / New York, 1909.

Bywater, Vita = Bywater, I., Aristotelis Vita Scriptore Laertio, Oxford, Typis Clarendonianis, 1879.

Caizzi, Antisthenis = Caizzi, Decleva Fernanda (ed.), Antisthenis Fragmenta, Milano 1966.

Calogero, Logica = Calogero, G., I fondamenti della logica aristotelica, Firenze 1927.

Casiri, Bibliotheca = Casiri, M., Bibliotheca Arabico-hispana Escurialensis, 2 vols, Madrid, A Perez de Soto, 1760.

Chatzis, Philosoph = Chatzis, A., Der Philosoph und Grammatiker Ptolemaios Chennos, Paderborn, 1914 (= Studien zur Geschichte und Kultur des Altertums VII, 2).

Cherniss, Criticism = Cherniss, H., Aristotle 's Criticism of Presocratic Philosophy, Baltimore, Johns Hopkins Press, 1935.

Christ, Simon. = Christ, G., Simonides-Studien, Zürich, Pauls-druckerei, 1941.

Christ, Griechischen = Christ, W., Geschichte der griechischen Literatur, München, Beck, 1st edn 1888, 2nd 1890, 3rd 1898, 4th 1904, 5th 1908 etc.

Chroust, Recovery = Chroust, A. -H., "The miraculous disappearance and recovery of the corpus Aristotelicum", Classica et Mediaevalia 23 (1963), 50-67.

—,Return = Chroust, A. -H., "Aristotle's Return to Athens in the Year 335-4 B. C. ", Laval Théologique et Philosophique 23 (1967), 244-254.

—,Account = Chroust, A. -H., "A Brief of Account of the (Lost)

Vita Aristotelis of Hermippus and of the (Lost) Vita Aris- totelis of Ptolemy el-Garib", Revue d Études Grecques 77 (1964), 50-69.

—,Enters = Chroust, A. -H., "Aristotle Enters the Academy", Classical Folia 19 (1967), 21-29.

—,Succeeds = Chroust, A. -H., "Speusippus Succeeds Plato in the Scholarcate of the Academy", Revue d 'Études Grecques 84 (1971), 338-341.

—,Assos = Chroust, A. -H., "Aristotle's Sojourn in Assos", Historia 21 (1972), 170-176.

Claghorn,Timaeus = Claghor., G. S., Aristotle 's Criticism o f Plato's Timaeus, The Hague, Nijhoff, 1954.

Dambasis, Syennesis = Dambasis, I. N., "Συέννεσις ὁ Κύπριος ἀνατόμος", Ἰατρικὰ Χρονικὰ 3, 6 (June 1964), 437-441.

Diels, Rhetorik = Diels, H., Über das dritte Buch der aristotelischen Rhetorik, Abhandlungender Königlich-Preussischen AkademiederWissen schaftenzuBerlin,1886,vol. IV,1-37.

Hekataios = Diels, H., "Herodotus und Hekataios", Hermes 22 (1887), 411-444.

—, Anaxim. = Diels, H., "Über Anaximanders Kosmos", Archiv für Geshichte der Philosophie 10 (1897), 228-237.

—,Olympion. = Diels, H., "Über die Olympionikenliste von Oxyrhynchos", Hermes 36 (1901), 72-80.

Technik = Diels, H., Antike Technik, Sieben Vorträge, Teubner, Berlin / Leipzig, 1924.

Dirlmeier, Moralia = Dirlmeier, F., Magna Moralia, Akademie-Ausgabe, vol. 8, Berlin 1958.

Döring, Megariker = Döring, K., Die Megariker, Amsterdam, Grüner, 1972.

Drossaart-Lulofs, Damasc. = Drossaart-Lulofs, H. J., Nicolaus Damascenus on the Philosophy of Aristotle, Fragments of the First Five Books Translated from the Syriac with an In- troduction and Commentary, Leiden, E. J. Brill, 1965.

Düring, Method = Düring, I., "Aristotle, the founder of scientific method and language", Lychnos (1943), 43-66.

—,Partibus = Dürin., I., Aristotle's Departibusanimaliu., critical edition I. Düring, Göteborg 1943.

—,Chemical = Düring, I., "Aristotle's Chemical Treatise Meteorologica, Book IV", Göteborgs Högskolas Årsskrift (50),1944, 17-26.

—,Notes=Düring,I.,"Noteson the history of the transmission of Aristotle's Writings", Göteborgs Högskolas Arsskrift 56(1950), 37-70.

—, Leibniz = Düring, I., "Von Aristoteles bis Leibniz", Antikeund Abendland 4 (1954), 118-154.

—, Biog. Trad. = Düring, I., Aristotle in the Ancient Biographical Tradition, Göteborg, Institute of Classical Studies, 1957.

, Gnomon = Düring, I., Book review of F. Dirlmeier's Magna Moralia, Gnomon 33 (1961), 547-557.

—, Arist. = Düring, I., Darstellung und Interpretation seines Denkens, Heidelberg, Carl Winter-Universitätsverlag, 1966.

—, Aristoteles = Düring, I., "Aristoteles", RE Suppl. XI (1968), 159-336.

—, Protrept. = Düring, I. (ed.), Der Protreptikos des Aristoteles: Einleitung, Übersetzung und Kommentar, Frankfurt am Main, Vittorio

Klostermann, 1969.

Dziatzko, Apellikon = Dziatzko, K., "Apellikon", RE I (1894), cols 2693-2694.

Elders, Theory = Elders, L., Aristotle 's Theory of the One: A Commentary on Book X of the Metaphysics, Assen 1961.

Erhard, Alkmaion = Erhard, H., "Alkmaion, der erste Experimentalbiologe", Sudhoffs Archiv für Geschichte der Medizin 34 (1941), 77-89.

Flach, J. von, Hesychii Milesii Onomatologi quae supersunt omnia, Leipzig, 1886, 9-18.

Forderer, Margites = Forderer, M., Zum homerischen Margites, Amsterdam, Hakkert, 1960.

Förster, Physiogn. = Förster, R., De Aristotelis q. f. Physiognomicorum indole ac condicione, Philologishe Abhandlungen. Martin Herz zum siebzigsten Geburtstag von ehemaligen Schülern dargebracht, Berlin 1888, 283-303.

Friedländer, Zoilo = Friedländer, V., De Zoilo aliisque obtrectatoribus Homeri, Königsberg 1895.

Fritz - Kapp, Constit. = Fritz, K. v. - Kapp, E., Aristotle 's Constitution of Athens and related Texts, New York 1950.

Gaiser, Theophr. = Gaiser, K., Theophrast in Assos, Heidelberg, Winter, 1985.

Gallavotti, Alceo = Gallavotti, C., Storia e poesia di Lesbo nel VII-VI secolo A. C. A lceo di Mitilene, Bari, Adriatica Editrice, 1949.

Gehrke, Hippodamos = Gehrke, H. J., "Bemerkungen zu Hippodamos von Milet", Schuller, W. et al. (eds), Demokratie und Architektur. Der hippodamische Städtebau und die Ent- stehung der

Demokratie, München 1989, 58-63.

Gigante, Costituzione = Gigante, M., La Costituzione degli Ateniesi, Napoli 1953.

Gigon, Gorgias = Gigon, O., "Gorgias Über das Nichtsein'", Hermes 71 (1936), 186-213.

—, Anima = Gigon, O., «De Anima», Aristoteles Werke, vol. 2, Zürich, Vom Himmel, Von der Seele, Von der Dichtkunst, 1950, 1-7.

—, Staat = Gigon, O., Aristoteles, Politik und Staat der Athener, Eingeleitet und neu übertragen von O. Gigon, Zürich 1955.

—, Viten = Gigon, O., "Interpretationen zu den Antiken Aristoteles-Viten", Museum Helveticum 15 (1958), 146-193.

—, Cic. -Arist. = Gigon, O., "Cicero und Aristoteles", Hermes 87 (1959), 143-162.

—, Eudemus = Gigon, O., "Prolegomena to an Edition of the Eudemus", in Düring,I. -Owen,G. E. L. (eds),Aristotleand Plato in the Mid-Fourth Century, Göteburg 1960, 19-34.

—,Vita = Gigon, O. (ed.), Vita Aristotelis Marciana, Berlin, W. de Gruyter, 1962.

Gohlke, P., "Zür Entstehungsgeschichte der naturwissenschaftlichen Schriften des Aristoteles", Hermes 59 (1924), 274-306.

Logik = Gohlke, P., Die Entstehung der aristotelischen Logik, Berlin 1936.

—, Die Entstehung der aristotelischen Ethik, Politik, Rhetorik,Sitzungsberichte der Wiener Akademie der Wissenschaften, Philosophisch-Historische Klasse,Wien 1944.

Die Entstehung der aristotelischen Prinzipienlehre, Tübingen, J. C. B. Mohr, 1954.

Goodenough, Kingship = Goodenough, E. R., The Political Philosophy of Hellenistic Kingship, Yale Classical Studies, I,New Haven, Yale University Press, 1928.

Gottschalk, Wills = Gottschalk, H. B., "Notes on the Wills of the Peripatetic Scholarchs", Hermes 100 (1972), 314-342.

—, Demetrius = Gottschalk, H. B., "Demetrius of Phalerum: A Politician among Philosophers and a Philosopher among Politicans", in Fortenbaugh, W. W. - Schütrumphf, W. (eds), Demetrius of Phalerum: Text, Translation and Discussion, New Brunwsick (N. J.) / London 2000, 367-380.

Goulet, R. (ed.), Dictionnaire des Philosophes Antiques, 5 vols, Paris, CNRS Editions, 1989, 1994, 2000, 2005, 2012 and Supplement, Paris 2003.

Goulet, Apellicon = Goulet, R. (ed.), Dictionnaire des Philosophes Antiques, "Apellicon", vol. 1, Paris 1989, 266-267.

—, Artemon = Goulet, R. (ed.), Dictionnaire des Philosophes Antiques, "Artemon", vol. 1, Paris 1989, 615-617. 312

—, Athenion = Goulet, R. (ed.), Dictionnaire des Philosophes Antiques, "Athenion", vol. 1, Paris 1989, 649-650.

Grayeff, School = Grayeff, E., Aristotle and his School, London, Duckworth, 1974.

Grensemann, De morbo = Grensemann, H., "Emendationen zu Hippokrates De morbo sacro", Hermes 93 (1965), 490 ff.

Güngerich, R., Die Küstenbeschreibung in der griechischen Literatur, Orbis antiquus 4, München, 1950.

Guthrie, W. K. C., " The Development of Aristotle's Theology",

Classical Quarterly 27 (1933), 162-172; 28 (1934), 90-98.

Habicht, Athens = Habicht, C., «Falsche Urkunden zur Ge- schichte Athens im Zeitalter der Perserkriege» , Hermes 89 (1961), 1-35.

Hamberger, Disposition = Hamberger, P., Die rednerische Disposition in der alten τέχνη ρη ' τορικη ́(Korax-Gorgias-Antiphon), Rhetorische Studien2,Paderborn,F. Schöningh,1914.

Hambruch,Logische =Hambruch,E.,Logische Regeln der platonischen Schule in der aristotelischen Topik, Berlin, Weid- mann, 1904.

Harding, Didymos = Harding, P., Didymos on Demosthenes, Oxford, 2006.

Heitz, Schriften = Heitz, E., Die verlorenen Schriften des Aristoteles, Leipzig 1865.

Fragmenta = Heitz, E. (ed.), Fragmenta Aristotelis, collegit, disposuit, illustravit Aemilius Heitz, Paris, Fir. Didot, 1869.

Hercher, R. (ed.), Epistolographi Graeci,Paris,FirminDidot,1873.

Hinman,Rhetoric=Hinman,W. S.,Literary Quotation and Allusion in the Rhetoric, Poetics, and Nicomachean Ethics of Aristotle, University of Columbia, Staten Island, 1935.

Homeyer, Quellen = Homeyer, H., "Beobachtungen zu den hel- lenistischen Quellen der Plutarch-Viten", Klio 41 (1963), 145-157.

Homolle, Inscription = Homolle, Th., "Inscription de Delphes. Un ouvrage d'Aristote dans le temple de Delphes", Bulletin de Correspondance Hellénique 22 (1898), 260-270.

Ilberg, Knidos = Ilberg, J., "Die medizinische Schrift ^Über die Siebenzahl ' und die Schule von Knidos", in Griechische Studien H. Lipsius zum 60. Geburtstag dargebracht, Leipzig 1894, 22 ff.

Ivánka, Polemik = Ivánka, E. v., "Die Polemik gegen Platon im Aufbau der aristotelischen Metaphysik", Scholastik 9 (1934), 520-542.

—,Politik = Ivánka, E. v., Die Aristotelische Politik und die Städtegründungen Alexanders des Grossen, Budapest 1938.

Jackson, Lecture = Jackson, H., "Aristotle's lecture-room and lectures", Journal of Philology 35 (1920), 191-200.

Jacoby, Elegikern = Jacoby, F., "Studien zu den älteren griechischen Elegikern", Hermes 53 (1918): I. For Tyrtaeus, 1-44; II . For Mimnermus, 262-307.

—, Parallela = Jacoby, F., "Die Überlieferung von Ps. Plutarchs Parallela Minora und die Schwindelautorem", Mnemosyne III, 8 (1940), 73-144.

—, Atthis = Jacoby, F., Atthis, Oxford 1949.

Jaeger, Studien = Jaeger, W. W., Studien zur Entstehungsge-schichte der "Metaphysik" des Aristoteles, Berlin 1912.

—, Aristoteles = Jaeger, W. W., Aristoteles. Grundlegung einer Geschichte seiner Entwicklung, Berlin 1923.

—, Verses = Jaeger, W. W., "Aristotle's verses in praise of Plato", Classical Quarterly 21 (1927), 13-17.

—,Diocles=Jaeger,W. W.,Diocles von Karystos, Berlin1938.

—,Theologie= Jaeger, W. W., Die Theologie der frühen griechischen Denker, Stuttgart 1953.

—, Evidence = Jaeger, W. W., "Contemporary Evidence on the Text of the First Chapters of Aristotle's Metaphysics", Studi Italiani di Filologia Classica, 27-28 (1956), 150.

—,Metaphysica = Jaeger, W. W. (ed.), Aristotelis Metaphysica, Oxford 1957.

Joachim, Passing = Joachim, H. H., Aristotle on Coming-to-be and Passing-away, Oxford 1922.

Joly, Phèdre = Joly, R., "La question hippocratique et le témoignage du Phèdre", Revue des Études Grecques 74 (1961), 69-92.

Jüthner, Terpanders = Jüthner, J., "Terpanders Nomengliede-rung", Wiener Studien 14 (1892), 1-17.

K. R. S., Presocr. = Kirk, G. S. - Raven, J. E. - Schofield, M., The Presocratic Philosophers, Cambridge University Press, Cambridge 1957.

Kahlenberg, Physios = Kahlenberg, W., "Die Zeitliche Reihenfolge der Schriften, περὶ γονῆς, περὶ φύσιος παιδίου und περὶ νούσων 4, und ihre Zusammengehörigkeit", Hermes 83 (1955), 252-256.

Kakridis, Sappho = Kakridis, I. Th., "Zu Sappho 44 LP", Wiener Studien 79 (1966), 21-26.

Kalfas, Timaeus = Kalfas, V. (intro., transl., comment.), Πλάτων, Τίμαιος, Athens, Polis, 1997.

—, Phthoras = Kalfas, V. (intro., transl., comment.), Περὶ Γενέσεως καὶ Φθορᾶς, Athens, Society for the Study of the Hu- man Sciences, Nisos, 2011.

Kalligas, Porphyrius = Kalligas, P. (intro., transl. comment.), Πορφυρίου Περὶ τοῦ Πλωτίνου Βίου καὶ τῆς τάξεως τῶν βιβλίων αὐτοῦ, Athens, Academy of Athens / A. Manousis Library, 1998.

Kambylis, Archilochos = Kambylis, A., "Zur Dichterweihe des Archilochos", Hermes 91 (1963), 129-150.

Kapp, Syllogistik = Kapp, E., "Syllogistik", RE IV (1931), cols 1046-1047.

Karpp, Schrift = Karpp, H., "Die Schrift des Aristoteles Περὶ ἰδεῶν", Hermes 68 (1933), 384-391.

Kenyon, Athenian = Kenyon, F. G. (ed.), Aristotle on the Athenian Constitution, Oxford, Clarendon Press, 1892.

Kirchner, Gryllos = Kirchner, P., "Gryllos", RE VII (1912), col. 1899.

Knögel, Ariston = Knögel, W., Der Peripatetiker Ariston vonKeos bei Philodem, Leipzig, Harrassovitz, 1933.

Kolbe, Alexanders = Kolbe, W., Die Weltreichsidee Alexanders des Grossen, Freiburg, H. Speyer, 1936.

Kramer, Ὁμόνοια = Kramer, H., Quid valeat ὁμόνοια in litteris Graecis, Göttingen, Dieterich, 1915.

Kroll, Iamboulos = Kroll, W., "Iamboulos", RE XI (1914), 681-683.

Lazzati,Aristotele=Lazzati,G.,L'Aristotele perduto e gli scrittori christiani, Milano 1938.

Leo, Biographie = Leo, F., Die griechisch-römische Biographie nach ihrer literarischen Form, Leipzig 1901.

Léonard, Bonheur = Léonard, J., Le bonheur chez Aristote, Bruxelles, Akademie Royale de Belgique, 1948.

Lewis, Aristotle = Lewis, A., "An Aristotle Publication-Date", Classical Review, n. s. 8 (1958), 108-160.

Littig, Andronikos = Littig, Fr., Andronikos von Rhodos, vol. I, Teil: Das Leben des Andronikos und seine Anordnung der aristotelischen Schriften, München, Straub, 1890.

Littré, Oeuvres = Littré, E., Oeuvres complètes d 'Hippocrate, 10 vols, Paris 1839-1861.

Lloyd, Classif. = Lloyd, G. E. R., "The Development of Aristotle's Theory of the Classification of Animals", Phronesis 6 (1961), 59-81.

Louis, Génér. = Louis, P. (ed. -transl.), Aristote, De la génération des animaux, Paris, Les Belles Lettres, 1961.

—,Animaux = Louis, P. (ed. -transl.), Aristote, Histoire des animaux, vol. I, books I-IV, Paris, Les Belles Lettres, 1964.

Luschnat, Thucyd. = Luschnat, O., Thucydides der Historiker,Stuttgart, Druckenmüller, 1971.

Lynch, School = Lynch, J. P., Aristotle 's School. A Study of a Greek Educational Institution, Berkeley / Los Angeles / London, University of California Press, 1972.

Lypourlis, Medicine = Lypourlis, D., Ἱπποκρατικὴ ἰατρική, Ὅρκος περὶ ἱερῆς νούσου, Περὶ ἀέρων ὑδάτων τόπων, Προγνωστικόν, Thessaloniki, Paratiritis, 1983.

Maas, Hymnen = Maas, P., "Epidaurische Hymnen: Schriften der Königsberger Gelehrten Gesellschaft", Geisteswissen- schaftliche Klasse 9, 5 (1933), 127-162.

Mansion, Âme = Mansion, A., "L'immortalité de l'âme et de l'intellect d'après Aristote", Revue Philosophique de Louvain 51 (1953), 445-472.

—, Suprême = Mansion, A., "L'objet de la science philosophique suprême d'après Aristote, Métaphysique E 1", Mélanges de philosophie grecque offerts à Mgr. Diès, 1956, 151-168.

McLeod, Panyassis = McLeod, W., "Studies on Panyassis: An Heroic Poet of the Fifth Century", The Phoenix 20 (1966), 95-110.

Momigliano, Development = Momigliano, A., The Development of Greek Biography, Cambridge, Harvard University Press,1971.

Montmollin,Poétique=Montmollin,D. de,La Poétique d A'ristote,Neuchâtel 1951.

Moraux, Listes = Moraux, P., Les listes anciennes des ouvrages d A' ristote, Louvain 1951.

—, Justice = Moraux, P., À la recherche de l 'Aristote perdu: Le dialogue “Sur la justice”, Louvain 1957.

—, Vie = Moraux, P., “La composition de la vie d’Aristote chez Diogène Laerte”, Revue d 'Études Grecques 68 (1955), 124-163.

—, Ciel = Moraux, P. (transl.), Aristote du ciel, Paris, Les Belles Lettres, 1965.

Mühl, Hermias = Mühl, P. von der, s. v. “Hermias 11”, RE, Suppl. III (1918), cols 1126-1130.

Mühl, Charondas-Zaleukos = Mühl, M., “Die Gesetze des Zaleukos und Charondas”,Klio 22(1929),105-124 and 432-436.

Mülder, Choirilos = Mülder, D., “Choirilos von Samos, eine poetische Quelle Herodots”, Klio 7 (1907), 29-44.

Müller, Glaukon = Müller, B. A., “Glaukon”, RE VII, 1 (1939), col. 1403.

Müller, Orchom. = Müller, K. O., Orchomenos und die Minyer, Breslau 1844.

Natali, Life = Natali, C., Aristotle. His Life and School, D. S. Hutchinson (ed.), Princeton / Oxford, Princeton University Press, 2013.

Newman, Politics = Newman, L. W. (ed.), The Politics of Aristotle, 4 vols, Oxford, Clarendon Press, 1887-1902.

Oellacher, Komödie = Oellacher, H., “Zur Chronologie der altattischen Komödie”, Wiener Studien 38 (1916), 81-157.

Panagopoulos, Crete = Panagopoulos, A., Ἀριστοτέλης καὶ Κρήτη, Athens, Aiolos, 1995.

Papadopoulos, Tyrtaeus = Papadopoulos, N., Τυρταῖος ὁ Ἐθνι κὸς Ποιητὴς τῆς Σπάρτης, Athens 1957.

Pavese, Asso = Pavese, C., “Aristotele e i filosofi ad Asso”, Parola del Passato 16 (1961), 113-119.

Pernot, Cephisod. = Pernot, “Cephisodorus”, in Goulet, R. (ed.), Dictionnaire des Philosophes Antiques, vol. 2, 1994, 266-269.

Petit, Miscellanea = Petit, S., Miscellanea, vol. IV, 9, Paris 1630.

Pfeiffer, Geschichte = Pfeiffer, R., Geschichte der Klassischen Philologie. Von den Anfängen bis zum Ende Hellenismus, München, Verlag C. H. Beck, 1978.

Planer, Tyrannione = Planer, H., De Tyrannione grammatico,Berlin 1852.

Plezia, Andronici = Plezia, Marián, De Andronici Rhodii studiis Aristotelicis, Polska Akademia, Kraków 1946.

—, Remarks = Plezia, Marián, “Supplementary Remarks on Aristotle in the Ancient Biographical Tradition”, Eos 51(1961), 241-249.

Pohlenz, Begründung = Pohlenz, M., Hippokrates und die Begründung der wissentschaftlichern Medizin, W. de Gruyter,Berlin 1938.

Pöhlmann, Socialismus = Pöhlmann, R. von, Geschichte der sozialen Frage und des Sozialismus in der antiken Welt, 2 vols,München, C. H. Beck, 1925.

Primavesi, Kapitel = Primavesi, O., “Ein Blick in den Stollen von Skepsis. Vier Kapitel zur frühen Überlieferung des corpus Aristotelicum”, Philologus 151 (2007), 51-77.

Puelma, Kallim. = Puelma-Piwonka, M., “Kallimachos - Interpretationen”, Philologus 101 (1957), 90-100, 247-268.

Rashed, M. (ed.), Aristotle, De la génération et de la corruption, texte établi et traduit, Paris, Les Belles Lettres, 2005.

Ravaisson, Essai = Ravaisson, F. J. G., Essai sur la Métaphysique dA' ristote,vol. I,Paris,L'Imprimerie Royale,1837.

Reale, Prima = Reale, G., Il concetto di "filosofia prima" e l 'uni- tà della metafisica di Aristotele ("Pubblicazioni dell' Università Cattolica del Sacro Cuore"), Milano 1961.

Regenbogen, Theophrastus = Regenbogen, O., s. v., "Theophrastus", RE Suppl. VII (1940), cols 1353-1562.

Robin, Théorie = Robin, L., La théorie platonicienne des idées et des nombres d 'après Aristote, Paris 1908.

Morale = Robin, L., La morale antique, Paris, Felix Alcan, 1938.

Rose, Arist. ordine = Rose, V., De Aristotelis librorum ordine et auctoritate commentatio, Berlin, Reimer, 1854.

—,Pseud. = Rose, V., Aristoteles Pseudepigraphus, Leipzig, Teubner, 1863.

—,Fragm. = Rose, V., "Aristotelis qui ferebantur librorum fragmenta", in corpus Aristotelicum, I. Bekker ed., vol. 5, Berlin 1870.

—, Fragm. = Rose, V., Aristotelis fragmenta, Leipzig, Teubner, 1886.

Ross,Metaphysics=Ross,W. D. (ed.),Aristotle's Metaphysics,2vols, Oxford, Clarendon Press, 1924.

—, Physics = Ross, W. D., Aristotle 's "Physics", Oxford, Clarendon Press, 1936.

—, Physica = Ross, W. D. (ed.), Aristoteles "Physica", Oxford Classical Texts, Oxford 1950.

—, Parva = Ross, W. D., Aristotle: "Parva naturalia", Oxford, Clarendon Press, 1955.

—, Arist. = Ross, W. D., Aristotle, London, Methuen & Co, 1964.

Rostagni, Dialogo = Rostagni, A., "Il dialogo aristotelico περὶ ποιητῶν", Rivista di Filologia e d 'Istruzione Classica, n. s. 4, 54/4 (1926), 433-470; 55 (1927), 145-173.

Saffrey,Nombres=Saffrey,H. D.,Le Περὶφιλοσοφίας d Aristote et la théorie platonicienne des idées et des nombres, Leiden, Brill, 1955.

Scaliger, Plantis = Scaliger, C., Comment in Aristotelis libr. de Plantis, 1566, I, 11.

Schadewaldt, Eudoxos = Schadewaldt, W., "Eudoxos von Knidos und die Lehre vom unbewegten Beweger", in Satura Fest- schrift für Otto Weinreich, Baden-Baden 1952, 103-129.

Schaecher, Ethiken = Schaecher, E. J., Studien zu den Ethiken des corpus Aristotelicum, Paderborn 1940.

Schneider, Eudoxus = Schneider, J. -P., "Eudoxus", in Goulet, R. (ed.), Dictionnaire des Philosophes Antiques, vol. 3 (2000), 293-302.

Schultz,Hesychios = Schultz, H., "Hesychios", RE VIII (1913), cols 1322-1327.

Schumacher,Medizin = Schumacher,J., AntikeMedizin. Die naturphilosophischen Grundlagen der Medizin in der griechischen Antike, Berlin 1963.

Schweitzer, Herakles = Schweitzer, B., Herakles. Aufsätze zur griechischen Religions und Sagengeschichte, Tübingen, Mohr, 1922.

Scott, Kings = Scott, M., From Democrats to Kings, London, Icon Press, 2009.

Seinschneider, M., "Al-Farabi: Des arabischen Philosophen Lebenund Schriften",MémoiresdelA' cadémieImpériale des Sciences de Saint-Petersbourg, 7th series, 13/4 (1869), 187-207.

Sigerist, Medicine = Sigerist, H. E., A History of Medicine, vol. II,

New York 1960.

Sistakou, Evina, Γραμματολογικὴ Μελέτη γιὰ τοὺς Ἀρχαίους Μακεδόνες Συγγραφεῖς, Thessaloniki, Centre for the Greek Language, 2014.

Skouteropoulos, Sophistic = Skouteropoulos, N. M., Ἡ Ἀρχαία Σοφιστική. Τὰ σωζόμενα ἀποσπάσματα, Athens, Gnosi, 1991.

Smith, Greek = Smith, W. (ed.), Dictionary of Greek and Roman Biography and Mythology, 3 vols, London, John Murray, 1849.

Snell, Dramen = Snell, B., Szenen aus griechischen Dramen, Berlin, W. de Gruyter, 1971. Solmsen, Rhetorik = Solmsen, F., "Drei Rekonstruktionen zur antiken Rhetorik und Poetik", Hermes 67 (1932), 133-154.

—, Methods = Solmsen, F., "The Origins and Methods of Aristotle's Poetics", Classical Quarterly 29 (1935), 192-201.

Syllogism = Solmsen, F., "Aristotle's Syllogism and its Platonic Background", Philosophical Review 60 (1951), 563-571.

—,System = Solmsen, F., Aristotle's System of the Physical World. A Comparison with his Predecessors, Cornell Studies in Classical Philology, New York, Ithaca, 1960.

Spyridakis, Contribution = Spyridakis, K., Συμβολὴ εἰς τὴν μελέτη τῆς Πολιτείας Ζήνωνος τοῦ Κιτιέως, Nicosia 1952.

Stahr, Aristotelia = Stahr, A., Aristotelia, 2 vols, Halle 1830. Staikos, History, I = Staikos, K. Sp., The History of the Library in Western Civilization. From Minos to Cleopatra, vol. I, Athens, KOTINOS, 2002.

—, History, II = Staikos, K. Sp., The History of the Library in Western Civilization. From CicerotoHadrian,vol. II,Athens, KOTINOS,

2005.

—, Plato = Staikos, K. Sp., The Library of Plato and the Academy, Athens, ATON, 2013. 322.

Sykoutris, Epist. = Sykoutris, I., " Ἐπιστολὴ τοῦ Σπεύσιππου πρὸς τὸν Βασιλέα Φίλιππο", in Sykoutris, I., Μελέτη καὶ Ἄρθρα. Τὰ Γερμανόγλωσσα Δημοσιεύματα, transl. I. Tsirigakis, ed. D. I. Iakov, Athens, National Bank of Greece Cul- tural Foundation, 2003, 59-167.

Tarn, Unity = Tarn, W. W., Alexander the Great and the Unity of Mankind, London, Humphrey Milford, 1933.

Taylor, Plato = Taylor, A. E., Πλάτων. Ὁ ἄνθρωπος καὶ τὸ ἔργο του, transl. Iordanis Arzoglou, Athens, National Bank of Greece Cultural Foundation, 1992.

Tezas, Thales = Tezas, Ch. A., Θαλῆς ὁ Μιλήσιος, ἀπὸ τὴν ἀρχαία παράδοση ὥς τὴ σύγχρονη ἔρευνα, doctoral dissertation, Ioannina 1986.

Thompson, Coinages = Thompson, Margaret, The New Style Silver Coinages of Athens, New York, American Numismatic Society, 1961.

Titze, Aristotelis = Titze, F. N., De Aristotelis Operum Serie et Distinctione, Leipzi., Gnobloch, Prague, Krauss, 1826.

Tricot, Animaux = Tricot, J. (transl.), Aristote, Histoire des animaux, Paris, Vrin, 1957.

Tsantsanoglou, Alcman = Tsantsanoglou, K., "Δύο Ἀλκμάνες; ", Ἑλληνικὰ 26 (1973), 107-112.

Tsatsos, Social = Tsatsos, K., Ἡ κοινωνικὴ φιλοσοφία τῶν Ἀρχαίων Ἑλλήνων, Athens 2005. Tsisibakou-Vasalos, Stesichorus = Tsisibakou-Vasalos, E., Stesichorus and his Poetry, Chicago 1985.

Uhl, Pherek. = Uhl, A., Pherekydes von Athen, München 1963.

Usaibia, Biog. = Ibn Abi Usaibia, Müller, F. Aug., eds, Königsberg /

Kairo 1884, I, 54-69 = Düring, Biog. Trad., 213-231.

Veikos, Presocrat. = Veikos, Th., Οἱ Προσωκρατικοί, Athens, ΟΕΔΒ, 1985.

Veikou, Attempt = Veikou, Christina, " Ὁ Ἀριστοτέλης καὶ ἡ βαρβαρότητα. Μία ἀπόπειρα ἀνθρωπολογικῆς κατανόησης", Association of Greek Philologists, Seminar 36, Athens, Elli- noekdotiki, 2009, 54-65.

Verdenius - Waszink, Coming = Verdenius, W. J. - Waszink, J. H., On Coming-to-Be and Passing Away, Leiden, Philosophia antiqua I, 1946.

Voss, Scriptis = Voss, O., De Heraclidis Pontici vita et scriptis, Rostock 1896.

Waitz, Organon = Waitz, Th. (ed.), Aristotelis Organon Graece, 2 vols, Leipzig 1844-1846.

Walton, Asclepios = Walton, Alice, Ἀσκληπιός, Ἡ λατρεία τοῦ Ἕλληνα θεοῦ τῆς ἰατρικῆς, Athens, Book Institute - A. Kardamitsa, 2007.

Walz, Rhetores = Walz, E. C. (ed.), Rhetores Graeci, 9 vols, Gotta-Black, Young & Young - Firmin Didot, Stuttgart / Tübingen / London / Paris 1832-1836.

Waschkies, Eudoxos = Waschkies, H. -J., Von Eudoxos zu Aristoteles: Das Fortwirken der Eudoxischen Proportionentheorie in der Aristotelischen Lehre vom Kontinuum, Amsterdam 1977.

Wehrli, Schule, I-X = Wehrli, Fr. von, Die Schule des Aristoteles, Texte und Kommentar, I, Dikaiarchos, II, Aristoxenos, III, Klearchos, IV, Demetrios von Phaleron, V, Straton von Lampsakos, VI, Lykon und Ariston von Keos, VII, Herakleides Pontikos, VIII, Eudemos von Rhodos, IX, Phainias von Eresos, Chamaileon, Praxiphanes, X,

Hieronymos von Rhodos, Kritolaos und seine Schüler, Rückblick: Der Peripatos inVorchiristlicherzeit. Register,Basel/Stuttgart,Co. Verlag, 1944-1950, 1969.

Weil, Logique = Weil, E., "La place de la logique dans la pensée aristotélicienne", Revue de Métaphysique et de Morale 56 (1951), 283-315.

Wellmann, Ärtze = Wellmann, F., Die Fragmente der sikelischen Ärtze, Berlin 1901.

Wenger, Alexand. = Wenger, F., Die Alexandergeschichte des Aristobul von Kassandreia, Würzburg 1914.

Wenrich, Auctorum = Wenrich, J. G., De auctorum Graecorum versionibus et commentariis syriacis, arabicis, armeniacis, persicisque commentatio, Leipzig, Vogel, 1842.

Whitehead, Metic = Whitehead, P., "Aristotle the Metic", Proceedings of the Cambridge Philological Society 21 (1975), 94-99.

Wilamowitz-Moellendorff, Athen = Wilamowitz-Moellendorff, U. v., Aristoteles und Athen, 2 vols, Berlin 1893.

Ilias = Wilamowitz-Moellendorff U. v., Die Ilias und Homer, Berlin, Weidmann, 1916.

Wilhelm, Urkunden = Wilhelm, A., Urkunden dramatischer Aufführungen in Athen, Wien 1906.

Wilpert, Alexander = Wilpert, P., "Reste verlorener Aristotelesschriften bei Alexander von Aphrodisias", Hermes 75 (1940), 385, 395-396.

—, Fragmente = Wilpert, P., "Neue Fragmente aus περὶ τἀγαθοῦ ", Hermes 76 (1941), 225-252.

Zeller, Griechen = Zeller, E., Die Philosophie der Griechen in ihrer geschichtlichen Entwicklung dargestellt, 3 vols, Leipzig, Reisland, 1856-1868.

Zielinski, Athen = Zielinski, T., Die Märchen-Komödie in Athen, Buchdrückerei der Kaiserlichen Akademie der Wissenschaften, Petersburg 1885.

索　　引

A

B

C

D

E

F

G

H

I

L

M

N

O

P

R

S

T

V

X

Z

后　记

在观察了亚里士多德生命和思想活动的一些重要方面之后，为了能够重建他的图书馆，我们在这里也应该指出，都在他试图给自然绘制图标的时候，无论是可见的还是不可见的，他开启了一个史无前例的研究方法。他进行研究的基石，是他所建立的图书馆，这个图书馆有各种希腊传统中的藏书，还有他自己的著作，也就是他自己研究的精华。

亚里士多德所选择的工作方法是双向的：从整体到部分和从部分到整体。这里面出现的问题，以及他的理论和概念，他都记录得非常仔细，而且措辞非常严谨。亚里士多德做这些的目的是想为自然过程创建一个基础和准备科学文献，另外，还为新的方法创建一个起点。【289】

自然界是不会掩藏它的“秘密”的，但是亚里士多德同样认为，人们也不应该把人类的心灵奉若神明，甚至“至善”的自然本质也是如此。在他之前，还没有人去尝试做类似的事情，在他之后的未来，也没有人承担类似的事情，他的这项工作包罗万象！

在这部著作的结尾部分，我们将不再赘述。但是，我将会给出一个人们可能会让我回答的问题，这个问题绝对是与亚里士多德本人相关的：在短短的25年之内，一个人是如何能整理出如此之多的知识的？这些知识几乎涵盖了从公元前八世纪以来的思想者的著述和生活，其中还包括他们没有流传下来的知识。

对这个问题，我们仅能给出一个答案：亚里士多德肯定是运用了跟我们相同的图书分类方法，或者他是按照一个“图书馆”的模型，在他心中将整个知识传统分类归档了。也就是，按照研究的主题领域和字母顺序进行的分类。所有的这些资料都有一个共同的特征，那就是我们周围世界的产生与演化，另外，在社会栖居框架下人类表达方式的创建。【290】因此，亚里士多德的理论范式是“自然”，以及对这个永恒过程界定的强调：神圣的自然法则。这些自然法则，也可以被视为一种外部秩序（taxis），因此，这种自然的秩序也可以应用在人类器官之中，也就是“努斯”或者“心灵”。当我们讨论亚里士多德的“图书馆”时，这种秩序同样存在！